高等教育"十三五"规划教材
学前教育专业教育活动类创新教材

学前儿童社会教育与活动设计

张丽丽　贾素宁　编著

科 学 出 版 社

北 京

内 容 简 介

本书遵循高职高专学前教育专业发展的需要,本着"基本理论够用,突出实训教学"的原则,优化整合了课程内容,理念新、指导性强。本书基本上涵盖了学前儿童社会教育的全部内容,具有系统性;在结构体系上,按学前儿童社会教育的学科特点,分为学前儿童社会教育概述,学前儿童社会教育活动设计、实施与评价,学前儿童自我意识教育活动的设计与实施,学前儿童人际交往教育活动的设计与实施,学前儿童社会规范教育活动的设计与实施,学前儿童社会环境教育活动的设计与实施,具有科学性;在写作体例上,突出了本学科的基础理论、基础知识,注重学生实践能力的培养,每个单元包括学习目标、基础理论、案例评析或活动设计、实践实训、思考与训练等栏目,便于教师教学和学生自学,具有实用性。

本书适合作为高职高专学前教育专业的教材,也可以供相关从业者及适龄儿童家长阅读,还可作为本科院校的教辅材料和学生用书。

图书在版编目(CIP)数据

学前儿童社会教育与活动设计/张丽丽,贾素宁编著. —北京:科学出版社,2016

(高等教育"十三五"规划教材·学前教育专业教育活动类创新教材)

ISBN 978-7-03-047008-9

Ⅰ.①学… Ⅱ.①张… ②贾… Ⅲ.①学前儿童-社会教育-高等院校-教材 Ⅳ.①G611

中国版本图书馆 CIP 数据核字(2016)第 009955 号

责任编辑:王 彦 赵珊珊 / 责任校对:刘玉靖
责任印制:吕春珉 / 封面设计:一克米

科学出版社 出版
北京东黄城根北街 16 号
邮政编码:100717
http://www.sciencep.com

三河市骏杰印刷有限公司印刷

科学出版社发行 各地新华书店经销

*

2016 年 2 月第 一 版 开本:787×1092 1/16
2018 年 11 月第六次印刷 印张:13 1/2
字数:293 000

定价:39.00 元

(如有印装质量问题,我社负责调换〈骏杰〉)

销售部电话 010-62142126 编辑部电话 010-62130750

前　言

　　学前教育是国民教育的起点和基础，随着教育部《幼儿园教育指导纲要（试行）》（以下简称《纲要》）的颁布，我国的学前教育事业开始蓬勃发展起来。《纲要》中明确指出：幼儿园教育是全面、启蒙性的教育，要根据教育目标，选择和组织对幼儿最有价值又最贴近实际生活的部分作为教学内容，使幼儿得到良好的发展。各高校的学前教育专业肩负着为学前教育机构培养优秀幼儿园教师的重任。为满足我国快速发展的学前教育事业的需求，高职教育也应与时俱进，根据职业岗位要求进行课程改革和教材建设。

　　高职高专学前教育专业应面向社会培养素质高、技能强的应用型人才。针对幼儿园的五大领域设置相应的教法课程，是提升学生的职业能力、满足用人单位需求、实现"零距离"上岗的关键内容。社会领域是幼儿园五大领域的一个重要组成部分，是帮助幼儿认识、了解、融入社会，成长为"社会人"的关键领域。学前儿童社会教育就是专门指导幼儿学习如何正确认识自己、如何在集体中与他人和谐生活，并能积极参与群体生活的一门课程，它在很大程度上会影响到幼儿的一生。

　　本书经过编者长期的课题研究和幼儿园实践调研，征求了许多幼儿园园长、教师的意见和建议，不断修改、完善，历经数年编写而成，是山东省 2012 年度高等学校精品课程"学前儿童社会教育活动指导"的配套教材。本书以学前教育理论为依据，以幼儿园教师实际工作岗位要求为目标，并力求体现《纲要》和《3～6 岁儿童学习与发展指南》（以下简称《指南》）的先进理念和精神；书中的理论知识以阐述基本问题为主，以实用、够用为度，通过大量的案例分析帮助学生较为直观地了解幼儿教师的工作实际。本书分为 7 个单元，每个单元下设学习目标、基础理论、案例评析、实践实训、思考与训练等模块，在理论阐述过程中穿插"案例"、"活动设计"和"知识拓展"栏目，使学生的学习更有针对性和实效性，既保证了知识学习的系统性，又注重了实训环节的可操作性。另外，本书设有附录，将《指南》中的社会性相关内容摘录出来，方便学生熟悉。

　　本书具有如下特点。

　　第一，理念"新"，实用性强。走出知识本位的传统教学模式，把理论知识和幼儿园实践教学联系起来；引入大量优秀幼儿园社会领域实践教学案例，内容更加贴近幼儿园社会领域教学活动的实际，具有很强的实用性。

　　第二，步骤"清"，操作性强。课程体系单元化，单元教学任务化。首先，编者根据《纲要》的精神，把社会领域进一步划分为个人自身、个人与他人、个人与社会 3 个维度，共 7 个单元，层层递进，由近及远，由易到难。每个单元都先提出学习目标，再介绍基础理论，然后剖析典型案例，最后提出具体的实训要求，使学生的认知在思考与训练中得到进一步的提升。这种"五步教学法"为学习者踏上幼儿教师的工作岗位奠定了扎实的理论与实践基础。

　　本书单元二至单元六由潍坊工程职业学院张丽丽编写；单元一、单元七由潍坊工程职业学院贾素宁编写。张丽丽负责统稿工作，贾素宁负责审稿工作。多家幼儿园和早教、幼教机构为本书的编写提供了丰富的案例并给予指导，在此一并表示感谢。

　　由于编者水平有限，书中难免存在不妥之处，敬请广大读者批评指正，以便不断修改与完善。

编　者
2015 年 7 月 1 日

目　　录

单 元 一
学前儿童社会教育概述

学习目标

1. 了解我国学前儿童社会教育的发展。
2. 理解学前儿童社会教育的内涵。
3. 理解学前儿童社会教育的意义。

基础理论

人是生活在一定的社会环境中的,从一个"自然人"发展成为一个"社会人",需要经历一系列的社会化过程。我们要引导学前儿童接纳、认同自己的文化,了解自己的社会,了解自己与社会的关系,了解社会中人们之间的关系,完善学前儿童人格,培养学前儿童良好的个性。

学前儿童社会教育就是要引导学前儿童在社会认知、社会情感及社会行为方面协调发展,使学前儿童成为诚实守信的人、活泼开朗的人、善于交往的人、乐于助人的人。

一、我国学前儿童社会教育的发展

经过近一个世纪的发展,我国学前儿童社会教育从零星、片段的思想逐渐发展成为系统化、具体的理论体系,并成为 21 世纪我国学前教育发展的重要目标。

(一)学前儿童社会教育的初创阶段

1. 20 世纪初~20 世纪中叶

1904 年 1 月,清政府颁布了《奏定蒙养院章程及家庭教育法章程》(以下简称《章程》),这是近代我国学前教育的第一个法规。从此,我国的学前教育开始从家庭走向社会。《章程》所阐述的对儿童的教育,包含了体育、德育、智育、美育等方面的内容,强调要使蒙童远离恶习、爱众乐群、习善良之规范。之后创办的蒙养院和幼稚园基本上遵循了《章程》的要求,设置的有关科目中,直接呈现或间接蕴含了《章程》的目标、内容和方法。

　　五四运动时期的思想解放运动带动了教育的改革，涌现出了一批学前教育领域的革新家，主要代表人物有陈鹤琴、张宗麟等。他们开辟了学前教育中国化、科学化的道路，并开始创建我国的学前儿童社会教育。陈鹤琴先生非常关注学前儿童的社会教育，他把"社会"和"生活"作为组织幼儿园课程的两大中心。提出了著名的"五指活动"课程结构理论。

　　（1）健康活动。它包括饮食、睡眠、早操、游戏、户外活动、散步等。

　　（2）社会活动。它包括朝夕会、周会、纪念日集会、每天的谈话及政治常识等。

　　（3）科学活动。它包括栽培植物、饲养动物、研究自然、认识环境等。

　　（4）艺术活动。它包括音乐（唱歌、节奏、欣赏）、图画、手工等。

　　（5）语文活动。它包括故事、儿歌、谜语、读法等。

　　这五个方面是相互联系的，像人的手指生长一样，新的组织在已有的基础上生发出来，并共同构成新的结构。儿童变得更强，自身更完善。就像人的五个手指，共同构成了具有整体功能的手掌。"五指活动"在儿童生活中构成一个教育的网，有组织、有系统、合理地编织进儿童的生活，学前教育课程的全部内容均包括在"五指活动"之中。另外，这五方面是有主次之分的。陈鹤琴先生在"活教育"理论中，把"做人"作为三大纲领之一，即做人，做中国人，做现代中国人。他认为，做一个真正的人，必须热爱人类、热爱真理，以"世界一家"的思想为人类最终目标；做一个中国人，必须热爱自己的国家、热爱自己的同胞，为自己国家的兴旺发达而努力；做一个现代中国人，必须考虑中国现代社会对人的要求，勤奋学习，掌握知识，为祖国的繁荣富强而努力。

　　张宗麟先生对幼儿园社会领域进行了较为系统、深入的研究。他在 20 世纪 30 年代出版了《幼稚园的社会》一书，这是我国幼教史上最早、最全面、最深入地论述学前儿童社会教育课程及实施的著作。该书详细论述了幼儿社会生活的思想，十分强调幼儿生活的社会倾向，论述了儿童"社会"的特征、儿童的社会适应等理论问题，还讨论了社会领域课程的目标、内容、方法和原则。他认为教育的灵魂不在于罗列许多科目，也不在于培养良好公民，而在于培养适合于某种社会生活的人民。他的思想和理论对幼儿园社会领域内容及实施策略的选择、教育环境的匹配等具有较高的科学价值。

　　1932 年 10 月，当时的教育部公布了《幼稚园课程标准》，1936 年又对其进行了修订。这是我国第一个自己制定的统一的幼儿园课程标准。《幼稚园课程标准》分幼稚教育总目标、课程范围、教育方法要点三部分。其课程范围包含了丰富的社会教育内容，其中直接与社会教育相关的是"社会和常识"科目，这一科目由原来的"自然和社会"科目修改而来。

知识拓展

陈　鹤　琴

　　陈鹤琴（1892～1982 年，见图 1-1），浙江上虞县人，中国著名儿童教育家、儿童心理学家、教授。早年毕业于清华学校，留学美国 5 年，1919 年获得哥伦比亚大学硕士学位。五四运动期间回国后，最初担任南京高等师范学校教授，讲授儿童心理学课程。东南大学成立后，任教授和教务主任。1923 年创办南京鼓楼幼稚园。1928～1939 年，创办多所小学、幼稚园和中学。1940 年，创办江西省立幼稚师范学校。1945 年，创立上海市立幼稚师范学校（后改名上海市立女子师范学校）。

　　陈鹤琴提出了"活教育"理论，重视科学实验，主张中国儿童教育的发展要适合国情，符合儿童身心发展规律；呼吁建立儿童教育师资培训体系。编写幼稚园、小学课本及儿童课外读物数十种，设计与推广玩具、教具和幼稚园设备。陈鹤琴一生主要从事一系列开创性的幼儿教育研究与实践，著作颇丰，且皆来自实践，主要有《儿童心理之研究》《家庭教育》《我的半生》《陈鹤琴教育文集》等。

图 1-1　陈鹤琴

2. 20 世纪中叶～20 世纪末[①]

　　新中国成立以来，社会领域课程在幼儿园教育中的地位经历了复杂的演变过程。在新中国学前教育发展的大部分历程中，社会领域课程大多数时候是以幼儿德育的名义进行的。

　　新中国成立后颁行的第一个幼儿园课程文件是《幼儿园暂行教学纲要（草案）》（以下简称《暂行纲要》）。这个课程文件没有使用"社会"这一概念，而是从德育的角度提出相应的目标和任务；而且也没有为德育目标的实现设置独立的德育内容领域。德育的诸多内容主要分散在"认识环境"中的"日常生活环境"和"社会环境"部分以及语言领域的学习中，德育主要内容有：认识自己的身体部位、认识班内和园内环境、认识幼儿园附近地区和街道、节日教育、热爱领袖和军队、英雄教育、时事教育、观察普通人的劳动、学习文明礼貌用语等。在德育教育的方法上，《暂行纲要》强调德育的范围要由家庭、幼儿园扩展到附近地区，要充分利用环境进行教学，通过实物、故事、幻灯片、电影等多种形式引起幼儿的兴趣，力避生硬说教。

　　为了更好地落实《暂行纲要》的基本精神，1954 年教育部委托北京师范大学学前教育专业组开始编写《幼儿园教育工作指南》（以下简称《工作指南》）。《工作指南》对德育的任务做了一些调整，明确提出"培养儿童有组织的行为是全部幼儿园教育工作的基础"，同时还要注意培养幼儿互助友好的关系、热爱劳动的意识以及热爱祖国的品质，其中"热爱祖国"是共产主义道德教育的中心环节。《工作指南》还强调要通过各种教育活动培养儿童、诚实、勇敢、自信、坚韧、顽强的良好意志品质。

　　1981 年 10 月，教育部制订并发布了《幼儿园教育纲要（试行草案）》（以下简称《试行纲要》），这是迄今为止对新中国成立后的学前教育影响时间最长的课程文件。《试行纲要》在分析了幼儿的情感、意志、个性等方面的特点之后，提出了德育的具体任务："向幼儿进行初步的'五爱教育'（爱祖国、爱人民、爱劳动、爱科学、爱护公共财物），培养他们团结、友爱、诚实、勇敢、克服困难、有礼貌、守纪律等优良品德、文明行为和活泼开朗的性格。"

---

① 参考资料：李莉. 新中国幼儿园社会领域课程的发展历程. 学前教育研究，2006（2）.

同时，《试行纲要》还根据不同年龄阶段班的特点把这一总目标进行了具体化，如"五爱教育"在小班的要求是："培养幼儿喜爱家庭、爱父母和其他成员、喜爱幼儿园和小朋友，尊敬教师和其他工作人员、尊敬长辈，听他们的话。"中班的要求是："爱家乡、爱劳动人民，学习他们的优秀品质，尊敬国旗。"大班的要求是："学习革命前辈、英雄、模范人物的优秀品质，敬爱他们，尊敬和爱护国旗、国徽，热爱中国共产党、热爱中华人民共和国、热爱中国人民解放军。"可以说，这是新中国成立以来首次对幼儿德育目标作如此系统、具体的规定。与 20 世纪 50 年代相比，这一目标已经比较接近幼儿的生活，符合幼儿的年龄特点，但成人道德的影响依然存在。为了保证德育目标的落实，《试行纲要》特别将思想品德独立为一个科目，并对各年龄阶段的教育内容和要求作出了比较详细的规定，德育内容主要包括积极健康的情绪、人际关系、文明礼貌、五爱教育、遵守规则、自我服务等。此外，在语言、常识等科目上还有少量的德育内容。德育领域的独立是学前教育发展的需要，是德育课程系统化的体现。但是，当时由于要统编幼儿园教材，《试行纲要》未对德育的具体内容作出规定，只是将目标和内容融在一起进行表述。

从 20 世纪 80 年代末期开始，随着改革开放的深入，我国学前教育的指导思想发生了根本性的变化，开始由成人走向儿童，由品德走向社会。整个 90 年代，我国学前教育都是在《幼儿园工作规程》（1989 年试行，1996 年正式实行）（以下简称《规程》）的指导下开展工作的。《规程》确定了德育的总体目标是："萌发幼儿爱家乡、爱祖国、爱集体、爱劳动、爱科学的情感，培养诚实、自信、好问、友爱、勇敢、爱护公物、克服困难、讲礼貌、守纪律等良好的品德行为和习惯，以及活泼、开朗的性格。"在德育途径和方法方面，《规程》指出："幼儿园的品德教育应以情感教育和培养良好行为习惯为主，注重潜移默化的影响并贯穿于幼儿生活及各项活动之中。"这些规定以"遵循幼儿品德心理发展规律为依据，纠正了幼儿德育服务于政治形势的错误导向，是新中国幼儿德育发展过程的一个重大进步"。

与此同时，20 世纪 90 年代初期以来，我国心理学工作者开始关注儿童个性和社会性的研究，这使幼教界的德育理念开始突破原有的框架，德育的内涵向社会性方向缓慢延伸。经过 10 年的学习和研究，幼教界认同了个性、社会性等概念在幼儿德育领域的地位，以及个性发展、社会性发展与品德发展的基本渊源和关系。90 年代中后期，在人民教育出版社出版的《幼儿园教育活动》和南京师范大学编写的幼儿园五大领域课程中，率先使用"社会"领域代替了"品德"领域。可以说，整个 90 年代幼教界和心理学界的共同努力，为社会领域课程在新世纪幼儿园课程标准中的诞生做了充分的理论和实践上的准备。

（二）学前儿童社会教育的变革与发展

2001 年 7 月，伴随着我国基础教育改革的大趋势，教育部制定并发布了《幼儿园教育指导纲要（试行）》，这是 21 世纪第一个幼儿园课程文件，它延续并发展了《幼儿园工作规程》的基本价值取向。

《纲要》总则中指出，幼儿教育是基础教育的组成部分，是学校教育和终身教育的起始阶段。幼儿教育应为幼儿的近期和终身发展奠定良好的素质基础。幼儿园应与家庭、社会密切配合，共同为幼儿创造一个良好的成长环境。幼儿园应为幼儿提供健康、丰富的生活和活动环境，满足他们多方面发展的需要，使他们度过快乐而有意义的童年。幼儿园教育应尊重幼儿身心发展的规律和学习特点，充分关注幼儿的经验，引导幼儿在生活和活动中生动、活泼、主动地学习。幼儿园教育应重视幼儿的个别差异，为每一个幼儿提供发挥潜能的平台，并提供在已有水平上得到进一步发展的机会和条件。

《纲要》把幼儿园的教育内容相对划分为健康、语言、社会、科学、艺术五大领域。从此，社会领域课程正式成为幼儿园课程的重要组成部分。《纲要》提出社会领域的目标有以下几个。

（1）能主动参与各项活动，有自信心。

（2）乐意与人交往，学习互助、合作和分享，有同情心。

（3）理解并遵守日常生活中基本的社会行为规则。

（4）能努力做好力所能及的事，不怕困难，有初步的责任感。

（5）爱父母长辈、教师和同伴，爱集体、爱家乡、爱祖国。

这些目标符合幼儿社会性发展（含品德发展）的基本规律。用社会教育涵盖品德教育，既弥补了以往品德教育在儿童个性和社会性发展方面的缺失，也为作为社会性核心成分的品德发展奠定了坚实的基础。从此，我国幼儿德育课程摆脱了长期以来政治化、成人化的影响，开始向更为人本化和科学化的方向发展。

知识拓展

我们究竟需要什么样的教育

全世界获得诺贝尔物理、化学奖的科学家中有 2/3 来自美国，芝加哥大学有 62 位诺贝尔奖得主。剑桥大学出了 68 位诺贝尔奖得主，在全世界近万所大学中处于领先地位。其中卡文迪许实验室出了 25 位诺贝尔奖得主，汤姆逊、卢瑟福两任主任培养了 19 位诺贝尔奖得主。上述事实足以让国人惊呼："诺贝尔奖得主是可以批量生产的吗？"与此同时，我们的每一个教育管理者、研究者和实践者不由得认真反思：我们的教育到底出了什么问题？我们今天所做的离真正的教育还有多大距离？要反思这个问题，重要的前提是我们每一个教育者必须明白什么是真正的教育。不同的学生观决定并最终形成了不同的教育观。郑金洲博士认为，在整个教育活动中，受教育者无疑是第一位的。从词义上看，学生似乎是处在被动的被引导地位，但只要受教育者积极、主动地参与，同样也是教育能达到预期目的的根本性前提。鲁洁教授认为，个体独立性的教育必须是教育的基础；人的自主、自尊、自强是使人成为主体、人之所以为人的根本；教育要成为独立性、丰富多样个性的催生剂。吴椿研究员认为，学生不是被动装填知识的容器，不是接受教训、听话的"驯服工具"，而是活生生的、有主观能动性的人，是学习的主体。教师的"传道、授业、解惑"只是外因，只有通过学生内因（即主观能动性）的发挥才能实现。整合上述观点，所谓真正的教育应该是在充分尊重学生主体性地位（个性、兴趣、能力倾向）的基础上实现的，只有实现了学生主观意愿和充分发挥潜能的主动发展，教育才达到了它的目的。教育就是人尽其才的过程，只有在相信和尊重每个受教育者作为人的能力之后，才能充分发挥教育的功能。

> 　　教育不能把学生当成物，学生是有自由意志、有丰富敏感的内心和有独特判断需要与能力的活人。肖川博士认为，超强社会化的消极后果，一是消除独特性，压抑创造性，进而泯灭个性，使人变得平庸、卑琐、谨慎和盲从，缺乏冒险、开拓、创新的意识和能力，缺乏责任承担能力；二是造成人格的分裂，使人具有以掩饰真实的自我为代价的过强的"社会适应力"，造成言不由衷、表里不一。

二、学前儿童社会教育的内涵

　　学前儿童社会教育的内涵究竟是什么？从不同的视角与立场出发，不同的学者对这一问题作出了不同的回答。有的学者将之表述为：学前儿童社会教育主要是指对幼儿进行社会认知、社会情感、社会行为等方面的教育，具体来说是指帮助幼儿正确地认识自己、他人和社会（社会环境、社会活动、社会规范、社会文化），形成积极的自然情感和社会情感，掌握与同伴、成人相互交往及与周围环境相互作用的方式，以使幼儿能有效地在社会中生存与发展的教育。也有学者将其表述为：幼儿社会教育是教育者按照社会的价值取向，通过多种途径不断向幼儿施加多方面教育影响，使其逐渐适应社会环境的过程。还有学者结合《幼儿园工作规程》和《幼儿园教育指导纲要》中的有关要求，将学前儿童社会教育定义为：学前儿童社会教育主要是指以发展幼儿社会性、促进其良好社会性品质的形成为主要目标，以增进学前儿童的社会认知、激发社会情感、培养社会行为技能为主要内容的教育。

　　本书采用的定义为：学前儿童社会教育是指以儿童的社会生活事务及其相关的人文社会知识为基本内容，以社会及人类文明的积极价值为引导，在尊重儿童生活、遵循儿童社会性发展的规律与特点的基础上，由教育者通过多种途径，创设有教育意义的环境和活动，陶冶儿童心灵，培育有着良好社会理解力、社会情感、品德与行动能力的完整、健康的儿童。

三、学前儿童社会教育的意义

　　学前期是个体社会化的起始阶段和关键时期，在后天环境与教育的影响下，在与周围人的相互作用的过程中，儿童逐渐形成和发展着最初，也是最基本的对人、事、物的情感、态度，奠定着行为、性格、人格的基础。研究和事实均表明，6岁前是人的行为习惯、情感、态度、性格雏形等基本形成的时期，是儿童养成礼貌、友爱、帮助、分享、谦让、合作、责任感、慷慨大方、活泼开朗等良好社会性行为和人格品质的重要时期；并且，这一时期儿童的发展状况具有持续性影响，并决定着儿童日后社会性、人格的发展方向、性质和水平；同时，儿童在学前期形成的良好社会性和人格品质有助于儿童积极地适应环境，顺利地适应社会生活，从而有助于他们的健康成长、成才。

（一）促进学前儿童全面发展，为儿童一生的发展奠定基础

　　学前儿童的全面发展指的是儿童在体、智、德、美等方面充分、和谐的发展。无论哪一个方面发展的缺失，都会导致儿童发展的不完整。

　　幼儿期是人生发展的起始阶段，也是一个极具可塑性的阶段，是个体社会性发展的

关键时期。如2～4岁是幼儿秩序性发展的关键期，3～5岁是幼儿自我控制发展的关键期，4岁是幼儿同伴交往发展的关键期。恰当的教育可以充分发挥儿童的潜力，促进儿童在各个方面的发展。

知识拓展

木桶效应

　　木桶效应是指一只木桶想盛满水，必须每块木板都一样平齐且无破损，如果这只桶的木板中有一块不齐或者某块木板下面有破洞，这只桶就无法盛满水。也就是说一只木桶能盛多少水，并不取决于最长的那块木板，而是取决于最短的那块木板。木桶效应也可称为短板效应，这一效应或许可以给我们带来促进儿童全面发展方面的启示。

知识拓展

印 刻 实 验

　　奥地利生物学家 K. Z. 劳伦兹（K. Z. Lorenz）曾发现，小鸭子在出生后不久所遇到的某一种刺激或对象（母鸡、人或电动玩具），会印入它的感觉，使它对这种最先印入的刺激产生偏好和追随反应。当它们以后再遇到这个刺激或和这个刺激类似的对象或刺激时，就会引起它的偏好或追随。但是，如果小鸭子在孵出蛋壳后时间较久才接触到外界的活动对象，它们就不会出现上述的偏好或追随行为。这一现象被劳伦兹等称为"印刻"。劳伦兹在进行这项实验时，让刚刚破壳而出的小鸭子不先看到母鸭子，而首先看到劳伦兹，于是，有趣的事情发生了，劳伦兹在小鸭子前面走着，身后跟随着几只小鸭子（见图1-2）。小鸭子将劳伦兹当成了自己的母亲。进一步的研究发现，小鸡、小

图1-2 "母亲印刻"现象

鸟等辨认自己母亲和同类，都是通过这一过程实现的，而且，这一现象在其他哺乳动物身上也有所体现。一般说来，小鸡、小鸭的"母亲印刻"的关键期出现在出生后的10～16个小时，而小狗的"母亲印刻"关键期出现在出生后的3～7周。研究还发现，动物在关键期内，不仅可以对自己的妈妈发生"母亲印刻"，而且如果自己的妈妈在小动物出生后不久就离开的话，它们也可以对其他事物发生"母亲印刻"。这就是为什么小鸭子追随劳伦兹的原因。

（二）促进学前儿童积极社会化，为社会培养合格的公民

社会化是指个体在与社会互动的过程中，逐渐养成独特的个性和人格，从生物人转变为社会人，并通过社会文化的内化和角色知识的学习，逐渐适应社会生活的过程。在此过程中，社会文化得以积累和延续，社会结构得以维持和发展，人的个性得以健全和完善。社会化是一个贯穿于人的始终的过程。

儿童社会化是人的社会化过程中的第一步。儿童阶段是人的社会化的关键时期。在儿童社会化的全过程中，根据不同的年龄阶段来划分，有以下几个转折时期。

（1）0～1岁。胎儿从母体内环境转入母体外环境，开始和周围的人发生一种最初的交往。

（2）1～3岁。儿童通过对走路和说话的学习和练习，扩大了人际互动和社交范围，在了解自己和周围环境的过程中迈出了重要的一步。

（3）3～6岁。儿童自我意识的形成阶段，心理发展变化快，个性开始有所表现，意识和行动的独立性倾向表现得最强烈。

（4）6～11岁。该阶段显著特征是情绪比较稳定，任性、执拗的现象逐渐消失，扮演的"角色"多了，人际关系也复杂起来。懂得在家庭、学校和社会等不同的场合以不同的身份出现，开始意识到自己人格的多面性。

（5）女孩11～12岁、男孩13～14岁是儿童青春发育期的开始，他们开始摆脱童年的稚气，进入少年时期，由儿童期向成年期过渡。自我意识得到进一步发展，逐渐能自觉地认识和评价自己的个性品质，独立性大大加强。同时社交范围扩大，朋友和伙伴开始在他们生活中占有重要地位。随着第二性征的出现，男女儿童都开始意识到两性关系。

学前儿童的社会化是一个复杂的过程，积极的社会化并不会自然地发生，它需要教育者创设积极的教育环境并对幼儿加以引导才能实现。帮助儿童积极地从一个自然人发展为一个社会人，从而适应社会的复杂生活，是学前儿童社会教育的重要任务。

知识拓展

角色游戏对儿童社会化的影响

1. 关于角色游戏

角色游戏是指儿童运用模仿和想象，通过角色扮演，创造性地反映现实生活的一种游戏。在角色游戏中，通常都有一定的主题，所以又称为主题角色游戏。角色游戏是幼儿期最典型、最有特色的一种游戏。在角色游戏中，儿童将自己对角色的感受和体验，转化为自身对成人世界的一种认知。苏联心理学家维果斯基认为游戏是儿童有目的、有意识的社会性活动，是儿童的一种特殊的实践活动。儿童看到周围成人的活动，便模仿这些活动，把它们迁移到游戏中去。游戏的社会性实践是在真实的实践情况以外，在行动上再造出的某种生活现象。游戏是儿童现实生活的反映，儿童可以通过游戏掌握基本的社会关系。游戏是学前儿童的主导活动，其心理发展的最重要变化首先表现在游戏之中。

　　社会化是指一个人内化社会价值标准、学习角色技能、适应社会生活的过程。是由自然人到社会人的转变过程，每个人必须经过社会化才能使外在于自己的社会行为规范、准则内化为自己的行为标准，这是社会交往的基础。并且社会化是人类特有的行为，是只有在人类社会中才能实现的。

　　社会心理学家费斯廷格提出关于亲和行为及自我评价的理论。他认为个体都具有一种评价自己的驱动力，在缺乏客观、非社会标准的情况下，便会以他人作为比较的来源与尺度，通过对比来评价自己的态度、能力和反应的适宜性。社会化主要包括政治社会化、性别角色社会化、道德社会化等。

　　2. 不同类型的角色游戏对儿童社会化的影响

　　（1）家庭角色扮演游戏。家庭角色扮演游戏会让儿童把成人的社会行为模式转接到自己身上，进行内化，有利于儿童的性别角色社会化，形成健康、良好的性别角色，使得男孩和女孩分别认知属于自己性别特点的行为模式并按照该模式进行以后的行为。在儿童性别角色社会化的过程中，角色游戏是儿童适应社会性别文化的一个基本途径，是儿童性别社会化的重要媒介。社会性别文化将其所建构的性别角色标准投射在儿童的角色扮演活动中，借助儿童的游戏活动反映出它的内涵。儿童通过游戏与性别文化相互作用，在冲突与融合中逐步形成社会性别角色。

　　（2）职业角色扮演游戏。职业角色扮演游戏有利于儿童了解自己的兴趣爱好，形成自己的价值观和初步的事业观。职业角色扮演游戏还有助于儿童对社会规范开始了解和学习，在潜移默化中习得社会规范，并且职业角色扮演游戏还有助于儿童了解社会分工合作、团队合作的重要性。

　　3. 角色游戏对儿童社会化的积极影响

　　（1）角色游戏能激发幼儿的能动性，让幼儿主动去学习。能动性表现在人能根据自己的需要和目的自觉、主动、积极地去改革客体，人是主观能动的，幼儿也不例外。能动性强的幼儿往往表现出强烈的好奇心和求知欲，并能作出积极的反应，主动地参与活动，从而提高自身自主学习的兴趣和能力。角色游戏能充分满足幼儿的好奇心，有了好奇心，就会去探索、去创造。角色游戏能充分满足幼儿的需要，从而发挥幼儿的能动性，使幼儿保持高涨的学习情绪，促使他们不断尝试探索，学习更多的知识，获得更多的成功。

　　（2）角色游戏能促进幼儿社会性的发展，让幼儿主动与人交往。社会化是人所必需的，如果个体不接受社会，不学习和适应他所处的社会和文化所需求的规范、规则和方法，他就不是一个真正意义上的人。幼儿来到这个社会，就必然要学习这个社会和文化所要求的各种规范、规则和方法，学习这个社会的语言、思维和行为方式。角色游戏最能体现幼儿的社会性。在游戏过程中，幼儿自然而然地融入与他人交往的角色中，由此培养了幼儿的自我服务能力、表达能力及主动交往能力。

　　（3）角色游戏能发挥幼儿的想象力、创造力，让幼儿主动克服困难。一个轻松、活泼、富有启迪性的氛围，可引导幼儿的想象，引导幼儿产生创造的欲望。因为想象、创造是角色游戏的特征。在游戏中，多数是以物代物来满足幼儿对材料的需求，替代材料越丰富，幼儿选择余地越大，想象、创造的空间也就越大。

（4）有助于儿童智能和体能的培养和训练。儿童游戏的种类繁多，从空间活动形态来看可分为室内游戏和庭院游戏；从性质来看，则可分为智能游戏、体能游戏和智能与体能结合的游戏。只从游戏性质的分类来看，我们就能知道它们是有助于儿童智能的培养和体能的训练的。

（5）有助于社会角色的认定。这不仅关系到个人的幸福和发展，还关系到社会的稳定和发展。因而社会有责任将个体培养成承担一定社会角色，并有正确角色意识的人。

（6）有助于儿童健全人格的形成。一个有健全人格的人，必定是要接受一定社会规范的人，儿童可以在游戏中习得健全人格。

总之，儿童是在游戏中成长学习的，游戏在儿童生活中的作用非同小可。通过游戏，特别是角色扮演游戏，可使儿童更好地社会化，为将来步入社会和与同龄人打交道打下良好的基础。在角色游戏中发挥出色的儿童，必定在将来的社交过程和沟通交往中有很优秀的表现，特别是性别角色的形成和发展，对儿童未来的两性沟通和关系的建立，有着重大的意义。因此作为成年人，我们应该正确地引导儿童进行角色游戏，鼓励儿童进行角色游戏，以期他们在游戏中玩、在游戏中学。

（资料来源：邓诗颖．新一代（理论版），2012 年（5））

知识拓展

家庭教育方式与儿童社会化

家庭教育是在家庭生活中发生的，以亲子关系为中心，以培养社会需要的人为目的的教育活动。家庭教育的效果，不仅取决于教育者，即父母的教育动机和教育内容，更重要的是取决于父母的教养方式，良好的教育方式有利于儿童的社会化。

在以往对儿童发展的研究中，研究者对家庭教育方式有过不同的解释。

苏联著名心理学家彼得罗夫斯基把家庭关系概括为四种，即专制式的家庭关系、监护式的家庭关系、"和平共处"式的家庭关系与合作的家庭关系。

我国台湾《社区青少年教育》一书在分析青少年犯罪原因时，将父母管教方式分为放任型、溺爱型、严格型、民主型和分歧型。

美国心理学家鲍姆令特按照不同的教育方式把父母分为权威的、专制的、不负责任的三种类型。

我国内地学者有的把家庭教育方式归纳为溺爱娇纵型、家长专制型、启发引导型、放任自流型。也有的表达为拒绝型、严厉型、溺爱型、期待型、矛盾型、分歧型，等等。

以上这些分类是通过不同角度进行的，如从亲子关系的角度、从孩子与环境关系的角度、从父母对孩子情感的角度、从父母态度的角度。从不同角度对家庭教育方式进行分类，可以帮助人们选择最佳的家庭教育方式，对家庭教育产生直接、有益的作用。

心理学家根据潜心研究不同的家庭教育环境与孩子社会化能力间的相关关系，把父母归纳为三种类型：专制的父母、放任的父母和权威的父母。

1. 专制的父母

父母把孩子作为附庸，对孩子的行为过多地干预。要求孩子绝对遵循父母所订的规则，不鼓励孩子提问、探索、冒险及主动做事，较少对孩子表现温情，并严格执行对孩子的处罚。这种父母的教育方式在某种情况下对父母而言，可能更省事，但这种家庭的孩子从小缺乏思考的训练，又未从父母那里得到温情，他们不懂得如何恰当地表达自己的情绪、想法，在人际关系方面，如与其他幼儿交往，可能会碰到较多困难，他们始终处于被领导的地位，没有竞争意识，表现出焦虑和喜怒无常等。

2. 放任的父母

在父母的眼里，孩子无足轻重，父母与孩子各有自己的活动范围及方向，不为孩子立任何规矩，无明确要求、奖惩不明，只给予孩子足够的温情。孩子没有"长幼有序"的观念，享有很大的自主权。这种类型的父母忽略了教导孩子尊重，不能适时提供孩子做人处事的基本道理，使得孩子较缺乏自制力。尤其对学龄前孩子来说，父母若不能在言语、行为上有所引导，那么，孩子有如独自在汪洋大海中漂泊的孤舟，不知该往何处，即使犯错也不自知。所以，给孩子这种自主，反而阻断了他学习做人的机会，这种孩子在与别的同伴交往时，会处处将自己的地位放在最高，好胜斗强，经常出现攻击行为。

3. 权威的父母

这种父母以合理、温和的态度对待孩子，站在引导和帮助的立场，设下合理的标准，并解释道理。既高度控制孩子又积极鼓励孩子独立自主。这类孩子易形成稳定的依恋，与同伴能建立良好的关系。

综上所述，专制的父母为孩子规划所有事，将孩子训练成听话的机器，并不能帮孩子获取必要的知识技能。放任的父母是不负责任的父母，往往使孩子面对挫折无法适应。唯有权威的父母才能培养孩子健全的自我，在这种家庭环境中长大的孩子，从小被尊重，又不乏父母的引导和要求，往往成为最独立而有自信的人。

（资料来源：baike.baidu.com/link?url=ng9VvKS9mBUG8HjCRJPxX9KWQnEe3LLqmfNdFyGSt_LuhquNpYanshUlrpdArs kBUbzypbkN_Al7vokERZIB1K）

案例评析 1.1 玩具要轮流玩

为了引导大班幼儿学会与同伴交往的正确方法，某幼儿园教师开展了"玩具要轮流玩"的活动。教师说："有的时候好朋友之间也会遇到不开心的事，就像这两位小朋友一样……"接着，教师请两位幼儿（一男一女）进行争抢玩具的情境表演。表演结束后，教师问小朋友："这两位小朋友争抢玩具，对不对？我们来帮他们想想办法。"有的幼儿说："男孩儿应该让着女孩儿。"有的幼儿说："只给女孩子玩，不给男孩子玩也不公平，应该再找一个玩具。"……

教师这时打断孩子们的交流，启发道："你们有没有遇到过同样的事情？你们是怎么解决的？"一个幼儿说："有一次我玩一个玩具，哥哥也想玩，就拿着他的玩具对我说：'我这个玩具很好玩。'其实他的玩具我玩过，一点也不好玩，我就没有答应他。"教师连忙接着孩子的话说："像这位小朋友这样行吗？生活中我们要学会相互谦让，玩具要大家轮流玩，对不对？"

评析：从上述活动过程来看，这位教师早就预设了活动的目标——"小朋友要互相谦让"，因此不管孩子怎么回答，教师最终都要牵强地回到目标上来。其实，适宜的社会性行为应当经过儿童自身的体验才能被认同并内化，与其回避、压制孩子的想法，倒不如让孩子充分地把自己真实的感受与体悟表达出来，再通过适当的问题情境，让孩子说出自己真实的想法，或自己认为合适的解决方法，从而学会用适宜的方式解决合作中出现的问题，这比教师牵强的总结要有效得多。

（资料来源：www.cnsece.com/article/2867.html）

案例评析 1.2　红花送妈妈

为了激发孩子们爱妈妈的情感，教师开展了"红花送妈妈"的活动。教师先念儿歌，引出主题："红花美，红花香，我要做朵小红花，要问红花送给谁？红花送给好妈妈。""红花为什么要送给妈妈？什么节日快到了？"孩子们齐声答道："三八妇女节快到了，所以要送妈妈大红花。"教师出示一朵大红花："妈妈的节日要到了，我们做朵漂亮的红花送给妈妈，好不好？"于是教师先示范做大红花的方法，然后孩子们回到座位自己尝试制作红花，最后孩子们拿着自己做的大红花围坐在教师身旁一起学念儿歌。教师总结道："妈妈很辛苦，所以我们要爱妈妈，把做好的红花拿回家送给妈妈。"

评析：儿童的情感教育不同于认知教育，它的学习过程也不应等同于一般的认知学习过程，应更多地强调感受、体验与理解。情绪感受是儿童社会性情感形成的基础和起点。上述案例中的教师忽视了儿童情绪的感受与体验，只是一味地用认知替代情感学习，没有注意关心儿童的情感经验积累、体察儿童的情感体验，因此在激发儿童爱妈妈的情感上是无效的。

（资料来源：www.cnsece.com/article/2867.html）

案例评析 1.3　五子棋风波

最近，孩子们迷上了五子棋，一有空就结伴下棋。这天，明明和宁宁一起下棋，走了几个回合，总是宁宁赢，明明急了。在第三回合时，明明移动了一粒已经走好的棋子，硬说自己连起来是五个棋子，所以赢了。这时宁宁不干了，两人争了起来，宁宁说："你耍赖皮，刚才这个棋子明明就放在这儿的，不可以再移过去的！"明明争辩说："我刚才放错了，我是想放在这儿的呀。"宁宁说："放好了就不可以动来动去，不能反悔的！"明明说："你刚才又没说不可以动！"宁宁生气地来向老师告状。

其实，老师一直在旁边看着他们，看到宁宁来搬救兵了，就问他："你们刚才有没有说好下好的棋子不能动？"他摇摇头，又连忙说："强强上次说的，下好的棋子就不能再动了。"老师又问："那强强是在你们下棋前就说好的，对吗？"宁宁点点头，老师又问明明："如果宁宁下好的棋也动来动去，你同意吗？"明明想了想摇摇头。"那怎么办呢？"老师问他们。他们俩你看看我，我看看你，宁宁说："那我们说好，谁也不能动，怎么样？"明明点头答应："好的。"两人又高兴地下起棋来，一边走一边说："刚才那次不算，我们重新来……"

评析：争吵是幼儿交往中经常出现的现象，是幼儿交往的一种重要方式，《纲要》中指出："儿童通过交往，逐步认识自我并接纳他人，初步了解社会生活必需的基本行为规范。"幼儿正是在争吵和冲突中学会保护自己、学会收敛自己、学会与人交往的必要经验的。当孩子在争吵中无法说服对方时，往往会找教师做自己的"靠山"，希望通过教师"权威"性的话语，帮助自己反败为胜，从而达到自己的目的。但是如果教师经常充当幼儿的靠山，那就剥夺了幼儿参与交往的权利，也就阻碍了幼儿交往能力的形成和发展，影响幼儿学习交往的过程。孩子今后碰到类似的问题，又会这样以"争吵→失败→找靠山"的方式来解决，这不利于孩子的社会性发展。

案例评析 1.4　上海老街

一天，教师带领幼儿参观了上海老街，让他们看到了上海老街的风土人情，尝到了上海老街的小吃，访问了各种商店。回来之后展开本次活动。

教师："我们去城隍庙上海老街玩过了，你们觉得哪家商店最好玩？"

幼儿1："泥娃娃店最好玩。"

幼儿2："剪纸店很好玩。"

幼儿3："钟表店里的钟表很漂亮。"

幼儿4："老师，我们想做'上海老街'的游戏。"

教师："好啊，那我们来商量一下，怎么做'上海老街'的游戏。"

教师与幼儿讨论交流，一起在活动区规划了"小商店"。

开商店首先要有商品，于是幼儿把平时艺术活动中的各种制作品先搬进商店，如收藏的邮票、小挂件、泥土小娃娃、刺绣作品等，幼儿发现商品不够，便又加紧制作起来。

教师为泥屋提供了白坯的陶瓷花瓶、盆、蛋糕盒，为画室提供了布条、雨伞（一种色彩）、白色的扇面，为用品店提供了白色的汗衫、手帕，为玩具店提供了各种废旧材料。教师还发动幼儿共同收集各种材料。

在"苗苗钟表店"里，幼儿自己设计各种手表、钟。用什么材料做手表的表面呢？

有的用汽水瓶盖子做表面，有的用药瓶盖、纸片做表面，用笔在表面上画上数字记号。有几个幼儿一起商量，用一次性盘子做表面，用筷子拼成表带，制作了一个特大的手表，挂在商店门口。有几个小男孩用盆子、塑料管做成机器人钟，机器人的眼睛一大一小，似睁非睁，非常有趣。

在"仔仔玩具城"里……

评析：从思考幼儿园社会领域教育的角度出发，在这个关于上海老街活动的记录中，至少可以得到以下思考和启发。

（1）增进对社会的理解。这是幼儿园社会领域教育的一个重要方面。活动区活动上海老街是基于幼儿参观上海老街的经验基础而产生的，活动过程虽然有教师的参与，但是教师的角色主要是活动材料的提供者，而不是指导者，更不是教学者。在这个相当低结构的活动中，没有明确的活动目标，幼儿活动的过程主要是其自发产生的。幼儿对上海老街和商店的理解，也只是基于自身的经验，商店内的商品更多的是与其生活经验联系在一起的，如泥土小娃娃、自己设计的钟表等。教师并没有要求幼儿去认识和理解上海老街的文化意义和传统特色，尽管上海老街有许多富有上海特色的小吃和工艺品，在创设活动区时，活动依然聚焦在"哪家商店最好玩"上。就此而言，活动区活动上海老街的性质是"由儿童发起深层次探索活动，旨在满足儿童的需求，以儿童的兴趣为导向"的。在这个活动中，幼儿很投入、很主动，虽然只是一个几近"纯游戏"的过程，幼儿好像没学到什么知识，但是，在整个活动中幼儿重温了自身的经验，从其自身的立场理解上海老街，满足了他们自由探索和表现表达的需求。

（2）在活动区上海老街中，从商店布置到商店制作，整个过程是幼儿与物和人互动的过程。在此过程中，幼儿获得经验，建构知识，与人沟通，协调关系，逐渐发展和形成自我意识。幼儿园社会领域教育的途径之一，就是这样一类的非正规教育活动。

（3）作为低结构化的教育活动，幼儿在活动区进行的社会学习其实是包括很多学习领域在内的整合性活动。幼儿园社会领域教育可以通过单一的幼儿园社会领域的教育活动进行，但是，一般而言，幼儿园的社会领域教育常常是以其他学科或领域（如语言、健康、美术、音乐、科学、品德教育等）综合成一体的方式进行的。幼儿园中非正规的社会领域教育常常通过幼儿在活动区的自由活动、幼儿园环境创设、对社会或其他地方的参观访问，以及教师对幼儿随机进行的集体或个体的指导方式进行的。在幼儿园社会领域的教育活动中，常采用不同的方法，或侧重运用某些方法进行。幼儿园社会领域教育中常用的方法有参观、访问、调查、启发、诱导、讲解、示范、探索、模仿、练习，等等。

（资料来源：周世华，耿志涛. 学前儿童社会教育. 北京：高等教育出版社，2011，有改动）

案例评析 1.5　中国茶

1. 活动目标

（1）知道中国盛产茶叶的地方。

（2）知道茶是解渴和健身的好饮料。

（3）知道中国茶有许多品种，味道各不相同。

2．活动过程

（1）茶叶展览。

① 师生共同收集各种茶叶包装盒和各种茶叶。

② 将收集的茶叶装入小玻璃瓶或小碟子，并与其包装盒放在一起。教师和幼儿相互介绍自己带来的茶叶和自己知道的茶叶，请大家看一看、闻一闻。

③ 布置茶叶展（可请家长帮助写上茶叶的产地、名称），尝试按照绿茶、红茶、花茶等进行分类摆放。

（2）中国茶道。

① 在教室里选择适当的位置布置一个小茶坊。

② 教师拿出预先准备好的茶道用具，一边给幼儿表演茶道，请幼儿品茶，一边向幼儿介绍中国茶的种类、茶叶的保健作用及中国茶在世界上的地位（能与家乡的特产联系起来更好）。

③ 幼儿尝试自己泡茶、品茶，观察茶叶的变化，说说不同茶叶的味道、色彩、外观形状上的区别。

评析：在这个"中国茶"的教育活动中，三个活动目标都属于认知领域的目标，而且都是较为简单、能被幼儿接受和理解的生活常识。通过上述活动过程，能够达成预设的活动目标。但这次教学活动明显体现出是以教师为中心展开的教育活动：教师发起活动，围绕着如何让幼儿知道有关茶叶的常识展开教学活动，缺乏幼儿自己的探究与发现，教师也没有让幼儿尝试提出不同的意见和想法，教师的控制性过强。

（资料来源：朱家雄. 幼儿园教育活动设计与实施. 北京：高等教育出版社，2008）

实践实训

一、校内实训

北京市对数千名幼儿园教师的调查问卷中有这样一个问题："你在工作中最大的困惑是什么？"85%以上的教师提出"孩子的自私、任性不知能否纠正过来"。请用本单元介绍的内容，分析教师的困惑，尝试分析如何帮助这类儿童发展积极的社会情感和社会行为。

二、校外实践

到幼儿园收集 1～2 个学前儿童"争吵"的案例，试分析"争吵"行为对学前儿童社会性发展的影响，并思考如何对待"争吵"行为以促进学前儿童社会性的发展。

思考与训练

1. 结合实际论述学前儿童社会教育的意义。

2. 查阅资料，理解什么是"完整儿童"。

单 元 二
学前儿童社会教育的目标、内容、途径与方法

🎯 **学习目标**

1. 掌握学前儿童社会教育的目标。
2. 掌握学前儿童社会教育的主要内容。
3. 掌握学前儿童社会教育的途径。
4. 掌握学前儿童社会教育的常用方法。

📖 **基础理论**

《纲要》指出："幼儿教育是基础教育的组成部分，是学校教育和终身教育的起始阶段。幼儿教育应为幼儿的近期和终身发展奠定良好的素质基础。"《纲要》把幼儿情感——社会性教育作为我国幼儿园全面发展教育的目标和核心内容，把社会领域课程作为我国幼儿园教育的重要组成部分，将社会教育作为幼儿园五大领域教育活动之一，体现了我国幼儿园教育的根本任务是"为幼儿一生的发展打好基础"。

一、学前儿童社会教育的目标

目标是一切行动的出发点和落脚点，以科学、合理的目标为指引，可以进一步明确前进的方向，减少行动的盲目性和偶然性。

学前儿童社会教育目标是指人们对社会教育活动给幼儿身心发展带来变化的标准与要求的预期规定。学前儿童社会教育作为历史发展的产物，其目标也是在特定的历史环境中发展和演变的，带有历史或社会发展的深深烙印。

学前儿童社会教育目标的确立，是学前儿童社会教育开展的起点和归宿，也是社会教育课程设计的首要环节。教师只有提高目标意识，强化制定目标的能力训练，才能切实提高学前儿童社会教育的质量。

学前儿童社会教育目标的结构从纵向（层次结构）来看可以分解为学前儿童社会教育总目标、学前儿童社会教育年龄阶段目标、学前儿童社会教育活动目标，这三个层次是以

社会教育目标的概括性程度高低加以区分的。即越上层的目标概括性越高，越下层的目标概括性越低，越具体；从横向（分类结构）来看，可以从心理结构划分为认知、情感、行为几个方面，也可以从内容板块分为自我意识、人际交往、社会规范、社会环境几个方面。

（一）学前儿童社会教育目标的层次结构

1. 学前儿童社会教育总目标

《纲要》提出，幼儿社会领域的教育目标如下。

（1）能主动参与各项活动，有自信心。

（2）乐意与人交往，学习互助、合作和分享，有同情心。

（3）理解并遵守日常生活中基本的社会行为规则。

（4）能努力做好力所能及的事，不怕困难，有初步的责任感。

（5）爱父母长辈、教师和同伴，爱集体、爱家乡、爱祖国。

仔细分析这些目标可以看出，社会领域的目标是从两个维度提出的，社会关系维度和心理结构维度。社会关系维度包括四个方面：一是幼儿与自身的关系，即自我意识，包括自信、主动、坚持、独立性等；二是幼儿与他人的关系，即与人交往，包括乐群、互助、合作、分享、同情等；三是幼儿与群体或集体的关系，即集体生活，包括遵守规则、爱护环境和公物等；四是幼儿与社会的关系，即与家庭、社会，包括认识社会职业、家乡、祖国和世界文化等。心理结构维度包括社会认知、社会情感态度、社会行为技能。

总目标是学前儿童社会教育的最终目的，是制定其他社会教育活动目标的重要依据。总目标是一种主要的价值取向，具有导向性、规范性、共同性等特点。

2. 年龄阶段目标

年龄阶段目标是把社会教育目标落实到具体的年龄阶段，是对总目标的纵向分解，是各个年龄阶段社会教育应达成的最终结果的表述，它反映了儿童社会性发展目标的年龄差异性和连续性。它以社会教育的总目标为依据，是总目标的具体和深入。不同的阶段目标之间是连续、衔接的。

（1）小班（3～4岁）社会教育目标。

① 引导幼儿初步了解自己的身体特征和功能，知道自己与他人的不同。

② 在教师的引导下能主动参与各项活动，初步萌发幼儿的独立性和自我控制能力。

③ 引导幼儿认识幼儿园中的同伴和教师，初步了解自己与他们的关系，逐步适应集体生活。

④ 使幼儿保持愉快的情绪，愿意与人交往，初步掌握日常礼貌用语，有礼貌地与他人交往。

⑤ 能与同伴一起友好地参与游戏和活动，不争夺或抢占同伴玩具。

⑥ 初步了解和掌握卫生要求，养成良好的卫生习惯，养成爱惜玩具、珍惜物品的习惯。

⑦ 知道基本的集体生活和学习规则，培养幼儿初步养成学习的习惯。

⑧ 初步学习遵守公共场所的基本行为规范，养成公共卫生习惯。

⑨ 逐步熟悉幼儿园环境和家庭环境，了解自己的周围生活。

⑩ 知道我国主要民间传统节日，愿意参加节日活动，感受节日的快乐。

（2）中班（4～5岁）社会教育目标。

① 引导幼儿发现自己的优点、兴趣、爱好，学习简单地评价自己和同伴。

② 学习理解、判断自己与他人的情绪，保持愉快的情绪，学习独立完成任务，增强自信心和独立能力。

③ 培养幼儿逐步具备集体意识，学习尊重、同情、关心他人。

④ 引导幼儿正确使用礼貌用语，能主动运用谦让、合作、分享、互助等方式与同伴交往。

⑤ 引导幼儿初步了解父母和教师的劳动，知道珍惜他人的劳动成果，鼓励幼儿做一些力所能及的事。

⑥ 引导幼儿要勇于承认错误，敢于改正缺点，初步养成诚实、守纪律等良好的品德和行为。

⑦ 能遵守集体生活与学习规则，并初步学习维护规则。

⑧ 初步学习基本的安全知识，遵守交通规则，懂得爱惜公物。

⑨ 了解周围的主要社会机构，初步知道他们与自己生活的关系，萌发最初的爱家乡的情感。

⑩ 在成人的引导下积极参与节日庆祝，初步感受我国丰富的传统文化。

（3）大班（5～6岁）社会教育目标。

① 了解自己的能力、兴趣，能较为客观地评价自己和同伴。

② 能合理地表达与控制自己的情绪，能积极克服困难、做事认真、持之以恒。

③ 喜欢自己所在的集体，感受参加集体活动的快乐，形成初步的集体荣誉感和责任感。

④ 能有计划、有目的地与同伴进行交流合作，基本能独立解决同伴之间的冲突。

⑤ 初步学会尊重他人的劳动，激发幼儿爱父母、爱教师的情感，养成爱劳动的习惯。

⑥ 初步学会分辨是非，懂得向好的榜样学习，有初步的爱憎感。

⑦ 能自觉遵守各项行为规则，在此基础上能制定简单的游戏与活动规则，并能按照规则要求，调整自己的行为。

⑧ 了解家乡的自然景观、主要物产和人文风格，萌发爱家乡的情感和保护环境的意识。

⑨ 初步感知我国优秀的民间艺术与传统文化精华，萌发爱祖国的情感。

⑩ 了解世界其他国家的自然景观和风土人情，萌发对多元文化的兴趣。

知识拓展

　　同样是培养与同伴交往的能力，小班时的目标，只要求幼儿能与同伴友好相处，能主动、礼貌地问候小同伴；中班时的目标，希望幼儿逐渐喜欢和同伴共同游戏，关心弱小同伴；大班时的目标则是希望幼儿能够主动带年幼的同伴共同游戏，体验大带小的快乐，愿意与同伴合作游戏。

3. 教育活动目标

教育活动目标是最具体的目标，是教师通过一定的途径和方法可以直接实现的目标。教育活动目标的主要特点是具有可操作性、可验证性，可以通过具体的教和学的行为，通过教师、幼儿及环境的相互作用得以实现。

根据关注取向的不同可以将教育活动目标分为三类形式，即行为目标、生成性目标、表现性目标。

（1）行为目标。行为目标关注教学的结果，强调目标的精确性、具体性和可操作性。行为目标的陈述一般包含四个因素，即行为主体、行为动词、行为条件和预期表现。例如，大班的"中国在哪里"，儿童通过区分颜色、经度与纬度，学会看世界地图的基本方法，并能准确地找出中国在地图上的位置。

这种目标取向的优点是能很好地指导教师的教学程序，但也容易把教学及幼儿的学习视为一个可预先决定和操纵的机械过程，而忽视教育者的创造性和儿童学习的主体性。同时，人的内在心理过程及其变化（如情感、态度、价值观）也因其缺少外显性而常常受到忽视。

例如，中班"去做客"的活动目标是：知道自己家的地址、车牌公交路线、电话和父母的手机号码，并能主动、正确地将这些信息制作成卡片、绘制成地图告诉好朋友，邀请朋友来家里做客；愿意并主动获取朋友的信息，在父母的协助下，自主选择方法、线路去同伴家里做客，做礼貌的小客人。

（2）生成性目标。生成性目标是在教育情境中随着教育过程的展开而自然生成的目标，即教育目标不是预先设计的，相反，它是教育经验的自然结果。它注重"过程性"，强调以过程为中心，儿童参与过程及在过程中的体验才是教育真正重要的目标，如让儿童具有理解他人的情感，与人合作。

这种目标取向重视儿童的参与与体验，不注重具体的结果评估。它需要教育者对儿童有深度的理解与把握才能清楚自己应当教什么，以及如何教才是恰当的，否则教育者将无所适从。

（3）表现性目标。表现性目标追求的是儿童在教育过程中反应的多元性而非同质性。它只为儿童提供活动的领域，而不是规定学生活动的具体结果。它所采用的行为动词往往是体验性、过程性的，如感受、经历、参加、参与、寻找、尝试、接触、体验、关注、关心、喜欢等。

这一目标陈述方式难以将结果量化。这些目标所指向的结果是开放的，主要以结果中包含的创造性来衡量，而不是用标准答案或标准的做法来评判。

具体目标的制定采用哪一形式需视具体学习内容而定。若学习的重点放在基础知识和基本技能上，行为目标的表述形式比较有效；若要鼓励学生的创造精神，表现性目标的表述形式较为适合；若主张体验就是学习，则用生成性目标的表述形式较为合适。

（二）学前儿童社会教育目标的内容

学前儿童社会教育目标是从横向的角度对总目标的展开，它反映了儿童社会性发展内容的全面性与完整性。我们可以将总目标分解为自我意识、人际交往、社会规范、社会环境四个目标。不同类别的目标之间有一定的联系，但并不自然地衔接和连续。

1. 自我意识

（1）引导幼儿初步了解有关自己成长的最基本的知识。

（2）初步培养幼儿的自尊心、自信心和独立性，以及最基本的自我控制能力、应变能力。

（3）引导幼儿正确认识自己，能够进行正确的自我评价，认识到自己的价值。

（4）学会用恰当的方法表达自己的兴趣爱好、需要和情绪情感。

2. 人际交往

（1）使幼儿逐渐了解父母、教师、同伴及其他社会成员，引导幼儿逐渐学会同情、关心他人并乐于帮助他人，培养幼儿爱父母、爱长辈、爱教师的情感。

（2）引导幼儿愿意与他人交往并能友好相处。引导幼儿掌握与人交往的策略与技巧，协调自己与他人的兴趣和想法，培养幼儿合作、分享等基本的社会行为技能。

（3）引导幼儿初步了解自己所在的集体，使幼儿逐步适应并喜欢集体生活，初步产生对集体的关心、喜欢之情。

（4）鼓励幼儿参与各项活动，初步培养幼儿诚实、勇敢、守纪等基本品质，培养幼儿开朗的性格。

（5）培养幼儿关心、理解、尊重和赞赏他人的态度。

（6）培养幼儿的观点采择能力。

知识拓展

儿童的观点采择能力

小鳄鱼牙痛不得不去看牙医，心里很害怕。牙医不得不给鳄鱼看牙病，也是心里很害怕。两人心里都在打鼓，又不得不做，一左一右，相映成趣。一见面时，两个都"啊"的一声，接着两边都心惊地想："我一定得去吗？"又都鼓励自己，"我一定要勇敢！"好不容易拔了牙的小鳄鱼心想："真痛啊，我明年真的不想再看到他……"那边牙医也在寻思："（鳄鱼的嘴好可怕啊！）我明年真的不想再看到他……"

《鳄鱼怕怕牙医怕怕》绘本故事的插画如图 2-1 和图 2-2 所示。

我好害怕……
I am so scared…

鳄鱼怕怕　牙医怕怕
五味太郎

图 2-1　图书插画（一）　　　　图 2-2　图书插画（二）

这是日本著名童书作家五味太郎的作品，它以生动、幽默的方式，为儿童图解了同一情境下小鳄鱼和牙医的感受。

当儿童一会儿看着左边的鳄鱼怕怕，一会儿看着右边的牙医怕怕，当他意识到两边都在"怕"对方，却不知道对方也在怕自己时，一定觉得很有趣。

能看懂这个故事，说明儿童已经具备一定观点采择的能力。4～6岁的儿童正处于观点采择能力发展的转变期。观点采择是指能够了解他人和某一角色的观点，并将其与自己的观点相协调的能力。

不知道，你有没有和小朋友玩"剪刀、石头、布"的经历。你很容易就能赢4岁多的小朋友，你或许还会笑他："这么个小笨孩，还不知道猜我的心思呢，刚才出什么现在还照着出！"但你再和五六岁的小朋友玩，赢得就不那么容易了，甚至还常常输！有的小孩"鬼"得很，赢了还会很开心地自报"秘诀"："我刚才出了剪刀赢了，他还会猜我继续出，可我偏不！"

差一两岁的孩子怎么就发生了这么大的变化？儿童怎么一下子变得机灵起来了？这里的变化很大程度上就来自儿童观点采择能力的增强。因为四岁的儿童还不会从对方的角度来"猜"自己，所以在游戏中不会变化，也不知道掩饰（常常还没出"剪刀、石头、布"，就暴露了），所以大人才"屡屡得手"。

心理学家米德认为，在小孩常玩的"过家家"游戏中，儿童可以扮演不同角色、体会不同角色的心理，从而提高观点采择能力。四岁的小美扮成医生给洋娃娃打针，她一手拿着一支笔（假装是注射针筒），一手边抚摸洋娃娃边安慰说："不痛不痛，一下子就好，你是个勇敢的孩子。"她在这样的扮演中能更好地理解一些社会规范和期望，并努力符合这些规范和期望。事实上，她的父母清楚地记得前几天她刚去打针时还害怕得不停哭闹。而透过小美玩得极为专注的游戏，我们能发现她正试图"听医生的话，说服自己"，慢慢内化他人的观点和期望，同时也是对自己"害怕打针"的安慰和疏解。

儿童有了观点采择的能力，就会慢慢"反观自身"，也就开始有了一定的自我调节能力。例如，李晓文教授在研究中发现，如果儿童在游戏中输给了对方，四岁组的85%的被试者毫不掩饰自己的情绪反应，赢的小朋友急切地要求拿奖品，有的还会对伙伴做鬼脸，输的人常常是气呼呼的，满脸不高兴甚至当场哭起来；而五岁组有55%的被试者出现了掩饰情绪的反应，赢了的小朋友会有些不好意思，输了的小朋友有些还会主动帮对方挑选奖品，但表情显得不自然，脸色发红，会避开教师的眼光，眼神转来转去，好像不知道看哪里好；到了六岁组表现出掩饰情绪反应的居然有85%。

儿童开始变得复杂了，他们开始能够理解他人的"心思"——知道输了的小朋友不开心，为了照顾他人的心理开始会掩饰自己的情绪——同时也显得"自己赢了也不骄傲"，这些都有利于儿童今后的同伴交往和社会规范内化。

同时，观点采择既有认知上的（了解其他人的观点、想法），也包括情感上的（又被称为移情，即能够意识到他人的情绪情感状态）。如果说认知观点采择让儿童能够去理解他人，也从其他人的眼里来看自己，逐步脱离"以自我为中心"，对自己的评价日渐客观；那么情感观点采择让他们更能感受到其他人的情感，它为儿童养成亲社会行为（如分享、合作、互助、尊重等）提供了内在动机。

如何提高儿童的观点采择能力呢？

（1）在幼儿园、家庭里要鼓励儿童参与各种游戏和活动。幼儿教师在游戏、活动中能够加入充满想象力又丰富多彩的角色让儿童扮演，如扮演《夏洛的网》里的小猪威尔伯、蜘蛛夏洛、老鼠坦普尔顿等。

（2）在家庭、社区里要让儿童有更多接触同年龄玩伴的机会，这样他们在玩耍中也会有更多机会来感受到他人的想法和情感，使幼儿运用观点采择的能力逐渐提高。例如，小伙伴们一起玩可能会为玩具分享发生争执，家长可以利用这样的情境做一个分享讨论：先让儿童把玩具给其他小朋友玩，观察他们的心情和表现；不分享给别人时，让孩子观察他人的心情与表现；当儿童没有玩具又很想玩时，让孩子谈谈自己心里有何感受；如果其他小朋友这时候愿意分享玩具，再让孩子谈谈心里的感受。即在短时间内让玩具的所有者、被分享者互换角色，更深刻地意识到等待分享而得不到分享时的内心体验，在分享体验的同时引导、培养儿童养成分享行为。

（3）幼儿教师、家长们也可以通过讲故事来增强儿童采择不同角色观点、情感的能力。例如，讲《我舌头疼》的故事（蓝火车温情童话系列，少年儿童出版社）：六岁的阿诺，特别喜欢说话。他舌头很大，也很灵活。一天，"乒乓嘭！"阿诺爬楼梯去教室，一不小心绊倒了，顺着楼梯滚了下去……他那不安分的舌头正好伸在外面，疼得他眼冒金星。教师上课时问他，他舌头还在疼，吐出的话变成了"啊嗨嘿哈，哈嗨耗昏哈"。教师有点生气，"我不允许你这样，谁也不能对我伸舌头。"校长也来了，要阿诺向教师道个歉，结果阿诺一开口便是"嘿呼嗨斯……"。"我不允许你这样，我要给你父母打电话。"校长说。她转过身，怒气冲冲地要出门。但是她忘了先把门打开，直接撞在了门上。老师急切地走上前，问道："校长，您没事儿吧？"校长说："后怀哈黑。""什么？"教师问道，校长只好伸出舌头，让他们看看被咬伤的舌头。阿诺和校长这时互相看了看，伸出他们的舌头，两人都笑了。故事讲完后可以和孩子讨论"为什么校长开始很生气，最后伸出舌头也笑了？"

（4）在日常生活中也可以善用一些机会对儿童做适时的提示。例如，当奶奶说只爱吃鱼头时，可以循循善诱地让儿童去体会"奶奶是不是真的不爱吃鱼肉"，让儿童换一个角度思考，体会到成人对他的关爱。逐步培养儿童主动去尊重、关心长辈的行为。

早期的儿童是自我中心化的，观点采择让儿童逐步地"去中心化"，逐步理解他人的情感和观点，同时对自己的评价也开始融入了他人的观点。皮亚杰把这个过程称为是儿童发展中"哥白尼式的革命"。家长和教师如果在儿童发展中能够提供更多观点采择的机会和尝试，对儿童的社会化，尤其是亲社会行为的养成会有很高的价值。

　　大二班有一个男孩钢琴弹得很好，教师常常表扬他。一天，教师请其他班级的一位女孩到大二班来弹琴，女孩弹得非常好，教师和其他幼儿都给这个女孩鼓掌，赞扬她的琴弹得好。见此情景，这位男孩噘了噘嘴说了句："有什么了不起！"就趴在钢琴上哭了。小女孩站在一旁不知所措，其他幼儿则议论纷纷。

　　该案例中的男孩没有尊重和赞赏他人的态度，这会导致他在和其他幼儿交往的时候无法和他人形成良好的人际关系，阻碍其社会性的发展。

　　3. 社会规范

　　（1）引导幼儿初步了解并掌握基本的公共卫生规则，并初步养成讲卫生的习惯。

　　（2）引导幼儿初步了解并逐步掌握基本的公共交通规则。

　　（3）引导幼儿初步了解并逐步掌握各种学习活动的规则。

　　（4）引导幼儿初步了解并逐步掌握与人交往的基本规则。

　　（5）引导幼儿初步了解并逐步掌握生活中的各种规则。

　　（6）引导幼儿初步懂得要保护环境。

　　（7）引导幼儿初步养成爱劳动、爱惜劳动成果的习惯，激发幼儿初步的热爱劳动的情感。

　　（8）引导幼儿初步懂得正确与错误，激发幼儿初步的是非感、爱憎感。

　　4. 社会环境

　　（1）引导幼儿了解家庭、幼儿园、社区及公共场所中的特定设施。

　　（2）引导幼儿了解社会成员的角色、关系及行为。

　　（3）引导幼儿初步感受具有代表性的家乡文化、社区文化。

　　（4）引导幼儿了解祖国传统的民俗节日、人文景观、文化精品，并逐步对祖国传统文化产生兴趣。

　　（5）引导幼儿初步感受世界著名的人文景观及优秀的艺术作品，引发幼儿对世界文化的兴趣。

　　（6）引导幼儿了解不同国家、不同种族的外国人，感受他们的风俗习惯、传统节日，知道世界是由许多国家和民族组成的，培养幼儿的国际情感。

　　最完善的目标也会随着时间的推移而难以适应社会发展和幼儿发展的变化。因此，要随着社会的发展对目标进行修订、筛选、增加等，使目标能切合实际，并把目标落实到每个幼儿的发展上。

二、学前儿童社会教育的内容

　　学前儿童社会教育的内容主要是指学前儿童社会领域所包含的特定的现象、事实、规则及问题等基本的组成部分，它们依照一定的原则，形成一个有机的整体。学前儿童社会教育的内容是幼儿园社会领域课程的主体，是发挥幼儿园社会领域课程功能的关键因素，是实现社会领域课程目标的重要手段和保证。

1. 自我意识

自我意识发展的内容是指幼儿对自己的了解与认识，包括对自己生理与心理特点的了解与认识，包括自我认知、自我评价和自我控制三个方面。

一是对自己面貌、身体、性别、爱好的认识，认识和接纳自己，增进自我价值感和自信心。

二是对自己优缺点的认识，学会发现自己的优点。

三是了解自己的情绪反应，初步学会调控自己的情绪。

四是大胆表达自己的意志、想法和态度，了解并敢于表达自己的感受、想法。

五是逐步学会比较客观地进行自我评价。

六是学会独立选择活动内容和方式，形成对自己行为负责的意识。

知识拓展

幼儿高兴的动因如下。

第一，受到成人夸奖和表扬。

第二，家长、教师喜欢。

第三，小朋友喜欢或者愿意和自己一起玩。

幼儿不高兴的动因如下。

第一，受到教师或家长批评、惩罚、训斥、体罚。

第二，教师、家长不喜欢自己，或者惹大人生气。

第三，大人不允许自己做自己喜欢的事，不让自己出去玩。

2. 人际交往

人际交往的教育内容主要包括人与人之间的关系、对各类不同社会成员的认知、对他人情感的认知及与他人相互交往技能的培养与练习。

一是了解与父母之间的关系，感受父母对自己的爱，并懂得表达自己对亲人的爱。

二是愿意与同伴共同友好地进行各种活动，关心、理解、尊重他人，学习互助、合作和分享，有同情心。

三是学会与人友好相处，协调自己与他人的兴趣和想法。

3. 社会规范

社会规范的教育内容包括了解所处环境的客观特点，作出与环境和社会行为规则相符合的行为。

一是生活习惯。养成良好的卫生习惯、饮食习惯，形成良好的作息规律，讲究文明礼貌，注意安全等。

二是学习规则。集中注意力，积极参与活动，按时完成任务，自己整理学习用品等。

三是游戏规则。按游戏规则玩游戏，学会轮流、谦让，合作、协商解决问题，注意安全等。

四是社会公共规则。遵守交通规则、安全乘坐交通工具、遵守公共场所的文明规则、爱惜公物、保护环境等。

4. 社会环境

社会环境包括物质环境和社会文化环境两个方面。

（1）物质环境。有大环境，小环境，小到幼儿园、家庭，大到国家、世界。

① 家庭。知道家庭主要成员的称呼、姓名、家庭成员与自己的关系及一些邻里关系，家庭的主要设施、家庭住址、电话等。

② 幼儿园。知道名称、地址、班级、小组、基本的集体活动规范，幼儿园工作人员及其与自己的关系，幼儿园的环境和设施等。

③ 社区。知道社区主要机构名称、工作人员及主要工作、与人们的生活关系及主要设施等。

④ 交通工具和设施。知道水、陆、空交通工具及辅助设施等。

⑤ 国家及民族。知道我国的国名、认识我国的国旗；知道我国的首都及部分主要城市；知道我国主要民族的名称、分布、风俗及文化特征；知道人口及人种特征；知道主要省、市、县、街道、门牌等名称；知道自己家乡的特色，知道主要风景名胜及特产等。

⑥ 世界知识。知道主要人种，我国的毗邻国、世界上的强国、大国等。

强调大环境，尤其是在国际交流频繁的今天，更应有国际全球化意识。

（2）社会文化环境。

① 社区人文景观。所在社区的主要人文景观、特征及有关故事传说。

② 民间节日。知道节日名称、时间、主要特点及庆祝方式（通过讲故事的形式）。

③ 民间艺术。当地一些主要工艺品的名称、用材、简单制作方法及当地主要地方剧种等。

④ 文化精品。民族的文字、书法，我国主要喜剧种类等。

⑤ 英雄人物。

⑥ 世界文化。

当土节日遭遇洋节日

（1）现状。"情人节"、"圣诞节"的热烈气氛超过了传统的本土节日。

（2）原因。洋节日有快乐、轻松的氛围，有人们喜爱的吉祥物，媒体商家参与多，节日的时间多在人们熟悉的阳历，而不像本土节日很多按阴历。

（3）对策。也许根本不用担心，"情人节"、"圣诞节"只是在年轻人眼里热门，而幼儿和中老年人并不热衷。我们的传统节日往往以吃为主，玩的少，而"吃"在现在随时可以像过节一样，所以应多提倡节日间轻松地玩乐，应从如何让幼儿获得节日的愉快体验着手思考。

三、学前儿童社会教育的途径

儿童从一个自然人向一个社会人转变，会受到多方面、多种因素的影响，是一个综合的、长期的过程。在这个过程中，需要幼儿园、家庭和社会的密切配合、协调一致，共同促进儿童的社会学习，帮助幼儿形成良好的社会性品质。因此，学前儿童的社会教育可以从以下三种途径进行。

（一）幼儿园的专门教育活动

幼儿园的专门教育活动是指幼儿教师依据教育目的和教育计划，根据各年龄段学前儿童社会性发展的特点，有目的、有计划地对学前儿童进行社会教育的活动，在社会教育中发挥正规教育的功能。主要包括集体教学活动、游戏活动、区域活动等。

1. 集体教学活动

集体教学活动是幼儿园教育活动的一种重要形式，是教师设计、计划和组织的专门活动。是指教师有目的、有计划地围绕某个社会内容，采用一定的教育方法对幼儿进行社会领域的教学活动。它是用以支持、激发、促进和引导幼儿顺利开展学习和达成有效学习结果的过程。

李季湄、肖湘宁总结了教师常采用集体教学形式进行教学的内容：人类优秀文化传统；社会的观念、行为规范、约定俗成的规则；必需的社会知识或概念，与健康生活有关的安全、卫生等常识，周围环境的有关信息的传递；某些技能的传授，如工具、物品的使用方法等。上述内容主要是从社会的角度要求全体幼儿都应该掌握的。既然是要求全班幼儿掌握，那么采用集体教学的形式就是最经济、有效的。另外，从儿童发展的角度出发，凡是全班幼儿共同感兴趣的或有着共同经验基础的内容，采用集体教学的方式也是适宜的。

教学活动最大的特点是有目的、有计划，如果组织得当，可以取得明显的教育效果。因此，为使教学达到最佳效果，在组织教学活动时，要进行精心设计。首先要有明确的教学目标，然后根据教学目标选择合适的教学方法，最后要精心设计教学过程，以保证目标的达成。

集体教学活动，作为面对全班幼儿进行的教学活动，其教学方式、对幼儿的指导方式、组织形式等方面都不是刻板固定的。为使幼儿的学习主动性在集体教学活动中得到更好的发挥、发展，应着力在以下两个方面加以改善。

（1）教学方式的变化。从直接传授为主转向引导发现为主。

（2）教学组织形式的变化。应突破全班活动一统天下的局面，增加小组活动、个别活动的机会。

2. 游戏活动

游戏是学前儿童最喜欢的活动，是最符合学前儿童身心发展需要的活动，也是学前儿童的主导活动。游戏本身是一种社会性活动，它受社会生产方式、道德观念、文化习俗及环境的影响。在游戏情境中，幼儿身体力行"成人的生活"，积累有关的社会经验，使自己逐渐成为"社会人"。所以，游戏活动是进行社会性教育的有效途径。

　　游戏中，幼儿主动积极地、创造性地活动，使幼儿的语言、动作、个性等得到发展。在游戏中，幼儿社会领域教育目的、教育要求易被幼儿接受，其社会化也能得到充分发展。因为游戏本身就是一种社会性的活动。游戏是人类社会生活的产物，它是受社会生产方式、道德观念、文化习俗及环境影响的，具体表现在：幼儿游戏种类、游戏内容、游戏规则都会随时代的变化而变化，并有一定地域性、民族性，如游戏中的角色往往是社会的人物或带有人性象征的动物，游戏的内容和主题是幼儿生活中接触的事物，游戏的规则也总是反映生活中的原则与要求，游戏中的材料也总会带有时代特点。

　　角色游戏是幼儿通过想象、创造性地模仿现实生活而开展的活动，它为幼儿提供了模仿、再现人与人之间关系的机会，为他们形成良好的社会交往能力打下基础。

　　在角色游戏中，幼儿通过对现实生活的模仿，再现社会中的人际交往问题，练习着社会交往的技能，不知不觉中就提升了人际智能。游戏中，幼儿的行为要与所扮演的角色行为相吻合，要把自己放在角色的位置上。从角色的角度看待问题，必须学会共同拟定和改变游戏活动的主题。为了使角色游戏成功地继续下去，他们之间就先要协商由谁担任什么角色，使用什么象征性物品及动作。游戏中常常要改变计划，这就需要共同合作，学会从他人角度看问题，更好地解决人与人之间的交往问题。同时，在游戏中还可学习如何坚持自己正当的权利、要求，怎样控制自己的言行，以符合游戏规则。因此，角色游戏水平的高低能反映社会交往能力水平的高低及人际智能水平的高低。

　　《纲要》中明确指出幼儿社会性发展的目标、内容与要求，应创设一个能使幼儿感受到接纳、关爱和支持的良好环境。表演游戏正好能为幼儿的社会性发展提供这样的环境氛围。幼儿在表演游戏中通过模仿和想象，扮演各种角色，创造性地反映现实生活；在与同伴间的交往中建立亲密、友好的关系，从中得到满足和快乐；让幼儿养成做事认真负责的良好习惯、待人接物的正确态度，并培养他们关心他人、关心集体、爱护公物的良好品德。为使幼儿社会性得到更好的发展，需要教师引导幼儿进行表演，给予适时的介入和指导，充分发挥表演游戏的教育价值。

　　在结构游戏中，幼儿可以习得与同伴之间的分工、合作、共享等社会交往技能。

　　在刚开始玩"超市"游戏时，很多幼儿都有些胆怯，摆好了摊位、放好了物品后却不敢叫卖，有顾客光临时打招呼的声音也很小，结果游戏结束时，收款机里只有几块钱。在评价游戏时，教师让孩子们说说今天卖得少的原因，几个能干的孩子立刻举起了手："不叫卖，人家怎么知道我们的东西好不好呀！"于是教师组织孩子们讨论怎样叫卖才能吸引顾客，通过讨论大家觉得不光声音要响亮，还要说出自己东西的好处，脸上还要笑眯眯的。教师还鼓励孩子们在下次的游戏中设置明星榜，看谁能成为卖东西的明星，登上明星榜。又一次游戏开始了，孩子们认真地与顾客交流，叫卖声此起彼伏。整个游戏孩子收获的不仅是"钱"，更有自信、成功和快乐。

3. 区域活动

区域活动也称区角活动、活动区活动等，它是教师根据教育目标以及幼儿发展水平和兴趣，有目的地将活动室相对划分为不同的区域，如美工区、积木区、表演区、科学区等，投放相应的活动材料，由幼儿按照自己的意愿和能力，以操作摆弄为主要方式，进行的个别化的自主学习活动。

区域活动是幼儿一种重要的自主活动形式。它是以快乐和满足为目的，以操作、摆弄为途径的自主性学习活动。它是幼儿主动地寻求解决问题的一种独特方式，其活动动机由内部动机支配而非来自外部的命令，表现为"我要游戏"，而不是"要我玩"。自主性是幼儿游戏活动的内在特征。区域活动充分体现了幼儿身心发展的特点，可满足幼儿活动和游戏的需要，更好地促进幼儿自然、自由、快乐、健康地成长，实现"玩中学"、"做中学"。在区域活动中，幼儿参与积极性高，能积极动脑、大胆创作。它具有以下特点：自由性——每个幼儿都可以根据自己的兴趣、需要选择活动；自主性——按照自身发展水平自主选择活动内容和活动伙伴；个性化——不同的活动区从不同的侧面促进幼儿的发展；指导的间接性——依靠环境、材料为媒介，以语言为媒介。

幼儿园区域活动以其个别化的教育形式尊重了幼儿的个体差异，满足了幼儿个体发展的需要，成了幼儿园教师及幼儿所喜欢的活动形式，也是对集体教育的有效补充，更是落实《纲要》中所指出的"幼儿园教育应为幼儿提供自由活动的机会，支持幼儿自主的选择、计划的活动"和"为每个幼儿提供表现自己长处和获得成功的机会，增强其自尊心和自信心"的最有效的措施。区域活动承载着独特的教育价值，既把课内和课外的行为、情感、技能有机联系起来，将教育者的教育意图渗透其中，又具有自主性、自选性、小组性，成为促进幼儿全面发展的重要教育形式之一。

"娃娃家"游戏规则（小班）

（1）按顺序进入游戏区。（培养幼儿规则意识）

（2）能自定角色，学习角色的行为。（提高幼儿社会角色扮演能力，去自我中心化）

（3）不独占、不争抢玩具，能共享玩具材料。（培养幼儿谦让能力与共享行为）

（4）爱护玩具，不乱扔乱丢。（培养幼儿遵守社会行为规则的能力）

（5）会用语言表达个人的情感愿望，用语言与伙伴交流，商量主题情节。（引导幼儿学习与同伴的正确表达方式，培养其协商能力）

（6）活动中不大声吵嚷，会有礼貌地接待"客人"。（引导幼儿礼貌待人，培养幼儿遵守社会行为规则的能力）

（7）游戏结束时，能收放和整理玩具，按类放回原处。（培养幼儿良好的行为习惯）

例1 游戏"老狼老狼几点钟"

[活动规则]

由一个小朋友扮演老狼，其余小朋友扮演小羊，小羊围着老狼问："老狼老狼几点钟？"老狼可任意回答时间，当老狼说到"12点钟"时，狼就要抓小羊，小羊可以跑到"家里"，被抓住的小羊即退出游戏。

[活动评析]

在该游戏中社会教育的主要价值体现在培养幼儿的"去自我中心化"，大部分幼儿在游戏时，除了只顾自己快速奔跑外，还要站在老狼的角度，考虑老狼会往哪个方向追、老狼跑步的速度等。

例2 游戏"拉网捕鱼"

[活动规则]

由一名幼儿先扮演网，其他幼儿扮演鱼，网可以抓任意的鱼，鱼被抓住后，也成为网，扮演网的小朋友要手拉手共同捕鱼，网若"破"了，捕到了鱼也不算数。

[活动评析]

该游戏的社会教育价值主要体现在培养幼儿的合作能力上。幼儿组成的网为了抓到更多的鱼，既要牵住同伴的手不放，又要和同伴把前进的方向统一好。幼儿在游戏中就能体会到合作的重要性，并学会合作的方法。

（二）幼儿园随机的教育活动

幼儿的发展应是全面的，但要促进幼儿全面、健康、和谐的发展，就应重视发挥各种教育手段和方法在幼儿教育中的交互与渗透作用。因此，在幼儿园一日活动的教育过程中，在重视对幼儿进行有计划的系统教育的同时，也不能忽视对幼儿的随机教育。

1. 日常生活中的随机教育

幼儿在园的一日生活都是课程，在对幼儿进行教育教学的过程中，如果把教育内容全部设计成教学活动来进行显然是不可行的。如果教师能充分利用日常生活中的每一个环节对幼儿进行随机教育，将会收到事半功倍的效果。例如，来园、离园活动中的文明礼貌、自我服务、人际交往教育；盥洗时的卫生习惯教育、节约环保教育；进餐时的爱惜粮食、文明进餐意识教育；睡眠时不打扰他人的礼仪教育。

陶行知说："生活即教育，教育即生活。"生活中处处都是教育的机会，随机教育渗透在我们生活的每个细节之中，体现在日常活动的点点滴滴之中。只要教育者细心发现、用心引导、认真对待生活的每个环节，就会发现这些点滴的时间对于幼儿成长的作用是不容忽视的。教育工作者要随时随地启发幼儿的想象力，发展幼儿的创新能力，丰富幼儿的语言，使幼儿在兴趣的支持下玩意更浓。生活中的教育是无时不在、无处不在的，如果真正能抓好随机教学，那将会取得更佳的教育效果。

案例　户外活动时间到了，教师带孩子出去活动，走到楼梯时发现有一张废纸，于是弯腰捡了起来，因为周围没有垃圾箱，于是随手装进了口袋。这时一个孩子看到了问："老师，你为什么把垃圾放进口袋里呢？"教师惊诧孩子的观察如此仔细！"因为周围没有垃圾箱呀！但是如果不把废纸捡起来的话，别人看到会不舒服的！小朋友要爱护自己的幼儿园呀！""那如果小朋友看到有垃圾也应该把它捡起来，对吗？""那在马路上也要把地上的垃圾扔到垃圾箱里去！"几天后教师经常发现孩子们主动弯腰捡垃圾的现象，并及时给予了表扬。孩子在平时一点一滴的观察中学会了维持和保护周围的环境，促进了社会性的发展，可见随机教育对学前儿童的重要作用。

案例　中午起床给孩子叠被子时，一个孩子突然跑到教师身边问："老师，你每天给我们叠被子不累吗？"教师笑了笑，想说不累！但转而一想，这也是对孩子进行情感教育的良好机会呀！于是就问："你觉得老师累吗？"孩子们七嘴八舌地开始议论了，"老师很累，每天要给我们提饭，还要干活！""老师总是看我们睡觉，自己不睡！""老师喜欢给我们讲故事，嗓子都哑了！"同时，通过讨论，孩子们还自发地告诉教师说，"老师很辛苦，小朋友应该听老师的话，做个好孩子，不让老师生气。"通过这次随机讨论，孩子们试着关心教师，关心别人，尊重别人，懂得了要疼爱别人的道理！

　　还有一次，在带领孩子出去做操时有的孩子穿不上衣服，急得团团转，而这时有的孩子已经穿好了，教师就借机引导孩子说："现在有的小朋友已经穿好了，但是还有很多小朋友没有穿好衣服，怎么办呢？"在教师的启发下，已经穿好衣服的孩子们就主动帮助别人扣扣子、拉拉链、开衣橱，被帮助的孩子也非常有礼貌地道谢。教师及时表扬了孩子们，结果从此以后班里互相帮助的事渐渐多了起来。孩子们学会了与人交往，学会了关心别人，社会性进一步增强了。

2. 其他领域活动中的随机教育

幼儿园的健康、语言、社会、科学、艺术等五个领域只是对课程内容的一种相对划分，这五个领域是相互渗透、边际交融的。幼儿的生活是一个整体，是不可分割的，所以幼儿教育必然也是一个不可分割的整体。各课程领域的内容必须围绕幼儿的现实生活，有机联系，相互渗透。就像陈鹤琴先生指出的那样，"五指活动"的五指是活的，可以伸缩，且相互联系。

社会领域与其他课程领域是紧密相关、相互渗透的。一方面，社会领域教育不是封闭的，它总是要借助一些内容、手段和方式，而这些内容、手段和方式往往与其他领域有着联系。另一方面，健康、语言、科学和艺术领域的教育也必然渗透社会领域教育的目标和内容。这是因为幼儿园的教育内容无不渗透着社会教育的内容和要求，每一个领域都不同程度地反映了亲近社会和自然，反映了人类的关爱和良知，反映了合作与友善，反映了同情与帮助。具体地说，幼儿园课程中没有一个文学、音乐和美术作品不是渗透了积极向上的社会价值，没有一种数量关系不传递社会意义，没有一种科学技术不产生正面或负面的社会价值。所以，幼儿社会性情感发展的目标应渗透到所有的教育领域中。例如，在语言活动中渗透社会教育的内容：故事《三只蝴蝶》《金色的房子》《小羊过桥》蕴含着团结友爱、互帮互助、谦让等品质教育；《狼来了》教育幼儿要诚实、不能撒谎；《小猫钓鱼》教育幼儿做事要一心一意，要有毅力；《狐狸与乌鸦》教育幼儿不要轻易相信他人，学会识别善恶；《龟兔赛跑》教育幼儿要谦虚，不要骄傲。在艺术领域活动中，可以利用音乐、舞蹈、美术等活动让幼儿增进情感体验、表达社会情感，学习良好的社会品质。如在学唱歌曲《李小多分果果》时，可以引导幼儿学习李小多先人后己、慷慨的品质；歌曲《我的好妈妈》可以教育幼儿体贴、照顾辛苦工作的妈妈；舞蹈《摘果子》能让学前儿童体验丰收的喜悦，从而产生爱劳动的情感；美术活动《画妈妈》《画家乡》能让学前儿童在绘画过程中进一步表达对妈妈、家乡的热爱之情。

　　社会领域教育与其他领域教育的渗透在不同年龄阶段有着不同的中心和重点。如在小班阶段，生活适应、生活教育是社会领域教育的重点，而小班的生活教育又有两个重点，一是满足基本的生理需要，二是适应新的环境。后者较多地与社会领域有关，但也必然融合其他领域的内容。小班社会领域教育与其他领域教育的渗透，应更多地关注现实的生活过程和事件，关注游戏的形式。因为现实生活和游戏是不能确切地区分领域的，而关注生活和游戏则能使领域间的渗透自然地存在和发生。同样，中班社会领域教育与其他领域教育的渗透可围绕解决人际冲突、发展良好的同伴关系等来考虑。大班社会领域教育则可以从幼儿园与小学的衔接、为入小学作准备等方面加以考虑。

节 约 用 水

小水管，低着头，

滴滴答答泪直流。

问他为啥哭，

低头不开口。

你要替他擦眼泪，

快去拧紧水龙头。

从儿歌《节约用水》的学习中渗透了对幼儿节约用水的培养。

（三）幼儿园与家庭、社区的合作

　　信息时代学前教育不再是单一的幼儿园教育，它是家庭、社会、幼儿园共同对孩子进行的教育，家庭是孩子的第一所学校，父母是孩子的第一任教师；社区是幼儿的学习和生活环境，它蕴藏着丰富的学习资源。美国学者布朗芬布伦纳创建的生物生态学理论认为，儿童的发展受到与其有直接或间接联系的生态环境的制约，这种生态环境包括微观系统、中间系统、外层系统、宏观系统和时代系统。其中，微观系统和中间系统是指儿童生活的场所及周边环境，如家庭、幼儿园、学校、邻居和社区，以及幼儿园与家庭、幼儿园与社区、家庭与社区等之间的联系。这三项因素是相互作用、相互依存的，任何教育问题的产生都不是其中某个单一因素所导致的，其解决也非某个单一因素所能独自完成的。家庭、幼儿园和社区作为儿童教育过程中的三大重要影响因素，它们之间的合作具有重要意义，幼儿园、家庭、社区的教育能够优势互补，有利于教育资源的充分利用，协调相关的社会群体力量统筹各方资源，形成教育合力，促进儿童健康的发展。近年来，人们已逐渐认识到这一点。美国、英国、加拿大等许多国家都将家庭、幼儿园、社区合作作为教育改革的重要组成部分。可以说，家庭、幼儿园、社区的合作是当今教育改革的一个世界性趋势。

1. 家园合作

家庭是幼儿的第一生活场所，第一所学校，父母是幼儿的第一任教师。心理学家艾里克森认为：父母对孩子的态度给孩子以后对社会的态度奠定了基础："在个性、社会性、智力发展和文化特征方面，父母是孩子的第一个最重要的环境影响因素。"

幼儿入园后的教育效果离不开家庭的配合，因此，家园结合已经成为世界幼儿教育发展的共同方向。

首先，幼儿园要本着尊重、合作的原则，争取家长的理解与支持，主动参与。如定期举办家长学校、家长开放日，请有关幼儿教育专家讲座，举行家教知识竞赛；成立家长委员会，定期向家长介绍幼儿园的情况、幼儿的伙食情况。

其次，幼儿园要帮助家长树立正确的教育观念，强化其"不仅是养育者，也是教育者"的意识，及时总结和推广家庭教育的先进经验，帮助家长解决疑难问题，改善家长的教育行为、教育方法、优化家庭环境。针对家长在育儿方面、教育过程中碰到的问题，可通过家访、家园小报、咨询活动、亲子游戏等形式多样的活动帮助其解决。

2. 幼儿园与社区的合作

陈鹤琴先生早就指出："大自然、大社会是我们的活教材。"社区是大社会环境中与幼儿园关系最密切的一部分，幼儿园周围的社区是幼儿十分熟悉的地方。社区的自然环境和人文环境，在幼儿的成长中，特别是精神的成长中有着特殊的意义。

首先，社区作为一个生产功能、生活功能、文化功能兼备的社会小区，能为幼儿提供教育所需要的人力、物力、财力等多方面的支持。

其次，幼儿园在与社区的合作中，可直接利用社区丰富的资源，让幼儿走进社会的大课堂，如利用社区的各种机构（社区办事处、敬老院、生活服务部、医疗服务部、安全监控中心、物业管理等）、设施（健身器材、绿化），实现资源共享，节约教育经费。还可邀请社区内的劳动模范，解放军战士、医务人员、警察，听听他们的先进事迹和各种知识、小常识，开阔幼儿的视野和知识面，可以带领幼儿参观敬老院，帮助老人干一些力所能及的事，从小培养他们敬老尊老的好风尚、好品质，还可以利用社区的历史、风俗、革命传统作为幼儿园的乡土教材，作为幼儿教育的宝贵资源。

第三，把社区的各种活动和幼儿教育活动有机结合，让社区文化、社区的精神文明成果成为幼儿园培养幼儿德育的沃土，如社区开展的一系列"公共卫生，从我做起""爱护公共财物、人人有责任""节约一度电、节约一滴水""尊老、爱老日""文明之家""我们从小讲卫生""讲文明、讲礼貌的好宝宝""废物利用小制作""保护我们的地球"等活动，这些活动不但能促进幼儿的社会性发展，还有利于幼儿爱科学、爱分析和解决问题等综合能力的发展。

知识拓展

瑞吉欧幼儿教育体系的主要特色

1. 全社会的幼儿教育

社会在育儿方面给予家庭以有力的支持，素来是意大利文化中集体主义的一种表现。在瑞吉欧市，0～6 岁幼儿的保育和教育是一项十分重要的市政工程，享有12%的政府财政拨款。许多由社区公民自发组织起来的民间组织对地方政府施加实质性影响，即对政府的这一项工作进行监督，以保障与改善该地区学龄前儿童的家庭教育和正规教育。

在全市所有的幼儿学校中，家长都有权利参与学校所有环节的一切事务并自觉承担起这一责任。例如，家长要讨论学校的各项政策，研究有关幼儿身心发展的状况，参与课程的计划与实施并给予一定的评价。

2. 学校管理风格：民主与合作

瑞吉欧学前教育系统是一个以儿童为中心的联盟，使教师与儿童同样能获得"家一样的感觉"的地方。这些学校并没有我们在一般机构中所见的那些行政事务，教师之间也没有任何的层次等级，他们只是平等的同事者与合作者。所有学校由一位主管直接向市政府汇报工作，他还要组织协调一群教研员进行宏观的决策、计划和研究，并对各所学校进行具体的指导。这些教研员是该市幼儿教育的课程决策者，其中每个人都要协调和指导五六所学校的全部教师的业务工作。

学校每个班配备两名教师（幼儿的数量：婴儿班 12 人，托儿班 18 人，幼儿班 24 人），实行三年一贯制跟班教学，以在教师和幼儿之间保持长期稳定的联系。每所学校都有一名在艺术方面受过专业训练的艺术教员。他除了自身在艺术教育方面为瑞吉欧幼儿教育作出特殊的贡献，还要协助教师发展课程并做好课程、教学与幼儿活动的记录。

3. 方案教学：弹性课程与研究式的教学

美国著名幼儿教育专家凯兹等人将方案教学看成根据儿童的生活经验和兴趣确定某一主题为中心，并以该主题为中心加以扩散，编制主题网络，将概念予以分化、放大，让儿童通过自己的学习，探索概念的内涵。方案教学的实施涉及儿童的认知、情感、社会化、语言、体能等各个发展领域，将游戏、故事、绘画、手工、音乐、数学等方面的内容融合为一体。

当今，世界上学前教育的理论和实践工作者都逐渐地认识到，学前教育既要顺应儿童的自然发展，又要有效地将儿童的发展纳入符合社会需要的轨道，这是一个两难问题，方案教育是较好地解决这个两难问题的途径，使教育具有的两种功能，即为社会服务的工具性功能和为人自身充分发展创造条件的功能得以较为完善地结合。然而，方案教学的教学方式极具弹性，没有一种统一的模式，需要教师在师生互动中运用智慧去把握教学的过程，因此，方案教学的成功与教师本人的素质，以及教师对此种方式教学的理解有至关重要的关系。方案教学是对该学校的课程与教学最全面、准确的概括（方案教学是一个译名，"方案"一词还可译为"设计""计划""项目"等，因此方案教学又被称为"项目活动"。这种活动的基本要素包括：解决真实生活中的问题，小群体共同进行长期、深入的专题研究等）。

4. 儿童学习与表达的手段：百种语言

在幼儿小组围绕着一个共同的"项目"开展活动的过程中，幼儿的自我表达和相互交流是两种基本的活动。在瑞吉欧看来，幼儿表达自我和彼此沟通的手段，以及教师判断幼儿对于相关的内容是否理解的标志，不应只是人特有的语言符号，还应包括动作、手势、姿势、表情、绘画、雕塑等一切表达方式。在绝大多数情况下，幼儿的学习、探索和表达是许多"语言"的综合。（为弘扬进步主义的教育理念，推广自己的教育经验，自 20 世纪 80 年代初期以来，马拉古兹率部在欧洲各国举办巡回展览。这个名为"儿童的百种语言"的展览获得巨大成功，使瑞吉欧的精神跟理念与教育经验得到各国教育界、学界和政治界人士的赞赏，被美国《新闻周刊》评为"全世界最好的教育系统之一"，并刮起了席卷西方世界的瑞吉欧教育"旋风"。）

5. 教师的成长：合作学习和反思实践

瑞吉欧全部教育过程与效果得以有效进行和保证最关键的要素，乃是教师们一直孜孜不倦地努力提升自己对于幼儿的认识和对幼儿教育的理解。

瑞吉欧的教师和孩子一样，都不是"训练"出来的。相反，教师是通过进入一个充满各种关系（与孩子、与家长、与其他教师、与教研员等的关系）的环境之中学习的，环境中的这些关系支持教师们合作建构了关于儿童、关于学习过程及关于教师角色的知识。教师的成长与孩子的发展被视为一个"连续体"。在与儿童合作开展的活动中，教师不断地观察幼儿，并采用多种方式记录、保存学习过程和"产品"，为孩子建立"档案"，记录、整理、分析、解释档案的过程。不仅为教师本人计划和实施课程提供了充分的信息基础，而且成为教师自我反思和同其他教师、教研员、艺术教员及家长进行交流、共享的宝贵资源。

6. 学校的第三位教师：开放的环境

物质环境的设计布置同样也是瑞吉欧教育的中心环节，而该环节的一个核心问题就是如何增进环境的开放和资源的综合利用。学校在设计新的空间和改造旧的场所时，一个通常的考虑就是如何使各部分的教室能够便利、有效地衔接起来，并且使学校与周围的社区密切互动。学校所有的教室都向一个中心区域敞开大门，厨房间可以随时提供参观的便利，大大的玻璃窗、教室后面的院落、开向外面的大门，也使学校同社区保持随时的沟通；入口处放着各种各样的镜子、照片和儿童的作品。

瑞吉欧的教师们将幼儿学校的环境称为"我们的第三位教师"。教师们竭力创造机会，要在学校的每一个角落为幼儿提供充分的交往机会，便利他们的沟通。为此，教师们在学校的大厅里设置一个活动中心，教师之间可以通过电话、过道或玻璃窗进行联系。其环境创设的宗旨为：促进幼儿之间的游戏性交往。

从以上瑞吉欧教学体系的六大特色反映出，瑞吉欧的成功的关键在于它的教育理念和实际做法，正好应和了当前幼儿教育改革与发展的最迫切的呼声。即使剔除这个时代性的因素，瑞吉欧教育体系中，幼儿、教师和家长这三种"主角"，在共同活动中所表现的积极参与、主动探索、团结互助、友好合作的精神，所营造的自由表达、通融理解、开放民主的氛围，所焕发出的责任心和想象力，以及在长期的合作中所结成的共同体，无不向人们展示了幼儿教育中永恒的为真、为善、为美的景象。这种景象是任何一个真正称得上成功的幼儿教育机构所必备的人文景观。

四、学前儿童社会教育的方法

（一）讲述法

讲述是教师用生动的语言向学前儿童描述事物的特征，解释事物间的关系，向学前儿童说明一些简单的道理、规则及意义的一种教育方法。它能使儿童较系统地理解教育的内容和意义，掌握正确的行为准则和方法，便于指导儿童的行为。

讲述法可以拓宽学前儿童的眼界、丰富学前儿童的社会认知，提高学前儿童的语言理解能力，帮助学前儿童学习社会规则，使其懂得处世之理。

1. 讲述法在运用时可以从以下几个方面进行

（1）引导学前儿童对教师讲述的内容产生兴趣。教师可通过角色扮演、教具呈现等手段，吸引幼儿对讲述的内容产生兴趣。

例如，某次活动主题为"认识少数民族"，教师要讲述这个学前儿童不熟悉的内容就请别班教师或者小朋友扮成少数民族人物出场引起儿童的兴趣，或者利用多媒体展现少数民族的风景等引起儿童的兴趣。

（2）采用各种方法进行讲述。可用图片、模型、音乐、影像等配合讲述，或通过情境表演进行讲述等。如"认识少数民族"，就由扮演少数民族的教师和孩子穿上民族服饰，跳起民族舞蹈，介绍民族特色，并用多媒体配合表现少数民族的环境和特色等。

（3）讲述活动结束后要小结。如"认识少数民族"活动结束后要小结，维吾尔族人居住在……他们的服饰是……特产是……生活习惯是……；蒙古族人居住在……他们的服饰是……特产是……生活习惯是……他们都是少数民族人，我们要了解他们，要和他们做朋友。

2. 开展讲述活动的注意事项

（1）讲述的内容要适合学前儿童。学前儿童早已熟知的内容就不用再进行讲述了，幼儿不能够理解的知识也不用进行讲述。

（2）讲述时要具有直观形象性。学前儿童的语言发展水平较低，幼儿的思维具有直观形象性的特点。单一的讲述不便于幼儿的理解，且不符合幼儿的思维特点，还会使幼儿在活动时没有兴趣。

（3）讲述的语音、语态要有变化。学前儿童注意力难以长时间集中，为了让他们听清楚且有兴趣听教师的讲述，教师的讲述要清晰，明白易懂，避免不必要的口头语。语速适中，音量合适，声音抑扬顿挫、随角色的变化而变化。讲述时配合适当的动作，使讲述变得生动有趣，有感染力。

（二）谈话法

谈话法就是教师与学前儿童相互提问、对答的教育方法。教师可以向儿童提出问题，也可以解答儿童的问题，不受时间、地点和人物的限制。

在学前儿童语言教育中也使用谈话法，目的主要是发展学前儿童的语言表达能力。而在社会教育中使用谈话法，目的主要是促进学前儿童社会性发展，逐步适应社会环境。教师借助于恰当的问题，帮助学前儿童分析、提炼原有的社会知识经验，使之系统化或明确化。谈话法可充分调动儿童学习的积极性、主动性，能够引起学生的认识兴趣；谈话法也可使学前儿童获得社会规范性语言，发展学前儿童的语言交往能力；另外，教师可以及时获得儿童学习的信息反馈，有利于教师根据儿童对教育内容的理解程度和疑难之处进行有针对性的引导。

谈话法可以一对一地个别进行，也可以面向小组和集体。

在组织谈话法时要注意以下几个方面。

（1）要引起学前儿童谈话的兴趣。选择贴近学前儿童生活的、能引起学前儿童兴趣的、有教育意义的话题。例如，谈谈"适合小朋友穿的衣服"这个话题很有意义，但若要谈谈"衣服上有机器猫的图案好看还是奥特曼的图案好看"就无法实现本领域的目标。例如"我会帮助别人了"活动中教师的导语设计："咱们班的孩子个个是能干的孩子，今天就请你们来说说你有多能干，你帮助过别人吗？你是怎么帮助别人的？"

（2）谈话的内容应该是儿童熟悉的。只有儿童熟悉的内容，才能使他们积极地参与到谈话中来，成为交谈的一方，从交谈中获得新的知识，与教师产生情感上的共鸣。只有这样，我们的教育目的才能实现。

（3）谈话开始后要注意引导，步步深入。教师在与学前儿童谈话中所设计的问题应该是符合谈话主题的，问题应是清楚明了、学前儿童易懂的，问题的排序应是由浅入深的，尽可能地设计开放性问题，让更多的儿童发表不同的见解。例如，"我会帮助别人了"活动中，有幼儿说，"我帮奶奶找针。"教师进一步启发"为什么奶奶需要你帮忙？""你帮奶奶找到针后，奶奶高兴吗？对你说了什么？"

（4）谈话要注意面向全体，允许答案的多样性，问题提出后要留给儿童思考的时间，谈话方式可以多变等。

（5）谈话结束后教师应用准确的语言进行总结。

（三）讨论法

讨论法是指儿童在教师的指导下就社会性问题、现象互相启发、交换看法以获取知识的一种教育方法。讨论法需要教师引导幼儿运用已有的知识经验，对一些不了解、认识模糊的问题发表见解，教师则借助恰当的问题，帮助学前儿童分析、提炼原有的社会知识经验，使之系统化或明确化，使幼儿获得正确的社会认知、积极的社会情感及良好的行为方式。具体方式有两两交换意见、分小组讨论、全班讨论三种。

讨论法具有以下特点。

（1）生活性强。幼儿愿意并能够讨论的话题大多是与他们的实际生活紧密联系的，这样的话题都是幼儿亲身经历过的，是有体会的，可以发表不同的见解。例如，活动"生气的我"，每个幼儿都经历过生气的情绪，大家都能说出自己生气时的表现以及应对生气这种情绪的方法。

（2）自由性强。因为话题与幼儿的生活经验联系，每个幼儿都能表达，这样的表达没有心理压力，有利于引导幼儿主动理解和掌握一定的知识经验和行为规范。如活动"长大的我"，每个幼儿对自己的成长变化都有许多话要说，很容易发挥。

（3）针对性强。谈话的内容都是有针对性的，限定在一定的范围内，有利于幼儿知识经验的积累。

运用讨论法应该注意以下四点。

① 教师在与学前儿童谈话中所设计的问题应该是符合谈话主题的。如活动"长大的我"谈话的内容包括：谈小时候和现在相比变化有哪些，谈自己的优点，谈自己的缺点。

② 问题应是清楚明了，让学前儿童易懂易答的。如活动"了解自己的情绪"，提问"在幼儿园里会遇到哪些高兴的事？高兴的时候，你的表情会怎样？"这两个问题放在一起既有利于启发幼儿结合生活经验，回答出不同的答案，又有利于帮助幼儿总结出自己在高兴时表情会有哪些。

③ 问题的排序应是由浅入深的，尽可能地设计开放性问题，让更多的儿童发表不同的见解，多问些怎么样、为什么等，少问是不是、对不对等问题。

④ 讨论的方式多样。例如，借助各种直观、形象的材料和教学手段进行讨论。

（四）直观形象法

直观形象法是幼儿园教学活动普遍采用的方法。教师利用各种适当的直观手段，如图片、音像资料、情境表演等，组织幼儿开展观察、欣赏、讨论等活动，借助幼儿多种感官和已有表象，通过直观、形象的感知使幼儿获得新的、生动的表象，比较全面地理解、掌握知识经验和行为方式，形成一定的情感态度。在幼儿园社会教育的实施过程中具体采用的直观形象法主要包括参观法、示范法、范例法。

1. 参观法

参观法是根据社会领域教育的目的与任务，组织学前儿童在园内或园外的场所，让学前儿童通过对实际事物和现象的观察、思考而获得新的社会知识与社会规范的教育方法。例如，组织学前儿童参观超市、邮局、图书馆、敬老院等。

参观法能把社会教育活动与儿童的社会生活紧密地联系起来，有利于生动、活泼地向儿童进行社会教育，是引导儿童认识社会的主要方法。

社会生活是学前儿童社会教育的活教材。参观能使他们通过对实际事物和现象的观察、探究而获得较为丰富的直接知识和经验，扩展其社会视野，帮助他们理解事物之间的联系。例如，学前儿童平时虽然也有和家人一起到超市购物的经历，但他们置身超市时，一般只关注像饮料、玩具之类自己感兴趣的东西。通过教师组织的参观之后，他们才发现超市中原来有那么多丰富的商品，超市给大家的生活带来很多方便，超市的工作人员既要记住众多的商品所在的位置，又要热情接待顾客，他们的工作很辛苦，自己要尊重他们的工作等。对学前儿童来说，自己亲自观察、亲身实践得来的经验和体验是成人的任何讲述都无法比拟的。

对教师来说，在参观之前，要做好一系列的准备工作。

（1）选择参观的内容和地点。对某一社会设施或社会现象进行参观，社会现象应发生在相应的社会设施中。社会设施包括邮局、商店、学校、图书馆等。社会现象包括售货员在商店里卖东西，顾客买东西；邮局工作人员分发信件、投递信件；小学生们在课间游戏、学习等。

参观的内容应该是与幼儿的生活经验密切联系的。在选择参观的地点时应该首先考虑幼儿的安全。

（2）确定参观前后和参观过程的路线。要注意安全，考虑好沿途可能存在的问题。

（3）制订参观计划。包括活动的主要目标，参观的步骤、路线，适时、适当地提问，吸引幼儿注意力的方法。要特别挖掘幼儿需要参与的部分。

（4）做好物质方面的准备，如水、纸等。

参观活动过程的组织要注意以下几个方面。

① 出发前的组织。整队集中检查行装，组织简短谈话，向幼儿简单介绍参观的地点、内容和参观过程的要求。

② 出发途中的组织。保证儿童的安全，防止幼儿走失。如步行时教师走在马路外侧，坐车时提醒儿童不要将手脚伸出窗外。

③ 到达时的组织。清点幼儿的人数，重新整理队伍，再次提出参观的要求，提出问题，让幼儿带着问题参观。

④ 参观过程中的组织。教师与参观地的工作人员合作，组织学前儿童有秩序地参观，介绍时避免用行话；参观过程中，教师要不断地提问，并给幼儿充分观察、思考的时间。

⑤ 结束时的组织。选用适当的方法，如参观邮局，考虑到工作人员忙，可自然结束；若不忙，可用联欢和实践的方式体验和结束。

前三项可归纳为到达参观目的地前的组织。

参观法的注意事项如下。

（1）参观时间最好选上午。

（2）参观前要与被参观单位的工作人员联系，并取得园领导的支持。

（3）组织外出参观应该要增加教师，并明确分工。

（4）参观结束后，应安排相应的教育活动，可组织谈话、可开设相应的活动区域（延伸活动）。如参观邮局的延伸活动可以是"邮票展""与邮局有关物品展""寄信"。

2．示范/范例法

示范法是教师通过自己的语言、动作及各种直观手段，为幼儿提供具体模范的范例，或是采用具有明显教育意义的典型事例，使幼儿直接模仿学习。

示范/范例法具有以下特点。

（1）示范性强。使幼儿明确什么是对的，什么是该做的，能帮助幼儿获得相对准确的社会认知、掌握行为准则。

（2）直观性强。通过具体的事例和直观的形象，使幼儿明确需要掌握的认知、行为。

示范/范例法的注意事项如下。

（1）示范手段多样，可以根据内容不同，采用幻灯片、录像、音乐、美术作品等多种手段进行直观的教育活动。

（2）示范或提供范例过程中的讲解要清楚、准确，动作要适当放慢，重点部分应重复示范，根据内容特点，采用完整示范、部分示范或分解示范。

（3）要密切结合教师的语言讲解，使幼儿知其然还要知其所以然。

（4）要与幼儿的行为练习相结合，使幼儿在行为练习中巩固所学知识和行为方式。

（五）行为练习法

行为练习法就是教师创造一定条件，组织学前儿童按正确的社会行为规范去实践的方法。行为练习法是形成和巩固学前儿童社会行为习惯的一种基本方法。

行为练习法的形式多样，有教师人为创设特定的情境让学前儿童进行行为练习，如当学前儿童掌握了如何在超市中购物的具体方法，教师就创设情境让学前儿童进行"购物"的行为练习；有教师组织的各种劳动活动；还有在各种生活情境中教师组织的学前儿童行为练习，如来园和离园的礼貌行为练习、用餐前后的行为练习等。所练习的行为主要分为与人交往中的良好行为、符合社会规范的其他行为、劳动行为。

行为练习前要做好下列准备工作。

（1）选择恰当的内容。选择学前儿童生活中常接触的、感兴趣的、比较容易操作的内容。如：洗手绢、剥豆、擦桌椅、收拾玩具、整理生活用品等。

（2）物质准备。教师和学前儿童共同准备，由于行为的练习是针对每一个儿童的，所以物质准备的数量应该充足，做到人手一份或每小组一份。

行为练习过程的组织如下。

（1）集中学前儿童的注意，激起行为练习的愿望。如活动"交通标志"，可以以"小朋友遇到难题，面对这些交通标志不知道该怎么办"，来激发幼儿学习交通标志并根据交通标志做相应行为的愿望。

（2）示范。示范符合各种社会规范的行为时，应当在帮助学前儿童正确理解规则的前提下，准确地示范规范的行为。同时，示范动作要慢，每个步骤都要示范清楚，让学前儿童看到，示范时配合语言讲解，语言浅显易懂。

如活动"超市真方便"，先让幼儿观察超市中的顾客是如何买东西的，理解购物的规范行为。

（3）学前儿童行为练习。学前儿童在行为练习时教师要巡回指导，行为练习时教师参与，一方面作无形的指导，另一方面也鼓励学前儿童参与的积极性，对学前儿童进行鼓励，提高行为练习的积极性。如发现有问题或进行不下去，教师要作出指导（不一定要把答案告诉学前儿童，要引导他们一步步给出答案），每次活动中学前儿童行为练习的次数可以不止一次。

如活动"超市真方便"，当幼儿学习了在超市购物的规范行为之后，可以体验购物。这时教师可以作为其他顾客、超市工作人员等既鼓励幼儿主动购物，又可以在适当的时候作出正确的引导。

（4）享受行为练习的成果。可以是物质奖励，也可以是精神奖励。

如活动"超市真方便"，通过实践规范的社会行为，得到了自己想买的东西，得到了工作人员的表扬，心里很愉快；将洗好的手帕带回家给父母欣赏；吃自己剥的豆子等。

（5）小结。再次总结强调我们期望孩子出现的良好行为。

运用时的注意事项如下。

（1）活动中必须对所学行为有所示范。

（2）整个活动的组织应该侧重于学前儿童的行为练习，让幼儿在行为练习中掌握动作的要领或掌握具体的行为表现。

（3）行为练习的要求应该前后一致，长期坚持以便学前儿童能持之以恒形成习惯。

（六）角色扮演法

角色扮演法是通过模拟现实生活中的某些情境，让幼儿扮演其中的角色，以这个角色的身份处理问题、体验情感，了解他人的感受和需求，更好地掌握与角色相适应的行为特征和要求。角色扮演使人们能够亲身体验他人的角色，从而可以更好地理解他人的处境，体验他人在各自不同情景下的内心情感。

心理学家证实，只有一个人内心世界之中具有了与他人相同（或类似）的体验时，他才知道在与别人发生相互联系时该怎样行动和采取怎样的态度。

角色扮演法的特点如下。

（1）可以有效促进幼儿亲社会行为的产生。经常进行角色扮演活动，可以提高幼儿的助人动机，增加幼儿在特定情境中的助人行为。

（2）适合幼儿的年龄特点和兴趣需要。

（3）由多人共同参与，增加幼儿交往的机会。

（4）促进幼儿角色承担能力的发展。当幼儿扮演某个角色的时候，他要体验角色在特定社会情境中的感受，设想角色的行为特征，调节自己的行为以适应角色的要求，有助于幼儿进一步理解角色行为的意义，从而成为自觉的行为方式。

角色扮演法的应用如下。

（1）引出角色情境。让幼儿了解角色情境，思考讨论情境的发生和发展。

（2）熟悉所扮演角色的特点、语言及行为。师幼共同分析角色的特点，熟悉所扮演角色的语言、表情、动作，选择参与者，由幼儿担当情境中不同的角色。

（3）讨论和评价。角色扮演后引导幼儿谈对角色的理解，让幼儿充分理解不同角色的责任、行为后果等。

（4）集体扮演。尽可能让全班幼儿都参与到角色扮演中去，让更多的幼儿体验感受，而不只是观看。

（5）经验共享和类化。引导幼儿把角色情境和真实情境联系起来，讨论一定社会环境当中，大家普遍认可的行为方式。

实施角色扮演法的注意事项如下。

（1）讨论的重心应该放在情感（角色的内心活动）、角色的特点及角色应该出现的行为等方面，避免教师把自己的想法强加在幼儿身上。

（2）情境内容要与幼儿的日常生活相结合。

（3）角色扮演要循序渐进。可以先由教师或事先准备的幼儿示范扮演，在扮演之前，教师一定要让幼儿对角色很熟悉，并讨论出角色可行的各种行为方式。

> 《幼儿园课程指导丛书·社会》中的大班活动"我是小记者"是一个很好的实例。通过让幼儿自己扮演小记者进行采访，知道与人交往时要态度诚恳，使用礼貌用语，提出一些他人感兴趣的问题等。幼儿在角色扮演过程中往往十分投入，故而能够体验到新角色应有的情感，学到相应的行为模式。

（七）移情训练法

移情又叫感情移入，是指一个人设身处地地站在他人的立场上去理解和体验他人的情感，是一种积极的社会性情绪情感。移情对发展儿童的社会性有重要的作用。

移情训练法是学前儿童社会领域一种比较特殊的教育方法，主要包括社会认知和社会情感两个方面。是指教师或家长通过儿童的现实生活事件或通过讲故事、续编故事、情景表演、生活情境体验、主题游戏等方式，引导儿童设身处地地站在他人的立场考虑问题，理解和分享他人的情绪情感，使儿童在日后的生活中对他人类似的情绪情感能主动、自然、习惯性地理解和分享，并且与之产生共鸣。移情训练的标志是：如果你是某某，你经历这件事，你的心情怎么样？

> 《幼儿园课程指导丛书·社会》中的大班教育活动"他为什么哭？"是一个生动的实例。教师通过让幼儿观看情景表演展开讨论"小明、小华为什么会哭？"进而提出"你什么时候会哭？""你哭时希望别人怎样对待你？"让幼儿进行回忆、想象，以唤起自己伤心、委屈、不被他人尊重时的情感体

验，帮助幼儿理解小明、小华不愉快的感受；接着提出"我们该怎么做？"使幼儿产生愿意关心、帮助别人的社会行为；最后让幼儿分组商量设定情景："发生了什么事？大家该怎么关心、帮助？结果如何？"以巩固幼儿良好社会行为的产生。移情训练的主要途径有：讲故事、续编故事、情景表演、生活情景体验、开展游戏等。

　　教师通过讲述故事《生病的小兔子》，让幼儿感受和理解小兔子生病后只能躺在床上，不能和别人一起玩，其他朋友来看望它的情节。幼儿听了故事后，回忆自己生病的经历，并从小兔子的面部表情上认识到小兔子生病后的难受、孤独及有朋友看望时的快乐。

　　昊昊小朋友摔了一跤，小朋友见了都笑话他："活该""真滑稽"，昊昊听了，差点要哭出来了。这时，教师抓紧时机，进行谈话讨论，让昊昊讲讲自己摔跤后的感受，包括自己摔得如何疼痛，心里特别希望得到别人的帮助；看见大家笑话自己时，心里又很难受等。昊昊一讲，不仅让幼儿认识到了别人摔跤后的"痛苦"和"需要人关心"的心情，而且引发了他们的情感话题，有的说："我上次折气球怎么也折不好，我很难过的"；有的说："上次我在街上突然找不到妈妈了，心里很着急"；有的说："我养的一只小鸟死了，我很伤心的"……这时，再让幼儿想想，笑话昊昊对不对，他们都说不对。

　　运用移情训练法应注意的问题如下。

　　（1）所提供的情境或情节必须是学前儿童熟悉的或能够理解的，要符合儿童的年龄特点和认知水平。

　　（2）要充分利用学前儿童已有的经验和体验，使儿童已有的体验与当前情境状态相关联，学习换位思考，唤起儿童对情境、情节、角色等的理解与共鸣。

　　（3）要注重学前儿童的移情表现，形成良好的行为习惯，不能仅仅停留在情感同情与共鸣上。

　　（4）移情的对象要由人到物，由有生命的到无生命的、由近到远、由熟悉到陌生、由一般到特殊，循序渐进、不断扩大移情的范围。

　　（5）教师应与学前儿童一起真正地投入情感，不能做旁观者。教师的情绪对学前儿童有很强的感染力，教师加入移情的情境中，会极大地感染幼儿，有利于学前儿童移情的发生。

案例

自由活动时间，几个孩子捡起刚修剪下来的枝条用力抽打着一棵小树上的树叶。碧绿的树叶零零落落地掉落在地上……大概是这叶片飞舞的情景让孩子们找到了乐趣，他们边打边快活地叫着笑着，俨然忘记了一切。

教师赶紧跑过去制止了这几名孩子，显然他们也知道自己错了，眼神有些紧张和不知所措。

教师打算和他们进行一次小小的谈话："来，孩子们，让我们一起来猜一猜——如果现在小树会说话，它会说什么？""它会说：'好疼呀！'""小朋友们，请不要这样！""我很难受！""请不要再这样打我好吗？""我们做好朋友吧！"……叽叽喳喳的，好像自己真的就是那棵小树了，孩子们脸上的表情也随着猜测而变得和小树一样痛苦和不快。

教师又接着问："那你们还会继续吗？""不会啦！不会啦！""我们要爱护小树！""我们再也不打小树了！""我们天天给小树浇水，保护它。"……不知谁又补充了一句："小树是有生命的！""对，小树是有生命的，和人一样！""我们都要做小树的好朋友！"所有在场的孩子们都重复着这一句话。

接下来，孩子们开始提着小桶、端着水杯，为院子里的小树们浇起了水，就像照顾一个小小婴儿般细心。以后的日子里，再也看不到有谁抽打小树了，每天为小树浇水成了孩子们做值日的一项重要工作内容。

关爱生命，让孩子学会体验他人的情感，就是这样从一点一滴的小事中可以汲取的宝贵精神财富吧。

让孩子"学会关爱"，特别是"学会关爱他人"，是幼儿教育工作中一项重要的任务。可是现实生活中，由于社会环境、交往群体及一些家长的不当教育方法等因素，使许多孩子形成了"自我中心"的心理定势。他们心安理得地享受别人的关怀和照顾，却对别人的需要、困难漠不关心，从来不会也根本没想到要去关心、体谅别人。长此下去，这些孩子势必会变成自私、冷漠的"冷血动物"，不利于他们长大后融入社会，与人共处。

案例

两个孩子在一起玩，突然一个孩子抢了对方的玩具，而且还用力将对方推倒在地。孩子一定摔得很疼，"哇哇哇"地大声哭起来。双方的家长赶紧跑过来……

如果你是抢人家玩具的那个孩子家长，你会怎样做呢？

做法一：二话不说，夺下孩子手里的玩具，向对方道个歉，赶紧离开，然后教训孩子"如果你再抢别人的东西，我就不带你出来玩了"，或者去买一个一样的玩具送给孩子，让孩子得到满足。

做法二：赶紧扶起对方，和孩子一起仔细检查有无受伤，并亲切安慰正在哭的孩子，把玩具还给对方；然后让孩子想一想"如果你是他，你会有什么感受？""我们以后遇到这样的情况应当怎么做？"

生活中存在这两种做法的家长可以说是最多的，通过比较可以看出，在后一种情况下，家长实际上等于给孩子进行了移情训练。如果长期在父母这样的耳濡目染影响之下，孩子一定能够善于从别人的角度出发，做事先考虑别人的感受，替他人着想，从大局出发，这对孩子良好品格行为的养成都具有积极的促进作用。

（八）价值澄清法

价值澄清法是美国心理学家、教育学家路易斯·拉斯提出来的，他认为在多元社会中存在大量价值观并相互冲突。价值是经验的产物，不同的经验就会产生不同的价值，价值本身没有真伪与对错。价值的形成与发展完全是个人选择的结果，教育者不能也无法向儿童传授和灌输任何价值观。

幼儿在日常生活中通过与周围人和事的接触，逐渐形成较为稳定的待人接物的态度。"价值澄清"就是通过幼儿内部心理活动进行价值选择、价值确定，然后付诸外部行动的过程。价值澄清有七个步骤。

（1）让幼儿自由选择价值。

（2）让幼儿从尽可能多的选择内容中选择价值。

（3）让幼儿对各种选择过程及其后果进行思考再做选择。

（4）让幼儿珍惜和重视自己的选择。

（5）让幼儿会公开表示自己的选择，并求得大家认可。

（6）让幼儿根据自己的选择去行动。

（7）让幼儿重复自己的行动并使之成为个人的生活方式。

使用价值澄清法，应强调幼儿价值建立，是通过幼儿自身的内部心理活动、内心情感体验，继而进行意志行动的一个过程，一个由内到外，思想言行一致的幼儿主动建构价值的过程。它重视幼儿价值行为表现在公众场合与个人独处时都能保持一致。但它在理论上最主要的不足在于忽视了个体价值观的确立必须在外部的教育条件下进行才能取得效果。对幼儿来讲，他们很难靠自己建立价值观，而是依赖于外部教育或外部环境的刺激，通过自己的认识才能内化为自己的价值观。因此确定价值的过程应该是在教育的影响下引起幼儿内部心理活动矛盾冲突的过程。价值澄清法有澄清应答法、价值表决法及价值排队法等具体方法。

知识拓展

价值澄清理论的基本模式

价值澄清理论的基本模式即价值形成过程（process of valuing，或称评价过程）的基本模式，该模式指出，任何外在的价值要变成某个人的价值，必须符合这一过程的七个标准，否则将不可能成为其价值观。拉斯等人研究认为，完整的过程分为三个阶段、七个步骤。

1．选择

（1）自由选择。只有在自由的选择中，才能根据自己的价值观行事，被迫的选择是无法使这种价值整合到自身的价值体系中的。

（2）从多种可能中选择。提供多种可能让学生选择，有利有弊，学生对选择进行分析与思考。

（3）对结果深思熟虑的选择。也就是对各种选项都作出理论的因果分析、反复衡量利弊后的选择，在此过程中，个人在意志、情感及社会责任感等方面都受到考验。

2．珍视

（1）珍视与爱护。珍惜自己的选择，并为自己能有这种理性选择而自豪充溢，看成自己内在能力的表现和自己生活的一部分。

（2）确认。也就是以充分的理由再次肯定这种选择，并乐意公开与别人分享，而不会因这种选择而感到羞愧。

3．行动

（1）依据选择行动。也就是鼓励学生把信奉的价值观付诸行动，指导行动，使行动反映出所选择的价值取向。

（2）反复地行动。即鼓励学生反复坚定地把价值观付诸行动，使之成为某种生活方式或行为模式。

活动设计 2.1　使用讲述法展开的活动：认识少数民族（中班）

1．活动目标

（1）引导幼儿初步认识维吾尔族和蒙古族人的服饰，了解并尊重他们的生活习惯，知道他们是我国的少数民族。

（2）培养幼儿观察、辨认维吾尔族和蒙古族人的能力。

2．活动准备

（1）由4位教师分别扮演不同性别的维吾尔族、蒙古族人。

（2）教学挂图《少数民族》。

（3）一幅大的《中国地图》。

3．活动过程

（1）教师出示《中国地图》，启发幼儿谈话，导入课题。

请幼儿看地图，告诉幼儿我们祖国很大，人口很多，有很多民族，其中汉族人口最多。在我们国家还有一些民族，由于人口较少，所以一般称为少数民族。

（2）认识少数民族的特点。

① 今天来了几位少数民族的客人，要热情招待。

② 两位维吾尔族人随音乐跳舞入场。

a．向客人询问，你们从哪里来，你是哪个民族的，并在地图上指出家乡的位置。

b．引导观察客人的服饰，并请客人介绍自己（维吾尔族人都喜欢戴一顶小帽子，女的穿黑色小背心、长裙子，梳很多小辫子；男的穿对襟长袍。维吾尔族人喜欢唱歌、跳舞、弹冬不拉，还喜欢吃烤羊肉）。客人拿出哈密瓜、葡萄干等，向幼儿介绍新疆的特产，并请幼儿品尝。

③ 两位蒙古族客人随音乐跳舞入场。

a、b．同上（蒙古族人喜欢扎头巾，穿斜襟的衣服，穿皮靴。许多蒙古族人住在蒙古包里，在草原上牧马、牧羊，喜欢喝奶茶、拉马头琴，还喜欢摔跤、骑马）。

c．帮助幼儿了解内蒙古的一些特产。那里出产羊毛，用羊毛可织成衣服、围巾，还出口到世界各地。

（3）请幼儿和客人自由交谈，可以向客人提出自己想知道的问题。最后，客人邀请幼儿到新疆和内蒙古去做客。

（4）出示教学挂图，请幼儿说出图上这些人是哪个民族的。

4．活动延伸

在班上布置"新疆角""内蒙古角"，摆放当地的特产，还可以请幼儿画出这两个少数民族的小朋友。

5．活动评析

该活动的优点：有充分的教具，师幼互动较好。

需改进的地方：幼儿参与活动方式还可多样，例如，摸摸少数民族人的服饰，和他们一起唱歌、跳舞，体验民族风情等。

活动设计 2.2　使用谈话法展开的活动

2.2.1　玩具、图书，我爱你（小班）

1．活动目标

（1）了解玩具、图书损坏的原因。

（2）愿意做个爱惜玩具、图书的好孩子。

2．活动准备

各种损坏的玩具、图书若干，包括一个掉了轮子的小汽车玩具、一本撕破了的图书和一个掉耳朵的小白兔玩具。请幼儿读幼儿操作材料"玩具、图书，我爱你"。

3．活动过程

（1）让幼儿观察各种损坏的玩具、图书，知道玩具被损坏了就不能玩了。

① 这辆小汽车，它还能开吗？为什么？它是怎么坏的？

② 谁愿意读这本书啊？为什么？它是怎么坏的？

小结：这些玩具、图书，有的是小朋友不懂谦让、互相争抢弄坏的；有的是不轻拿轻放摔坏的。

（2）教育幼儿做个爱护玩具、图书的好孩子。

讨论：玩具、图书怎样玩才能不被损坏？

小结：小朋友真爱动脑筋，玩玩具、看图书时不要争抢，不要使劲摔打，这样就不容易坏了。

（3）请幼儿看情境表演"难过的小白兔"，巩固幼儿爱惜玩具的行为。

看完表演，教师提问：小白兔为什么哭？

小白兔耳朵掉下来，它感到怎样？

你想对小白兔说什么？

（4）和幼儿一起将损坏的玩具送到木工房去修理（没有木工房的可以请一个小朋友带回家，请爸爸妈妈修理）。

4．活动延伸

（1）布置"我喜爱的玩具"活动角。

（2）请家长配合，帮助幼儿养成爱护玩具的好习惯。

（3）根据图书损坏情况，组织幼儿修补。

2.2.2　我的家人（中班）

1．活动目标

（1）增进幼儿对家庭成员之间的了解和亲爱之情。

（2）锻炼幼儿用连贯的语言介绍自己的家人并表达自己与家人之间的情感。

2．活动准备

（1）请家长为幼儿准备一张"全家福"照片。

（2）请幼儿平时在家注意观察，家里的人谁会什么、谁喜欢什么。

3．活动过程

教师自然地引出与家有关的话题。如问："今天早上谁送你来幼儿园的？晚上谁来接你？"然后开始谈话，话题可以是如下。

（1）我家都有谁？请幼儿拿出"全家福"照片，向大家介绍自己的家人。

（2）平时我们在家里干什么？

（3）家里谁最喜欢我？我最喜欢谁？为什么？

（4）家里人有什么爱好、特长？（如果有的幼儿说不出来请他们回家后再仔细观察）

（5）教师引导幼儿小结：我们和家人在一起很快乐，我们应该爱我们的家人。

4．活动延伸

可以组织幼儿在自愿的前提下，制作"我的家人"画册，然后讲给大家听。

5．活动评析

活动所选择的话题是与幼儿的生活紧密联系的，每个问题都简单易懂，开放性强，问题的程度由易到难。幼儿容易回答，且都有自己不同的见解，可以发表不同的意见。通过这个谈话活动，幼儿表达了对家人的认识，感受到与家人在一起的愉快情绪，逐步学会爱自己的家人。

2.2.3　我是幼儿园的小主人——不乱扔垃圾（中班）

1．设计意图

在围绕我园探索性主题"我是幼儿园小主人"的实施过程中，教师和孩子们在园内散步时发现在幼儿园的草地上、小树林里、大型玩具下有各种各样的垃圾——糖纸、橘子皮、包装袋等。孩子们对此现象提出了自己的问题："这里垃圾怎么会这么多？""这些垃圾都是哪里来的？"

《指南》中提出教师应善于将幼儿在一日活动中自发生成的具有发展价值、共同兴趣的热点及时捕捉住，与预设活动的内容有机结合，并在实施过程中关注幼儿即时生成的内容，给以适度的回应。

教师感到幼儿提出的这一问题很有价值，它能引发孩子的很多想法，因而适时调整计划，与幼儿一起展开讨论。通过讨论，促进幼儿实现经验的互动，知道作为幼儿园的一分子，每个人都有责任关心幼儿园的整洁，从自己做起，从身边做起，并延伸至提醒大家一起来保护幼儿园的环境，让幼儿园更加美丽、更加整洁。让幼儿在这种经验互动中，思维得到发展。

2．活动目标

（1）通过观看图片，乐意表达自己的感受与想法。

（2）初步激发"我是幼儿园小主人"的意识。

3．活动准备

电脑、有关资料、图片。

4．活动过程

（1）观看图片：整洁的操场、教室等。

问：这是什么地方？你喜欢吗？为什么？（心情舒畅、给人以美的享受，等等）教师小结。

（2）观看图片：有垃圾的操场、教室等。

问：这里都是什么？怎么会有这么多垃圾？你看了，觉得怎么样？（看见了难受、玩得不开心，等等）教师小结。

（3）问：我们应该怎么做呢？

幼儿讨论，发表自己的想法（把垃圾捡起来，扔到垃圾筒里；做"不乱扔垃圾"的标记，挂在各处；看见乱扔垃圾的行为及时提醒、劝止，等等）。

教师：我们这些小主人真棒，让我们一起行动起来吧！使我们的幼儿园更加整洁、更加美丽。

5．活动评析

在本次活动中，把表达与表现有机地整合，为幼儿创设了条件，使幼儿成为幼儿园的主人，树立了以"儿童发展为本"的理念。尊重幼儿，把幼儿发现的问题交由幼儿自己解决，大家各抒己见，采用不同的方法表达自己的认识。让幼儿与教师、幼儿与幼儿、幼儿与环境发生互动，互相学习，互相感染，真正发挥了幼儿作为幼儿园主人的作用，使幼儿在已有的经验基础上得到提升。

（资料来源：www.gxyesf.com/Item/1624.aspx）

活动设计 2.3　小鬼当家（中班）

1．**活动目标**

（1）帮助幼儿树立健康的消费观念，懂得花钱要合理、有计划、有节制。

（2）激发幼儿参与游戏的热情，遵守游戏规则，并能积极参与讨论、交流，大胆表述自己的见解。

2．**活动准备**

（1）活动前，幼儿认识过人民币，会识别人民币的不同面值，让幼儿去超市自主购物，并讨论购物心情，所购商品的用途、价格等。

（2）向父母调查了解一个月家庭开支状况。（下发调查表）

（3）纸巾若干、购物篮若干，超市场景布置，商品上贴有价格标签。银行、医院的区角设置。

3．**活动过程**

（1）成立"三口之家"，宣布"小鬼当家"的游戏开始。

由幼儿自愿组合，三人为一户家庭（爸爸、妈妈、孩子），佩戴胸卡标志，编号为 1 号家庭，2 号家庭……

（2）小鬼当家活动一：到银行领工资。

教师：（将日历翻到 1 月 1 日）"小鬼正式当家做主了。今天是 1 月 1 日，是发工资的日子。每家的爸爸、妈妈去银行取这个月的工资。每户家庭领取工资 10 元。"

（3）小鬼当家活动二：交水电费。

教师：（将日历翻到 5 日）"今天服务公司的人要来收水电费，我们得准备好钱付上个月的水电费。"

服务公司的职员（教师扮演），将各家水电费情况通报，并根据通报金额挨家收取水电费。每家将缴清水电费的标记贴在统计表上。

讨论：

① 为什么各家水电费不一样？

② 平时怎样做才能节约用水、用电，可以少付水电费？

③ 如果没交水电费，家里会出现什么情况？

（4）小鬼当家活动三：去超市购物。

教师：（将日历翻到 10 日）"从发工资到今天已经过了 10 天。最近家里的一些物品不够用了，要去超市购买。每个家庭成员商量一下，想想家里最需要什么？每人还缺少些什么？然后去超市购买最需要的商品。"

购物后讨论：各家都买了些什么？花了多少钱？还剩下多少钱？

教师：根据各家代表的回答将商品分为吃的、用的、玩的三类列表统计，比较各家消费情况，提问："超市中同样商品有不同的价格（举例），你是怎样选择的？为什么？"

教师小结：让幼儿明白同种商品因品牌不同而价格不同，我们应该量力选择，合理花钱，不攀比，不求高消费。

（5）小鬼当家活动四：交旅游费。

教师：（将日历翻到 15 日）"时间过得真快。今天旅游公司寄来一封信，委托我将信中的内容告诉大家。"（教师读信）

"想去旅游的小朋友，请爸爸妈妈带着去报名交费吧！"

根据幼儿缴费情况提问：

① ×号家庭为什么不去旅游？

② 没钱旅游的家庭感到着急。通过回忆前两次活动，知道自己哪些地方花钱不够合理，用钱没打算。再次感受到当家不容易，家里要花钱的地方很多，所以用钱必须要节制、有计划，不能随心所欲。

（6）小鬼当家活动五：交医药费。

教师：（将日历翻到 20 日）"让我们听听今天有什么新闻？"（放录音新闻）"医院通知各家家长带孩子去医院打防疫针，并缴费 2 元。"

讨论：

① 打防疫针对我们有什么好处？

② 孩子不打防疫针会怎样？

③ 旅游和打防疫针比起来哪个更重要？

④ 教师："打防疫针很重要，这个钱必须得花，所以我们要留一些钱以备急用，不能把钱都花光。"

（7）交流讨论。

教师："如果娃娃不生病，不打预防针，剩下的钱怎么办？可以用在哪里？"（引出：节余的钱可以到银行存起来，知道银行是个存钱、取钱的地方）

"存在银行里的钱什么时候用？"（遇到急需用钱的时候，如生病、交学费、看望老人、外出旅游、过生日买礼物……就不用着急了）

（8）谈体会。

给"小鬼当家"游戏中持家有方、花钱合理的家庭发奖，并分别请三户有代表性的家庭谈当家的感受。

讨论：

① 如果下次再当家，你会怎样用钱？

② 平时家里，除了水电费、旅游费、医药费、超市购物，还有哪些地方用钱？（结合调查表内容）

③ 小朋友怎样才能节约用钱，合理花钱？

教师小结：今天我们当了一回大人，知道爸妈当家做主的滋味。爸妈赚钱很辛苦，当家不容易。我们花钱要节约，要省着用，不能想要什么就买什么，看到什么就买什么。平时要节约用水、用电，爱惜我们的物品、玩具和衣服。平时常常这样做，我们能节约很多钱。

（9）结束：将多余的钱存入"银行"。

4．活动评析

培养幼儿从小关心社会、关心他人的良好品德，以及逐步学会自己解决问题的能力，教师创设了这种别具一格的教学活动。整个活动以游戏贯穿各个环节，让幼儿通过模拟小社会的活动，在里面按照"生活的程序"当家缴钱，激发了幼儿参与的兴趣。在不断接触社会中，引导幼儿学会了思考这笔钱用来干什么，怎样把这笔钱用到最需要的地方，怎样用这笔钱比较有意义，亲身体验了"当家做主"，学到了生活经验，培养了幼儿健康的消费观念和自己解决问题的能力。这个教育活动的成功，正是该教师灵活运用了讲解法、谈话法和讨论法及其他一些方法的结果。

活动设计 2.4　使用参观法开展的活动——参观食品店（中班）

1．活动目标

（1）对参观食品店产生兴趣，尊重营业员的工作，懂得要礼貌待人。

（2）初步具备给食品分类的能力。

（3）了解食品店里的主要商品，知道食品可以分类，了解营业员的工作与我们生活的关系。

2．活动准备

（1）选择好参观地点。

（2）制定好参观路线。

3．活动过程

（1）通过谈话，激起幼儿对参观食品店的兴趣，并提出参观要求：观摩食品店里卖什么东西，营业员是怎么卖东西的。

（2）带幼儿参观食品店。

① 引导幼儿参观食品店的食品，告诉幼儿每种食品的名称。

② 引导幼儿观察食品店除了卖糖果、糕点还卖什么，从而使幼儿知道食品店是卖吃的东西的地方，建立食品店的正确概念。

③ 引导幼儿观察食品店里营业员和顾客的活动。请幼儿记住营业员和顾客之间的简单对话。

食品店里有什么人？他们在干什么？

营业员是怎样卖食品的？他们是怎么对待顾客的？

④ 请幼儿仔细观察营业员是怎么放置食品的，使幼儿了解不同的食品要分开放置，建立初步的分类的概念。

（3）幼儿在教师带领下进行购物活动，感受营业员对大家的热情服务。

（4）参观活动结束后，幼儿与营业员礼貌道别，组织幼儿回园。

（5）参观后让幼儿进行谈话活动。

① 请幼儿回忆食品店里卖什么？

② 没有食品店会怎样?

4．活动延伸

收集与食品有关的东西及各种包装袋,在活动区开展"食品商店"游戏。

5．活动评析

该活动选择的参观对象是与幼儿的生活紧密联系的食品店,是结合幼儿的生活经验开展的。参观的步骤清晰,任务明确。参观的形式多样,既观察静态的食品,也观察营业员与顾客之间的活动,还让幼儿实践,进行购物活动。这样既让幼儿进行了社会认知(食品店的食物、食品的摆放、营业员与顾客的活动),又发展了幼儿的社会行为(学会购物、学会与营业员打交道)。活动延伸则巩固了幼儿社会学习,以便幼儿在实践中正确应用。

活动设计 2.5　使用行为练习法展开的活动——我们学剥豆(中班)

1．活动目标

(1) 激发幼儿对剥豆的兴趣,乐意剥豆,体验剥豆带来的乐趣。

(2) 引导幼儿观察并学习剥豆的方法。

(3) 培养幼儿动手剥豆的能力。

2．活动准备

(1) 每组幼儿一小盆毛豆、一个托盘、一个碗。

(2) 事先和厨房联系好相关事宜。

3．活动过程

(1) 组织讨论,帮助幼儿解决"怎么剥豆"的问题。

(2) 让幼儿动手剥一会豆,然后教师请剥得好的小朋友示范。

(3) 讨论怎样才能剥得又快又干净,教师建议拿一个碗放豆子,一个托盘放豆壳。

(4) 集体剥豆。(学习剥豆,体验劳动的乐趣)

(5) 带领幼儿把剥好的豆送到厨房。

(6) 打扫桌面。

(7) 午餐时,提醒幼儿多吃点自己剥的豆子。

4．活动延伸

鼓励幼儿回家后帮助家人做力所能及的事情。

5．活动评析

活动所选择的内容是幼儿在生活中能够接触的,易于幼儿进行操作,且是幼儿感兴趣的。活动材料准备充分。幼儿在进行操作前通过讨论对如何剥豆有了初步的感知,然后通过操作,再讨论,对剥豆的技能进一步掌握。最后把剥好的豆送到厨房,并在午餐时吃自己剥的豆,这使幼儿能够享用到自己的劳动成果,产生成就感,体验到劳动的快乐。

实践实训

一、校内实践

为下列活动制定活动目标。

（1）我的好朋友（小班）。

（2）我长高了（中班）。

（3）参观小学（大班）。

二、校外实践

观摩一家幼儿园的社会教育活动，看一下幼儿教师是通过什么途径进行的，用了什么方法。

思考与训练

1．在进餐的环节幼儿园教师是如何向幼儿提要求的？这些要求有哪些体现了社会教育的目标？

2．由于幼儿的自我评价具有依赖性，请想想如果你是幼儿园教师应该如何评价本班幼儿？

3．分析以下案例中两位教师的不同做法，谈谈哪位教师的做法更好，为什么？

教师甲："假如我有朵七色花"的谈话活动。

活动开始教师甲问："小朋友们还记得七色花有什么神奇的力量？"小朋友回答说："七色花可以实现珍妮的愿望。"

教师甲继续问："如果你有一朵七色花，你想实现什么愿望？"一个孩子说我想要玩具，这个愿望引起了孩子们广泛的讨论，他们开始谈论自己想要什么样的玩具。

这时教师甲就着急了。因为她活动的目的是让孩子明白七色花里最有价值的一瓣也就是最后一瓣是要帮助他人的，于是她就问还有没有其他的小朋友有不同的愿望，这时一个孩子站起来说，他想给自己家里要一座大房子，"干吗要房子？"孩子回答："这样就可以接奶奶、姥姥还有其他的亲戚一起来住。"教师甲一听这跟自己设定的主题也没有什么关系。

于是教师甲就再次引导："小朋友们还记得珍妮的七瓣花中哪一瓣最有意义吗？"一个孩子举手说："最后一瓣。"

教师甲追问："为什么你认为最后一瓣最有意义？"孩子想了想说："因为珍妮做了好事，她帮助了别人。"

教师甲马上喜形于色地问其他的小朋友"他说得好不好啊？请大家跟老师说一遍：帮助别人，看他的这瓣花用得多有意义，那小朋友们再想一想，如果你有一瓣花，用来干什么？"

后面的谈话可以想象，因为孩子的受暗示性特别强，于是所有的孩子都是在帮助盲人、帮助老奶奶等。虽然大家都在谈，但是可以很强烈地感受到孩子的投入程度就不一样了。

教师乙：同样是"假如我有朵七色花"的谈话活动。

教师乙的活动组织开始也是一样，当不少孩子表达了自己希望有这样的玩具，那样的玩具的愿望的时候，教师乙感受到了孩子对玩具的这种兴趣，于是她改变了原来的计划，她说："那么多小朋友都对玩具感兴趣，可是七色花的故事是个童话，我们也没有一瓣真的奇妙的七色花，那我们小朋友的愿望还能不能实现？""我们能不能想想有什么办法可以让你们的愿望实现？"于是大家开始讨论怎样才能得到更多的玩具。

由此以"怎样实现大家的这个愿望"为引子，引出一个孩子极感兴趣的系列活动——"玩具博览会"。后来围绕这个玩具，又产生了很多问题，当有小朋友不愿意跟大家玩时讨论分享，玩的过程中出现"给玩具找家"分类，围绕玩具还可引出爱护、分享、合作等社会性话题。还可以延伸到家庭中的自我探究，小孩把问题带回家，如对玩具汽车感兴趣，由此给孩子任务，让孩子回家探究。

4. 据报载，某幼儿园给了每个儿童 10 元钱，让他们去超市购物，你认为这项活动好不好？为什么？如果由你来组织，你认为应该注意些什么？

5. 研究性学习：收集 2~3 种幼儿园家园合作的实例，试分析对学前儿童社会性发展的影响，并思考如何利用家园结合来促进学龄前儿童社会性的发展。

单 元 三

学前儿童社会教育活动
概述与评价

⊙ **学习目标**

1. 理解学前儿童社会教育活动设计与指导的基本原则。
2. 掌握学前儿童社会教育活动设计的方法并能进行活动设计。
3. 掌握学前儿童社会教育活动评价的方法并能根据掌握的知识组织与实施评价。

基础理论

学前儿童社会教育的目标和内容是通过具体的社会教育活动来实现的。而学前儿童社会教育活动在实施前的设计是关系到活动能否取得成功的关键环节，活动结束后的评价环节也非常有价值，它是实现学前教育整体目标的一个手段。

一、学前儿童社会教育活动设计与指导的基本原则

（一）目标性原则

学前儿童社会教育活动设计的目标性原则有两方面的含义：一是指社会教育活动设计要符合《纲要》《指南》等文件对幼儿园社会领域教育提出的要求；二是指幼儿教师组织的每次社会领域教育活动必须有明确而具体的目标。活动的内容、方法、组织形式及评价标准都要以目标为依据。因此，活动设计者首先要做到"心中有目标"，也就是说，对《纲要》中规定的幼儿园社会教育的总目标及《指南》中提出的学前儿童社会教育的各年龄阶段的目标都要熟练掌握；其次，对社会教育活动的设计和指导要"处处体现目标"，树立强烈的目标意识，紧紧围绕目标来选择教育内容，确定教育方法，组织实施教育过程，进行教育评价。

（二）针对性原则

针对性原则的含义包括两个方面：一是指社会教育活动的设计应针对社会领域教育的内容；二是指社会教育活动的设计要针对学前儿童的实际情况。

　　首先，教师在设计社会领域教育活动时，要针对具体的内容来设计。例如，中班社会活动"常见的交通标志"，设计的重点是认识日常生活中常见的交通标志，了解它们的名称、用途和功能等，并且让学前儿童说一说遇到这些标志时该怎样做。这样就突出了社会领域教育内容的特色。

　　其次，学前儿童社会教育活动设计要针对学前儿童社会性发展的个体差异、年龄特点、班级的实际情况及所处的社会地域环境。幼儿是教育活动的主体，是教师教育的对象，教师的主导作用最终要通过幼儿的主体性体现出来，只有真正了解和尊重幼儿的实际，才能最终把教育目的落到实处。例如，培养幼儿开朗、快乐的性格，组织"我是快乐的小宝贝"活动，教师必须针对幼儿气质类型与性格特征的差异，对那些内向、安静的幼儿多给机会、多留余地、多鼓励，不能要求他们的表现与那些性格开朗、活泼的幼儿相同。再如，对刚入园的小班幼儿一般要进行"熟悉幼儿园，消除陌生感"的教育，但对于一些经历过托儿所或幼儿园集体生活的幼儿来说，再升入小班，绝大多数幼儿没有对幼儿园的陌生感及离开父母的恐惧感。这就决定了教师必须根据这一现实情况调整教育目标及相应的教育内容。

（三）发展性原则

　　教师在设计活动时应选择那些既符合儿童现实需要，又有利于儿童长远发展的内容，目标指向要既有利于儿童掌握当前的社会规则和交往技能，又有利于儿童提高对未来生活的适应能力。要遵循儿童身心发展的规律，在注重整体发展的同时照顾儿童发展的个体差异，促进每位儿童都能在自身基础上获得长远的发展。

（四）活动性原则

　　所谓活动性原则，是指在设计社会领域教育活动时要注重学前儿童的实践，通过各种形式、创造各种机会鼓励学前儿童动手操作。活动是学前儿童心理发展的基础和源泉，这就要求教师在开展社会教育活动时，必须给幼儿主动体验、观察、操作、实践的机会，使其自主、自觉地获得社会认知。

（五）整合性原则

　　在社会领域教育活动设计中，应该充分考虑影响儿童发展的各种因素，不能孤立地培养儿童的社会性，而应该把社会性发展和儿童的各方面的能力发展结合起来，促进儿童整体和谐地发展。

　　同时，教师应重视教育的整合性，将不同领域的内容、不同的学习形式和方法有机地整合，将不同类型的活动加以整合。

二、学前儿童社会教育活动设计的步骤

　　学前儿童社会教育的目标和内容是通过具体的社会教育活动来实现的。活动的形式多种多样，有上课、游戏、劳动等。这里着重探讨有目的、有计划地按集体形式组织的教育活动的设计与指导。

　　活动设计是教师为实现有效的学习目标而预先对教学过程进行的思考，是教师依据一定的教育思想和自己对教育、教学的理解，以科学的方式对课程中的某个单元或者其中的某个内容的目标、过程进行规划、安排和设想，组成一个合理的结构，使活动得以运行的程序，它是教师实施教育的基本准备。

　　学前儿童社会教育活动设计的一般步骤，包括确定教育目标、选择活动内容、拟定活动目标及策划活动过程几个部分。设计则是将以上思考的过程文字化，即写成教案。一份完整的社会教育活动教案，一般包括活动目标、活动准备、活动过程、活动延伸、活动评价几个部分。活动的指导则是通过一些具体的活动方式和运用一定的方法实施活动设计的过程。下面分别阐述。

（一）活动名称的设计

　　活动名称即某一次具体活动的名字，它应比较概括地反映出教育活动的主要内容和发展目标。在活动名称后，要写清该活动属于哪个年龄段，即小班、中班还是大班。

　　活动名称的设计没有特殊的要求，在设计名称时尽量符合儿童化的特点即可。如"小鬼当家""哥哥姐姐真能干""会说话的标记朋友""学做小客人"等。

　　通常教师是将教材及教师参考书的活动名称作为活动的名称。

（二）活动目标的设计

　　活动目标是进行社会教育活动预期的结果，也就是社会教育活动所要达到的目的。活动目标设计应符合以下要求。

　　（1）科学性。符合幼儿的年龄特征，充分挖掘活动主题的教育价值。

　　（2）整合性。一次教学活动中有机渗透多个领域的目标。

　　（3）差异性。能根据本班实际，提出分层目标。

　　（4）准确性。重点突出，难点定位准确。

　　（5）明确性。活动目的具体、明确。

　　具体的社会教育活动的目标制定最直接的依据是单元目标，单元目标一般是根据总目标、分类目标和阶段目标由本园同年龄班教师一起讨论制定的。通过哪些课题的活动来实施这一目标，也是各班基本统一的。而具体的每个教育活动的目标，则需要每位带班教师发挥自己的才能，根据本班幼儿的社会性发展状况，包括近来幼儿在社会教育活动中的具体情况来拟定，一般要考虑幼儿社会认知、社会情感、社会行为技能发展等方面的情况。当然，根据具体活动，目标会有所侧重，有的是潜在隐性的。目标在表述时应做到简洁、明了，可操作。如中班活动"我们的国旗"目标的设计，可依据总目标中"激发幼儿爱家乡、爱祖国、爱劳动的情感……"及分类目标中"引导幼儿感知我国的国名、国旗、国歌、国徽……激发幼儿初步爱祖国的情感"，初步制定为"让幼儿知道我国的国旗是五星红旗，培养幼儿初步的尊重国旗、热爱祖国的情感"。通过类似主题的活动，幼儿在生活中能做到尊重国旗，升旗时要立正、不讲话，向国旗行注目礼等。这个活动的目标就是让幼儿能掌握有关的社会认知，从而激发初步的社会情感。

1. 活动目标的内容

活动目标应包括如下三个维度。

（1）社会情感维度，是幼儿在活动中产生的自我感受、内心体验，以及在此基础上个性和人格的发展。如幼儿在活动中保持积极的情绪状态，关心、热爱父母、教师、同伴，激发幼儿的自信心、意志力、同情心、自豪感等。

（2）社会技能维度，也叫能力目标，是幼儿运用所掌握的社会性知识进行社会实践，掌握一定的行为规范。如幼儿学习如何与他人交往，学会自我管理，主动做一些力所能及的事，学会帮助、分享与谦让，遵守公共场所的基本行为规范等。

（3）社会认知维度，也叫知识目标，即幼儿最需要理解掌握的社会性知识，主要包括有关人物、事物的名称、现象、符号、规则等信息。如知道自己的姓名、性别、年龄、家庭地址等信息，知道自己与父母之间的关系，懂得基本的交通规则、与人交往的规则，了解我国的传统节日和民俗文化等。

本领域社会情感维度的目标可包含的内容如下。

① 良好的行为习惯：懂礼貌、讲卫生、知勤俭等。

② 良好的道德品质：同情心、乐于助人、分享、谦让、关爱、感恩、宽容、责任、诚信、爱护公物、爱护环境等。

③ 良好的个性品质：意志力、自信心、勇气、自制力、自尊心、自主、耐心、细心等。

常用的表述词汇有乐意、愿意、喜欢、保持等。

本领域社会技能维度的目标可包含的内容为：合作能力、交往能力、创新能力、想象力、认知能力、自主能力、独立能力、生活自理能力、抗挫折能力、是非判断能力、移情能力、自我调节能力、注意力、适应环境的能力等。

常用的表述词汇有：学会、遵守、做到、能够、形成、运用等。

本领域社会认知维度的目标可包含的内容为：有关自我意识发展的知识、有关人际交往的知识、有关社会行为规范的知识、有关社会环境的知识等。

常用的表述词汇有：了解、知道、懂得、意识到等。

2. 设计活动目标的要求

（1）目标的内容应该包括情感、能力、知识三方面。

学前儿童社会教育领域的活动目标一般包括社会情感目标、社会认知目标和社会行为技能目标。如此制定的目标完整、便于落实。但活动目标不一定都包含上述三个方面，每一个目标也未必只含一个维度的内容。

（2）目标的表述符合本领域的要求。

学前儿童社会教育所包含的内容是所有领域教育中最广泛的。通常鉴定活动是否属于社会领域最显著的标志就是看目标的表述。例如，能够完整地讲述故事《孔融让梨》（语言），能够用筷子创造出各种各样的图形（艺术）。

（3）目标的要求难度适中。

例如，大班活动目标：学习准确使用"谢谢""你好""再见"等礼貌用语。（目标的要求过于简单）

小班活动目标：了解有关台湾的基本知识，了解台湾是我国不可分割的一部分。（目标的要求难度过高）

（4）目标表述明确，重点突出，具有可操作性。

例如，引导幼儿观察周围生活中常见的标志。（目标笼统，重点不突出）可以改为：引导幼儿观察生活中常见的交通标志。

学习做力所能及的事。（目标笼统，不具有可操作性，一次活动难以完成）可以改为：学习洗手帕并乐意做力所能及的事。

（5）目标内容不重复。

例如，托班目标：①学习使用"你好""再见"等礼貌用语；②体验与同伴一起使用礼貌用语。以上两条目标都是让幼儿学习使用礼貌用语的，第②条目标只是加上了使用礼貌用语的对象，其实两条目标表述的意思相同。

（6）目标的表述方式要统一。

目标表述的角度有两种，应该一致，或者从教师的角度出发进行表述，或者从幼儿的角度出发进行表述。

例如，①了解大班哥哥、姐姐的生活、学习情况；②激发幼儿向大班哥哥、姐姐学习，争做大班小朋友的愿望。（目标①中的行为主体是幼儿，是幼儿的发展目标，目标②中的行为主体是教师，是教师的教育目标）可改为：①让幼儿了解大班儿童的生活、学习情况；②激发幼儿向大班哥哥、姐姐学习，争当大班小朋友的愿望。（全是教师的教育目标）或改为：①了解大班幼儿的生活、学习情况；②产生对大班哥哥、姐姐学习的愿望，争当大班小朋友。（全是幼儿的发展目标）

（7）目标的顺序清晰。

对于目标的顺序并没有统一的要求，但要能够自圆其说，最常见的排序方法是按目标的重要程度排序，最重要的目标排在最前面，即领域目标；但也有其他的排序方法，如按目标实现的难易程度排序，将最容易实现的目标排在最前面，然后逐渐加深难度；还有按活动进行的顺序排列目标；以及按情感、能力、知识方面分别阐述目标，不刻意追求目标顺序。

（8）其他要求。

表述目标时一般不提到教学过程或使用的教学方法。例如，复习交通安全标志，使幼儿熟悉常见交通标志的名称和作用；在听听、说说、唱唱、玩玩中体验朋友多的乐趣。

语言表达要谨慎，语句通顺，如使每个幼儿熟悉每个标志的名称和作用。

目标的数量适中。一般情况下，目标以三条最为合适。目标制定得太少，说明对"认知""情感态度""能力"等方面的挖掘不够，活动的价值较低。目标制定得太多，易出现书写条理不清晰的问题，并且易出现要求过多，一次活动难以实现的问题。

目标可适当体现其他领域，如语言、健康、科学、艺术等领域的教育目标。

　　　大班活动"中国丝绸"的目标是这样表述的：①了解丝绸的特点，知道丝绸是中国的特产，增强民族自豪感（科学和社会领域目标）；②感受丝绸的柔软、滑爽、漂亮，体验服装表演的乐趣（社会领域和艺术领域目标）。

（三）活动准备的设计

幼儿社会教育活动有其自身的特点。幼儿社会认知的增加、社会情感的激发及社会行为技能的培养，不是靠教师空口说教就能达到的。直观、形象、生动的形式易于幼儿理解和学习。因此，活动的准备在整个活动设计中不是一个辅助的可有可无的部分，而是实现社会教育活动目标的有力保证。在中班"我们的国旗"活动中需要考虑的准备，包括一面国旗、有关升国旗仪式的资料、图片或录像，如果幼儿有参加升旗仪式的经验则更好。活动准备中的有些材料是现成的，有些则需要教师进行绘制，有的情景表演准备需要教师事先安排好，保证能为活动所用。从总体来讲，我们可以把活动准备分为教师的准备和幼儿的准备两个方面。

1. 教师的准备

教师的准备包括两个方面：一是物质的准备，如准备各种教具、玩具等。如开展亲子游戏"小刺猬摘果"的物质准备有：用绒线做成的兜兜和塑料篮子各 7～8 个，碎布屑若干、碎海绵若干，录音机和磁带等；二是环境创设的准备，如座位的摆放、环境的布置、情境表演或角色扮演所需的环境等。

2. 幼儿的准备

幼儿的准备包括三个方面：一是知识准备，如事先参观、事先学习等，如在开展"我的妈妈真辛苦"活动之前，请幼儿在家观察妈妈劳动的情形，如有可能，可请家长带孩子参观自己的工作场地；二是物质准备，如要求幼儿从家中带的一些材料或自己动手制作的材料等；三是心理准备，如教师要学前儿童形成勇敢的品质，要学前儿童介绍一些害怕的体验，教师就需要事先让学前儿童能坦然地面对以往自己害怕的经验，让学前儿童做好心理准备。

活动准备的要求如下。

① 充分挖掘已有的教育资源，不宜每次都由教师去制作或购买。

② 教具与学具应准备充分。

③ 幼儿在挑选教具时，应体现幼儿为中心，贯彻新纲要的精神。

> 大班活动"中国丝绸"活动准备。①材料准备：丝绸产品，如丝巾、裙子、各种丝绸衣服、旗袍裙、被面等；儿童服饰、布料若干。②知识经验准备：搜集有关"中国丝绸"的资料信息。

（四）活动过程的设计

幼儿园社会教育目标、理念最终是通过教师组织的教育活动对幼儿产生影响。在活动的目标确定后，就要思考通过哪些具体的活动内容和活动形式来实施目标，活动过程的设计则是将这种思考书面化与细致化。教师所设计的活动过程必须要紧扣活动的目标，为活动目标的实现而服务。教师组织活动通常包括三个环节：活动开始、活动基本部分、活动结束部分。

设计活动过程时教师必须要抓住的重点是：以多种形式让幼儿参与活动，调动幼儿的各种感官，让幼儿成为活动的真正主角，如角色扮演、移情、实践等；最终能实现教育目标；在基本过程中要尊重幼儿的想法。

1. 活动的开始部分

这是引导幼儿活动的第一个步骤，起到初步引起幼儿参与活动的兴趣及调动幼儿学习主动性的作用。包括如下两个环节。

（1）组织教学。组织教学即进行纪律的组织，吸引学前儿童的注意，使他们能够有秩序地进入活动状态。组织教学的方法是多样的，如请你跟我这样做、拍拍小手坐坐好等。还需要幼儿教师发挥想象，进一步创新教学方法。

（2）导入。"好的开始是成功的一半。"导入是教育活动开始时，教师引导幼儿进入活动过程的组织方式，目的在于引起幼儿注意，激发幼儿活动的兴趣、探索的欲望等。教师恰当的导入策略非常重要，它可以在较短的时间内吸引幼儿的注意力，激发幼儿活动的兴趣，引导幼儿主动探究与思考，保证教育活动顺利的实施，使幼儿在轻松、自主、有趣、愉快的氛围中开展活动。

① 情境表演。情境表演直观、形象、灵活、针对性强，可以随时把幼儿在日常生活中反映出来的问题通过表演呈现出来，贴近幼儿的实际情况。例如，针对小班幼儿抢玩具、抢玩伴的现象，教师设计了社会领域活动"我的好朋友"，利用情境表演引导幼儿观察，启发幼儿从同伴的角度换位思考，从而学会分享玩具、共享玩伴。

情境表演可以是有声表演，也可以是无声表演。无声表演更为随机和灵活，因此运用较多。例如，幼儿排队时因碰撞而产生冲突，或者幼儿不开心时想要一个人独处等，这些情境较适合用体态语言来表现，从而引发话题并展开讨论。当然，无声表演的内容需要教师进行价值判断和筛选，表演时要注意用夸张的表情和动作突出情境中的矛盾或冲突。

情境表演中的情节最好以正面事例为主，因为幼儿爱模仿，若把握不好会对幼儿产生负面影响。如果确实需要反映一些突出的问题，最好不要让本班幼儿表演，可以选择同年龄其他班幼儿来表演，否则容易挫伤个别幼儿的自尊心。

② 播放录像。录像可以把原来非连续性发生的事件制作成连续的片段，在短时间内展现一个直观、生动的过程。教师可以在活动前利用摄像机捕捉有价值的片段并在活动中再现，也可以选择现成的录像片段。例如，大班活动"我会交朋友"，为了让幼儿学习交朋友的方法，教师在导入环节播放了事先抓拍的幼儿尝试与同龄其他班幼儿交朋友的录像片段。例如，重点让幼儿观看以下片段：有的幼儿和新朋友一起玩过游戏后仍然不记得朋友的名字和特征，甚至找不到刚才一起玩的朋友。由此，教师引导幼儿共同讨论怎样记住同伴的名字和外形特征等。录像导入一目了然地将问题呈现在幼儿面前，给予幼儿直观的视觉感受，激发了幼儿探讨和解决问题的兴趣。

播放录像既可以从正面引导幼儿，也可以从反面揭示问题。值得注意的是，录像中表达的意思应尽可能明确，不能让幼儿感觉似是而非、无法判断。

③ 呈现图片。呈现图片既简单、经济，又直观、形象，是教师较常用的导入方式。呈现的图片有两种：一种是单页单幅、非连贯性的图片；另一种是单页单幅、单页多幅或多页多幅，具有连贯性或有故事情节的图片。例如，在大班幼儿有关"交通规则"的活动中，教师在导入时呈现了系列图片"马路上的规则"，引导幼儿观察、判断图片中行为的对与错，引发幼儿讨论。又如，在"快乐端午节"、"小小奥运天使"活动中，教师在导入环节也分别呈现有关端午节习俗和北京奥运会会徽、吉祥物、倒计时牌等图片，以激发幼儿的兴趣。再如，针对中班幼儿社会规则学习的活动"我会排队"，教师在导入环节呈现故事《猴子过河》的图片，让幼儿观察并猜测如果走独木桥不排队，小猴们可能会有什么样的结果，以引出活动主题。

图片可以最大限度地反映问题的正反两个方面，帮助幼儿学会判断。一般来说，社会领域活动中对于一些观念、行为对错的判断可采用图片对比的方式来导入。

④ 讲故事。以故事导入既能有效地吸引幼儿的注意，又能借助故事情节反映社会领域中的问题，生动而直接。例如，中班的活动"两颗心"，教师以幼儿熟悉的故事《白雪公主》导入，通过鲜明的人物形象直接而具体地展现了同情心与嫉妒心这两种不同的情感。利用故事导入不但容易为幼儿所理解，而且可以不失时机地抓住故事中的矛盾冲突，给予幼儿情绪上的体验。同样，《九色鹿》也是幼儿熟悉的故事，很容易让幼儿从故事中感受到善与恶、美与丑。

作为活动的导入部分，教师在讲故事时宜简不宜繁。像故事《白雪公主》《九色鹿》虽然情节较为复杂，但幼儿非常熟悉，所以教师在导入时只需突出其中与社会领域发展目标相关的情节并讲述清楚即可。

⑤ 游戏和操作。游戏和操作可以吸引幼儿全身心地投入活动，给予幼儿最真实的体验。在社会领域活动中，有时纯粹地讲道理、分析问题并不能使幼儿将学到的良好行为和品质内化，而游戏和操作则可以让幼儿获得更多的实践机会。例如，锻炼幼儿意志品质的活动"我不怕困难"，教师以"解绳结"的操作活动导入，通过不断增加具有挑战性的"绳结"障碍，在不断遇到困难、解决困难的实践中培养幼儿坚韧不拔、不怕困难的意志品质。

在设计游戏和操作活动时，教师需要捕捉和挖掘幼儿的社会性发展问题，有的放矢地将幼儿社会认知、情感、行为的发展目标蕴含其中，注重幼儿的情感体验，并创造机会让幼儿用语言表达自己的感受与体验。

⑥ 叙述事件。以叙述幼儿身边偶然发生的或经常出现的典型事件为导入方式，可以引发幼儿的回忆和思考，并让幼儿引以为鉴。例如，大班系列活动"小心，别碰着"，教师在导入时讲述了一个大家都知道的事件：班里一名幼儿由于在活动室里奔跑撞到了黑板一角而受伤出血，去医院缝合。这一事件引发了幼儿的讨论，教师提议幼儿找找活动室里哪里可能有安全隐患（如桌、椅的角很坚硬，盥洗室地面易滑等），把它们记录下来制作标记，并据此让幼儿商议制定一些活动室行为规则。

叙述的事件如果发生在某个幼儿身上，教师应尽量不提当事人的真实姓名，否则可能会挫伤幼儿的自尊心。对于一些有可能使幼儿感到恐惧的社会事件，教师在引用时一定要加以修饰，以弱化事件本身的负面影响。

⑦ 提出问题。问题导入可以引发幼儿思考，引出后面将要开展的具体活动和需要注意的事项等。问题导入以"提出探究任务"为主，有时也会融入规则提示。如大班活动"参观小学"，教师在参观前提出三个方面的问题："你们去过小学吗？你们想知道小学是什么样的吗？""小学跟幼儿园一样吗？都有哪些不一样？""在去小学参观的路上，我们要注意什么？为什么？"进入小学前，教师又提示："大家看看大门、操场、小学生吧。小学和幼儿园有很多不一样的地方，你们发现了哪些不一样的地方？""请仔细找找它们有哪些不一样，并把它们记在心里或画在记录纸上，回到幼儿园交流，看谁发现得最多。"在幼儿进入教室观摩小学生上课之前，教师提示："当教师提问时我们可以怎么办？""看哥哥、姐姐活动时，我们应该注意什么？为什么？"

教师运用问题导入应注意提出的问题一定要突出活动的主题与重点，不可繁杂，否则会给幼儿增加记忆负担。如果确实需要提出多个问题，那么这些问题必须是有联系的和层层递进的，使幼儿既能体验到挑战，又有信心和能力加以解决的。

> 小班社会活动"不做小糊涂"开始时，张老师出示了一张画，画上画着一个在晨间穿着拖鞋跑步的小朋友，同时朗诵儿歌："早上空气真正好/小糊涂呀起得早/穿着拖鞋去晨跑/一、二、一、一、二、一/哎呀呀，哎呦呦。"朗诵完后，张老师马上问幼儿："小朋友，儿歌中，小糊涂能跑得远吗？为什么不能穿拖鞋跑步呀？跑步时应该穿什么鞋呀？其他鞋子应该什么时候穿呀？"

2. 活动的基本部分

这是实现目标的主要部分，也是社会教育活动的核心部分，主要是教师引导幼儿进行感知学习和练习。活动的大部分时间应放在这里。在这个环节，教师的安排应该是循序渐进、由浅入深的，引导学前儿童对所学内容进行思考。

这一部分教师必须要抓住的重点是：以多种形式让幼儿参与活动，调动幼儿的各种感官，让幼儿成为活动的真正主角，如角色扮演、移情、实践等；最终能实现教育目标；在基本过程中要尊重幼儿的想法。

在这一环节，不同的目标可以采用不同的教学方法与手段来达成。知识维度的目标可以运用讲授、谈话、演示等方法来达成；能力维度的目标可以运用示范—模仿、练习—反馈的方法来达成；情感维度的目标可以运用体验、扮演、鼓励、强化等手段来达成。

教师在设计时要重点注意与幼儿互动时提问的设计和活动方式的设计。提问首先要清晰，让每一个幼儿都能理解提问的内容。另外，提问要有针对性，要根据问题的难易程度向不同层次的幼儿提问。同时要启发引导幼儿积极思考，让不想说的想说，让不会说的会说，这样的提问才更有实效。活动方式既要顾及大部分的幼儿，又要正视幼儿的个体差异，使每个孩子都有成功的体验，都能得到较充分的发展。

中班社会活动"好玩的玩具大家玩"在活动展开的设计中，考虑到了三个环节：讨论大家面对一个玩具时该怎么玩；讨论分享的具体方法；创设情境，分享玩具和食品。活动把重点放在了"如何分享"的问题上，通过提问、讨论、比较、分析得出结论；把难点放在实践训练—分享实践上，让幼儿用实践检验社会认知和社会情感，体验了分享与交流，促进了幼儿社会行为技能的掌握。

3. 活动的结束部分

常见的结束方法很多，如作品展示、语言总结、教师布置任务等。

教师可改变原先的活动方式，引导幼儿通过其他符号系统的参与（如音乐、美术、身体动作等），让幼儿在轻松愉快的情绪中自然而然地结束。如要在结束部分对活动进行小结评价，应做到简洁、精炼，对幼儿在活动中的表现以宽容、积极的态度进行评价，对问题本身应留有一些思考的余地，使得活动能够有效地延伸，幼儿能够保留对活动的兴趣，体验到活动带来的快乐，以期盼的心情和态度等待下次活动的到来。

在"我们都是好朋友"活动中，以玩"找朋友"的游戏来结束整个活动。在"我长大了"活动中以小结来结束活动。

教师要注意：首先，每个活动环节的设计都应该有一定的目的，即我想让学前儿童学到什么，那么检验学前儿童是否达到目标的常见的途径就是让孩子对所学内容进行小结，不一定是每个环节结束都要进行小结，但整个活动结束必须进行小结。若孩子在教师的帮助下进行总结有困难，教师就要做好最后的总结。其次，活动过程的每一个步骤都应是实实在在地为达到目标服务的。

活动过程的设计只是静态地保证了活动目标的实现。真正能够对幼儿的社会性发展起作用，还有赖于活动的实施。在实施过程中，教师的组织指导是关键。幼儿社会教育活动的方法多种多样，教师可根据各个活动步骤、内容的需要，恰当地选择，灵活地运用。通常是几种方法交替使用，以发挥其综合作用。活动过程的组织形式，可以是全班的或大组的集体活动，也可是教师指导下的比较松散的小班活动和个别活动。通常是几种组织形式交替综合使用。如《幼儿园课程指导丛书·社会》大班的"今天我是值日生"活动中，第一步骤是引导幼儿"说说值日生该做哪些事？应该怎么做？"以全班集体活动展开；第二步骤是组织幼儿讨论"怎样当好值日生？"则可以按固定小组进行活动；第三步骤是"引导幼儿进一步了解值日生的职责"，又是全班集体活动；第四步骤是"分组练习做值日生，体验为班级服务的快乐"，则可以让幼儿自选活动内容，以自选小组的形式活动。

（五）活动延伸的设计

活动延伸指在教育活动后，教师继续设计一些与此相关的辅助活动，使教育内容渗透到一日生活中，使学前儿童受教育的时间能够持续，使教育的目的能够更好地实现。

活动延伸包括三个方面：家庭的延伸，活动区与幼儿园内的延伸，社区的延伸。

符合一定社会行为规范的社会行为技能的产生，是幼儿社会性发展的关键。幼儿园社会教育活动如果只停留在增进幼儿社会认知、激发幼儿情感上是不够的，良好的社会行为技能的产生非一朝一夕之功，也不是通过某一个活动就能形成的。为此，社会教育活动的活动延伸的设计也是不可或缺的一环，延伸的方式多种多样，可以是家园共育、领域渗透，也可以是环境创设、区角活动、游戏等。

"月饼的联想"活动的延伸是这样设计的：调查家里的人最喜欢吃什么样的月饼，最不喜欢吃什么样的月饼，还想吃到什么样的月饼，完成一张调查表。

活动设计 3.1　我上幼儿园（小班）

1．活动目标

（1）知道自己长大了，要上幼儿园。

（2）通过幼儿园的共同活动，体会幼儿园的生活是快乐的。

（3）愿意开开心心上幼儿园。

2．活动准备

（1）各种插塑、小积木及插塑插出的小车、花朵等。

（2）在下午的组织活动中已学会歌曲《我上幼儿园》。

3．活动过程

（1）创设好玩的环境，引导幼儿快乐活动。

每组桌上放置一篮玩具，教师引导幼儿看一看、说一说玩具的名称。教师：瞧，许多好玩的玩具想和我们一起玩呢！（出示搭好的小车、花朵）这是教师和小插片玩的时候给小插片变了样。你们想和小插片玩吗？如果想，就站在桌子这边玩。如果想玩其他的玩具，请将手中的玩具收好后再到其他组去玩。

幼儿自选玩具，教师与幼儿一起玩。

在玩的过程中，教师协助幼儿插搭一些小玩具，引起幼儿活动的兴趣，并询问幼儿：你高兴吗？你喜欢在幼儿园玩吗？玩得开心吗？

（2）谈谈说说，感受幼儿园的生活是快乐的。

教师：你们刚才玩什么了？好玩吗？开心吗？

教师小结：刚才你们玩得都很开心。小玩具说想天天和你们一起玩，你们愿意天天到幼儿园来和它们玩吗？

教师引导幼儿讨论：幼儿园还有什么好玩的？你愿意天天来幼儿园吗？

（3）教师和幼儿共同演唱歌曲《我上幼儿园》。

4．活动延伸

在日常活动中引导幼儿说一说自己一天都做了哪些事，最高兴的是什么，感受幼儿园生活的美好。

5．区角活动

布置"心情角"，放置玩具电话和脸谱面具，让幼儿自由表达自己的心情。例如，幼儿可打玩具电话表达对父母的情感，也可戴上"高兴""伤心"等脸谱面具自由表达心情。

家园共育：家长每天接幼儿回家，应多询问幼儿在园生活，并鼓励幼儿喜欢幼儿园生活。

三、学前儿童社会教育活动的实施策略

（一）学前儿童社会教育活动设计的注意事项

（1）设计的目标要突出教育与养成习惯的具体性。

（2）设计的进程要具体可行，便于观察、讨论，要充分发挥幼儿的主动性，便于幼儿学习和掌握。

（3）设计的内容要符合幼儿的年龄特征和接受水平，符合幼儿的生活实际，符合幼儿的要求，能激发幼儿的积极性，调动幼儿的兴趣。

（4）组织实施的方法要以游戏活动为主，注意完整人格的塑造和儿童的综合素质培养。

（5）组织实施过程要注意把教学活动和自由活动相结合，社会教育应以自由活动为主，注意在日常生活中培养幼儿良好的社会情感和行为，为他们的终身发展打下基础。

（6）社会教育的效果要看幼儿长远发展，所以评价时要慎重，要考虑常规的评价标准，更要考虑活动的设计、组织与实施能否为幼儿理解接受，能否真正深入内心，是否具有正确的教育观和儿童观。

（二）学前儿童社会教育活动的组织、指导策略

1．建立平等互动、积极有效的师幼关系是实施学前儿童社会教育的前提

平等互动、积极有效的师幼关系的建立是学前教育的基础，师幼互动不仅会影响互动中的教师和学前儿童，也会影响到其他在场的学前儿童和教师，产生场效应。同时，师幼关系建立的本身，就是学前儿童社会化发展的重要内容和途径。教师的行为及与学前儿童的互动作为最重要的潜移默化的社会教育资源，对学前儿童的社会化发展影响极大。所以，在此意义上，平等互动、积极有效的师生关系的建立，在学前儿童社会教育领域有其独到的作用。

首先，安全、愉快、宽松的外部氛围是建立积极、有效互动的前提。如果学前儿童在教师面前不敢说、不敢动、不敢表达自己的愿望，不能做到与教师自由愉快地交往，教育是极难开展的，也是很难见效的。所以，教师的角色定位是很重要的问题。在师幼互动中，教师绝不是简单的管理者、指挥者或裁决者，更不是机械的传授者，而是良好师幼互动环境的创造者、交往机会的提供者、积极有效师幼互动的组织者和学前儿童发展的支持者和促进者。教师在师幼互动中，关注的应是儿童的发展，不是课堂上的违规行为，也不是以约束纪律和维护规则为目的和内容的互动。要关注儿童在活动中出现的矛盾，要和儿童一起活动和游戏，进行以情感、心理的接近与交流等为内容的互动，关

注儿童心理情感上的特殊需要，重视和儿童间积极、充分的情感交流，师生间的情感交流以及由此产生的心理氛围是促进师幼积极有效互动的必要条件。在积极的情感氛围中，教师和学前儿童参与互动的动机行为更好，特别是对年幼的孩子情感的交流意味着一种依恋关系的重新建立。

其次，师幼关系的平等性是师幼关系的核心内容。长期以来，师幼关系的平等性体现不足，儿童心理上没有平等的感觉，而在教师方面更多的是管理和控制，真正对儿童深层心理的关注和对儿童敏感性心理的注意也显不足。学前儿童的行为得不到教师的高度关注，对教育效果的影响很大。师幼双方特别是教师在师幼互动中保持关注是师幼互动得以进行的前提和基础，也是幼儿产生被支持感和信任感的基本条件。学前儿童社会教育活动中，教师关注的重点应为学前儿童自我意识的发展、个性的完善、良好情绪和情感的发展等内容。

2. 创设使学前儿童感受到接纳、关爱和支持的良好学习环境

《纲要》社会领域的指导要点中明确指出：要创设一个能使幼儿感受到接纳、关爱和支持的良好环境，避免单一呆板的言语说教。这绝不只是为了提高孩子的学习效率，绝不只是提供了一个积极的学习环境，更是为了给他们一个健康的人际环境，以发展学前儿童积极的客观自我意识。教师作为学前儿童生活中的重要别人，当我们用积极的眼光、正面的姿态、接纳与宽容的心理去面对孩子，去和孩子互动的时候，实际上是在给他们一个良好的"社会的界定"，促使孩子也用一种积极的态度去看待自己。

能使孩子感受到接纳、关爱和支持的良好学习环境，它的最直接和最显见的意义是，有助于学前儿童保持良好的情绪状态，激发其学习动机，为他们的学习提供一个积极自主的空间；更进一层的意义则在于，它给孩子一个积极的"他人眼中的自我"，进而使孩子在长期的自主的活动中形成内在的、稳定的、一贯的独特性，使儿童意识到自我。

接纳、关爱和支持的良好学习环境，意味着一个能够诱发、维持、巩固和强化积极的社会行为的环境，这种环境应该具备以下基本特征。

（1）物质材料的多样性和丰富性。物质材料的多样性和丰富性，能充分满足学前儿童活动的需要，能充分支持学前儿童的自主性活动和自主性选择，利于孩子的交往和合作，能帮助孩子更好地表达自己的意愿和情感。物质材料的多样性和丰富性，往往直接联系着一种人性的、民主的、宽裕和宽容的教育方式。

（2）活动氛围是宽容和接纳的。一个宽容和接纳的环境氛围，有助于学前儿童自我意识和个性的发展，进而形成他们良好的社会认知，激发他们积极的社会情感，形成正确的社会行为，使他们更加积极主动和充满自信地和外界交往。

宽容和接纳的环境氛围，意味着教师要正确看待学前儿童在活动中的"错误"表现。从学前儿童发展的角度、从获取经验的角度、从成长的角度来看，有时所谓的错误不见得就是错误，而是每个孩子成长过程中的必经途径。宽容和接纳，要求教师要用多元的、多角度的观点来看待孩子在活动中的表现，要给他们创设一个安全的、宽松自由的活动氛围，让他们在其中随心所欲、自由自在地表达自我。只有这样，教师才能发现孩子身上存在的各种问题，观察孩子需要指导和改善的方面，为教师的有效指导奠定基础。

宽容和接纳的活动氛围有时候也意味着一种幽默，意味着在某些并不是真正很严重的问题上，教师可以采取积极的忽略态度。

（3）环境设计方面具有某种倾向性或暗示性。环境是重要的教育资源，应通过环境的创设和利用，有效地促进学前儿童的发展。社会领域的教育具有潜移默化的特点，所以我们说，环境是无言的教师，可以起到暗示作用，可以起到诱发学前儿童积极行为的作用，其效果往往比教师的言传身教来得更实在。

（4）利用多种社会资源对学前儿童进行社会教育。教师在指导学前儿童社会教育活动时，应善于利用多种社会资源，如家长资源、社区资源等对学前儿童进行社会教育。例如，让不同职业的家长给孩子讲解社会的多种社会分工，利用社区资源，安排孩子参观社区小学、图书中心、敬老院等社会场所，了解与自己生活有关的各行各业的人们的劳动，增进他们的社会认知，培养其对劳动者的热爱和对劳动成果的尊重。

四、学前儿童社会教育的评价

学前儿童社会教育评价是指评价者以学前儿童社会教育为对象，依据学前儿童社会教育目标以及学前儿童社会性发展目标，运用教育评价的原理，采用可行的评价技术和方法，对学前儿童的社会性发展及社会教育进行价值判断。

（一）学前儿童社会教育评价的意义

1. 有助于了解学前儿童社会性发展的个体差异

由于地域、教育观念、教养方式的差别，儿童的社会性发展存在不均衡性。学前儿童社会性发展评价可以运用多种形式和方法，对儿童的社会性发展水平进行客观的评价，帮助教师和家长了解学前儿童社会性发展的特点，为其根据学前儿童的社会性发展水平和特点来选择合适的社会教育方式和方法提供依据，促进学前儿童社会性的发展。

2. 有助于提高幼儿园的社会教育活动质量

首先，通过评价可以控制学前儿童社会教育质量。通过评价可以知道制定的目标、选择的内容是否符合学前儿童的年龄特点、已有的知识经验和现有的水平，幼儿园及幼儿园教师实施的社会教育是否达到了预期的效果等，同时可以通过评价结果知道学前儿童社会教育的现状，并督促提高学前儿童社会教育的质量。

其次，通过评价可以积累学前儿童社会教育经验。在评价的过程中，通过反思哪些社会教育活动比较好，哪些社会教育活动不够好，哪里不够好，同时宣传、学习好的社会教育活动，改进不足的社会教育活动，积累学前儿童社会教育的经验。

3. 有助于提高家庭的社会教育水平

通过评价可以及时发现儿童社会性发展过程中存在的问题及社会教育中的好做法、好经验，作为家园共享资源，与家长分享儿童社会性发展的信息和社会教育的信息，提高家庭社会教育的水平。

（二）学前儿童社会教育评价的内容

1. 学前儿童社会性发展评价

对学前儿童社会性发展的评价既有综合性的评价，如对学前儿童的社会认知、社会情感、社会行为、社会适应、个性发展等方面的评价；也有对学前儿童的自尊心、自信心、自我控制能力等具体方面的评价。

2. 学前儿童社会教育活动评价

（1）对活动目标的评价。

活动目标包括社会认知、社会情感、社会行为习惯三个方面。可以从以下几个方面对活动目标进行评价。

① 是否与学前儿童社会教育的总体目标、年龄阶段目标和分类目标的内容、落实方法和操作性方案一致。

② 活动目标是否完整、是否分解到位、是否与儿童的实际发展水平相适应。

③ 是否能将学前儿童社会教育的目标细化为课堂教学的目标。

④ 教师的目标制定是否全面、具体、有操作性并且重点、难点突出。

大班自我评价教育活动"我长大了"，将活动目标设计为：了解自己不断成长的经历；引发学前儿童对自身发展变化的兴趣；初步认识自己的长处和不足，增强自我意识。本活动的目标分解得比较具体可行，对自我评价教育的目标具体化为两个方面：自身成长经历及发展变化。在此基础上进行自我评价，即认识自己的长处和不足。同时，我们也可以发现，本活动以培养大班学前儿童对自己优缺点的认识作为重点。

（2）对活动准备的评价。

物质准备：教具准备充分、恰当；采用身边的材料；创设有效的教育环境；合理使用多媒体教学手段。

教师自身的准备：教师要熟练掌握活动内容。活动内容需要背诵的，如故事、儿歌、歌词等应背诵熟练；需要操作的，如小实验、电化教学设备、小制作等要操作熟练；需要示范的，如动作、绘画、板书等要准确、到位，动作要注意镜面示范；体育、音乐等活动要注意准备合适的运动服饰和舞蹈服饰，使服饰与所教内容和谐统一。

为使各教学环节衔接自然，要准备好环节间的过渡性语言，使各环节转换不露痕迹，活动整体流畅有序。

教师还要了解所教内容的相关知识，以免回答不出幼儿提出的一些意想不到的问题。

小班人际交往教育活动"小记者"中，教师提前做的准备有：与社区取得联系，共同做好准备工作；学前儿童人手一只自制的小记者话筒和采访笔记本；一段采访的情景表演。活动前的准备充分与否是社会教育能否顺利进行的关键。而本次活动中，可以说教师是准备得非常充分的，包括物质的准备，如记者的话筒、笔记本，还有学前儿童经验的准备，如观看关于采访的情景表演，同时也与社区取得联系和支持，做好必要的安全保障工作，保障活动顺利进行。

（3）对活动内容的评价。

对活动内容的评价包括对活动内容的选择、设计与组织两个方面的评价。

① 评价活动内容的选择。

a. 内容与目标是否匹配，是否能为实现活动目标服务。

b. 所选择的内容是否反映幼儿周围的事件和社会生活活动。

c. 内容是否考虑到幼儿生活经验与心理发展水平，具有适宜性。

d. 儿童是否愿意接受。

② 评价活动内容的设计与组织。

a. 各部分内容间的比例是否合理。

b. 活动内容与形式是否相适应。

c. 活动内容的组织安排是否突出了要解决的问题和要实现的目标。

d. 活动内容各部分之间的过渡衔接是否流畅。

大班民族文化教育活动"认识国旗"中，最初将观察国旗、讲解五星红旗诞生过程、介绍开国大典等内容都作为活动的内容。从内容的选择来看，作为激发学前儿童爱国主义活动的手段，无可厚非。但是，从内容的设计上看，五星红旗诞生过程、开国大典等内容，如果完全以讲解的方式呈现时，对于大班的孩子来说，似乎并不能够理解，反而没有什么意义。因此，舍弃这部分内容，可以使教育内容更符合学前儿童的认知水平。

（4）对活动方法的评价。

对活动方法的评价包括使用方法的多样性和使用方法的有效性。

① 使用的方法是否考虑内容的特点并为目标的实现服务。

② 使用方法是否符合幼儿年龄特点。

③ 使用方法是否考虑实践性。

④ 是否能调动幼儿的积极性。

（5）对活动过程的评价。

活动是为了促进幼儿全面发展，使不同水平的幼儿共同提高。幼儿是活动的主体，在教师的主导下，激发起幼儿的兴趣，调动起幼儿的积极主动性，启发幼儿动脑、动手、动口，多种感官共同参与活动，使幼儿真正成为学习的主人。活动目标的最终实现需要通过活动过程的实施才能达到。

对活动过程评价的指标包括教师、幼儿、师幼互动三个方面。

① 教师。

教师在教育活动中应该是幼儿的支持者、帮助者、引导者、促进者。对教师的评价应包括以下几个方面。

　　a. 教态自然亲切、语言规范、教育方法得当、以游戏为基本活动、引导幼儿主动学习、坚持正面教育。

　　b. 能以丰富的身体动作、表情、语调来进行教学。

　　c. 有较强的教育机智：能灵活、正确处理偶发事件，巧妙利用教育契机，使幼儿获得有益的经验。

　　d. 能公正对待每一位幼儿，关心、信任每一位幼儿。教师要给每一位幼儿提供相同的学习机会，尤其是对那些能力发展迟缓的幼儿，更要关怀备至，多为他们创造成功的机会，使他们都有成功的体验，在社会性发展方面都能得到较充分的发展。

　　e. 对每位幼儿都能给予有效、积极的回应。

　　f. 教师要善于分析幼儿的需要、经验和发展水平，善于寻找幼儿发展的可能性，尽量针对每个幼儿进行指导。

　　g. 要善于观察幼儿。善于发现和捕捉幼儿的兴趣，通过幼儿直接感兴趣的内容或间接激发的兴趣，引导幼儿主动学习、操作。

　　h. 各环节要求明确，活动组织有条理。活动各环节的安排应该是清晰、连贯的；教师对活动时间的控制应该是弹性的，即教师根据幼儿的愿望、实际状态而设计安排，灵活把握活动时各环节的时间。

　　i. 教师要设置有效的提问。设置多个开放性的问题，引导幼儿通过操作、体验、思索、交谈、大胆猜想、合作学习获得有益的经验；提问的语言必须具有科学性、准确性，避免造成幼儿误解。

　　j. 依据教学中的关键点设计问题。针对不同层次的幼儿，设计不同层次的问题。

　　② 幼儿。

　　在进行评价时，应关注幼儿在活动中的表现。活动的效果直接显现在幼儿身上，具体可从以下几方面进行评价。

　　a. 幼儿感兴趣。幼儿对活动的兴趣、态度和参与程度是评价活动效果的第一要素。

　　b. 幼儿自主活动的开展。幼儿在活动中主动学习、思考、探索、操作的程度。

　　c. 幼儿能否主动提出问题。没有问题，就不会有解释问题和解决问题的思路和方法，问题是产生新思想、新方法、新知识的种子。因此，教师要在活动中使幼儿敢于大胆质疑，鼓励幼儿多角度、全方位地思考问题，发展他们的类比、联想等发散思维能力，使幼儿不只是停留在所学内容的表层理解上，更要利用所学的知识去探究和创造。

　　d. 幼儿在活动中对基础知识、基本技能的掌握程度。

　　e. 幼儿主动与教师、同伴的交往、合作的深入程度。

　　③ 师幼互动。

　　a. 师幼配合较多、关系融洽。

　　b. 教师能依幼儿的需要，调整教学。能根据幼儿的情绪、态度、行为表现，随时反思、调整、改进活动的内容及进程。

　　c. 教师应该创设一个良好的师幼互动环境。教师要以平等、关怀、接纳、鼓励的态度与幼儿交往，成为幼儿的榜样，促进幼儿在同伴群体中积极地模仿、观察、交谈、纠正、合作，营造一种平等、宽舒，利于理解、激励的氛围。

> 社会文化教育活动"民族风"，整个活动以欣赏表现为主线，由于孩子们在平时活动中积累了一定的音乐经验，因而倾听音乐时乐意表达自己的感受。当听到维吾尔族的音乐时，孩子们觉得活泼、轻快；当听到藏族的音乐时，孩子们觉得有点快又有点慢，用抒情的词语进行解释。孩子们运用已有经验大胆表述，想象维吾尔族娃娃和藏族娃娃各自不同的风情。教师要鼓励学前儿童用动作进行表现，为他们提供自由展现的机会。这样，孩子们按照意愿选择自己喜欢的民族，融入到扮演的角色中，从中感受到民族的多元文化。

（6）对活动延伸的评价。

活动结束后，首先要评价教师是否想到了还需要活动延伸，再评价教师使用的活动延伸的方法，是否具有可操作性，是否能对该活动长期的发展起到积极的作用。

（7）对活动效果的评价。

① 是否完成了活动目标。

② 儿童是否有愉快的情感体验。

③ 是否促进幼儿社会性行为的变化。

④ 是否让幼儿对活动产生期待和探究的欲望。

> 中班自我控制活动"做个好赢家"的效果如下：学前儿童具有了做个好赢家的意识，能够很好地控制自己的笑声和兴奋，与同伴友好相处。而且在后来的游戏中，都能够以恰当的方式表达自己的情绪。可见本次活动完成了预期的目标。此外，儿童在活动过程中都能够积极、主动地参与，体会到合作的愉快、帮助他人的快乐，从而养成与人和谐相处的良好品质，提高自我控制能力。

活动设计 3.2　花儿好看我不摘（小班）

1．活动来源

为了培养幼儿爱护优美环境、爱护花草树木的良好行为习惯，我设计"花儿好看我不摘"这一教学活动，创设了一个使幼儿既能感受到"美"又避免了单一呆板的言语说教的教学环境，为每个幼儿提供了参加集体活动的机会，并让幼儿明白爱护花草树木的道理，从而养成自觉爱护花草树木、关注周边环境的好习惯。

2．活动目标

（1）通过直观、形象的故事让幼儿了解花、草等植物对人类的重要性。

（2）了解花儿好看我不摘的道理，培养幼儿良好的行为习惯。

3．活动准备

（1）开满鲜花的大树一棵（手工教具）。

（2）《美丽城市》的课件。

4．活动过程

（1）教师以快乐的口吻向幼儿介绍开满鲜花的大树，引导幼儿体会：春天到了，开满鲜花的大树真美丽。（请幼儿告诉教师：开满鲜花的大树美丽吗？漂亮吗？）许多鸟儿飞过来，落在大树上休息，它们呼吸着新鲜的空气，心情非常愉快。有一天，大树前来了一个小男孩，看见这么美丽的花就摘了一朵；第二天，一个小女孩来到大树下，见到了树上漂亮的花，也摘了一朵；第三天，大树前来了一群小朋友，一见树上开满了鲜花都去摘，他们你一朵、我一朵，不一会儿，树上的花就被摘没了。教师边讲边一朵一朵地把树上的花摘下来。花没了，光秃秃的树真难看。大树伤心地哭了（教师把大树的脸变成哭样），鸟儿们也飞走了。

（2）提问：启发幼儿回答：大树为什么哭了？（因为花没了）就像没了漂亮的衣服一样。你们说摘花的行为对吗？你们家的周围有什么花？（幼儿自由回答）如果花园里没有鲜花，我们的环境还美丽吗？（观看课件，请小朋友说一说图上的人做得对吗？）

（3）小朋友，你们都说的真棒，现在大树这么伤心，我们怎么办呢？一起来把美丽还给大树，让它笑起来好吗？（教师交代粘贴的方法，让幼儿把鲜花贴在大树上）

（4）完成后，教师用欢快的口吻说：花朵回来了，大树变美丽了，各种鸟儿都飞回来了，人们在大树下乘凉，小朋友在树下玩耍，大树笑得多开心啊！

（5）幼儿明白了"花儿好看我不摘"的道理，在看到别的小朋友摘花时，也要能大胆地制止他。

（6）观看课件，一起来欣赏我们美丽的城市。

5．活动反思

活动的设计贴近幼儿的生活，因此幼儿很感兴趣。在教学活动中，教师能够用亲切自然的教态和延伸与幼儿相互交流，将感情投入教学当中，给幼儿充分思考，发表自己想法的空间。通过运用教具讲述大树妈妈和花宝宝的故事，激发了幼儿爱护花草树木的情感，让幼儿感受学习带来的乐趣。活动气氛良好，基本达到了预期的效果。

6．活动评析

本次活动，教师根据小班幼儿思维发展的特点，通过有趣的故事形式建立了良好的师幼关系，创造了相对自由、轻松的活动情景。活动中，教师根据大树、小鸟、人物的变化，寻求一种贴近幼儿生活，易于理解的谈话方式，使幼儿懂得了爱护花草树木的重要性。将幼儿的情感教育贯穿其中，并引导幼儿关注周围生活和环境中常见的景象，使他们从小就善于观察、发现和关心身边的事物。教师能充分关注幼儿的经验，引导幼儿在活动中生动、活泼、主动地学习，为幼儿社会化发展提供了帮助。

活动设计 3.3　小老鼠进城（中班）

1．活动来源

浙江省《幼儿园课程指导中班教育活动设计》，新时代出版社出版。

2．活动目标

（1）认识常见的交通标志，了解交通标志的特征和作用。

（2）知道马路上开车、行走要遵守的交通规则。

重点：认识常见的交通标志，了解交通标志的特征和作用。

难点：说出幼儿园生活中需要的交通标志。

3．活动准备

（1）幼儿经验准备：幼儿已经在家长的带领下，认识了一些交通标志。

（2）物质材料准备：一个老鼠头饰，各种交通标记，乡下老鼠进城的地图，一辆玩具汽车。

4．活动过程

（1）用故事导入主题。

① 演示手偶，激发兴趣。

教师出示老鼠手偶：今天早上，我接到乡下老鼠贝特的电话，说碰到了一个难题，想请我们帮个忙。

② 教师有感情地讲述故事，引发幼儿认识交通标志的兴趣。

（2）认识交通标志。

① 出示挂图。

瞧！小老鼠贝特把这些交通标志都给画了下来，我们一起来看看它们都代表着什么意思吧！

② 根据幼儿的回答，详细讲解每个交通标志的名称和意义。

③ 幼儿设想：如果我们生活中没有了这些交通标志，那会变成什么样子呢？

（3）游戏"你指我说"。

教师点一个交通标志，请幼儿说出它的意思，或者教师说出交通标志，请幼儿指出来。

（4）游戏"乡下老鼠进城"。教师出示乡下老鼠进城的地图，将老鼠进城时所遇到的标记贴在地图上，让幼儿找出正确的路线，帮助乡下老鼠进城。

（5）交流讨论。

① 认识其他交通标志。

还有哪些交通标志呢？

② 将交通标记贴在幼儿园需要的地方。

今天，我们学到了那么多的交通标记，你觉得有哪些可以贴在幼儿园里呢？

5．活动延伸

带领幼儿仔细观察幼儿园，并把相应的标记贴在幼儿园醒目的位置。

6．活动反思

中班有一个主题是"我们去游玩"，其中有一节比较有趣的社会活动"小老鼠进城"。幼儿从小班阶段时的认识红绿灯的水平提高到中班阶段可以认识马路上的交通标志，是一个认知上的提高，是对社会规范的进一步认识。中班的认知欲望逐渐增强，会有意识地关注到生活中的各种标志。本次活动以故事设置情景来引入，激发幼儿的探索认知兴趣；接下来"你说我点"的游戏则把幼儿的兴趣点再次激发；最后，模拟"小老鼠进城"的情境，出示一张小老鼠进城的地图，让幼儿沉浸在故事中思考，寓教于乐。但是，也有不少遗憾。

（1）幼儿实践的参与程度太少，操作性较弱，幼儿很感兴趣却并未尽兴。建议可以简单地进行"交警和司机"的游戏，在场地上设置简单的"井"字形马路，让一部分幼儿当交通牌，一部分幼儿当交警，一部分幼儿当司机，让每一位幼儿都有参与的机会。

（2）增加活动科学性。虽然是社会活动，但是认识交通标志是偏向科学性的，让幼儿观察标牌的形状、颜色，分出红色警示标牌、黄色提示标牌等，红色代表禁止类的交通标志，黄色代表提醒类的交通标志。

（3）社会活动从生活中来。也要回归到生活中去。建议活动中用实拍照片来代替打印的图片，最好是幼儿熟悉的场景，如幼儿园周边的交通标志、小区周边的交通标志，这样幼儿更能明白这些交通标志的实际应用。

总之，本次活动让教师明白，在平时上课的过程中，要尽量满足幼儿的愿望，让他们动手操作，而不是教师在课堂上的控制一切和一言堂。

7．活动评析

社会活动"小老鼠进城"以故事引出主题，通过帮助小老鼠贝特解决困难，让幼儿进一步认识、巩固记忆常见的交通标志，了解交通标志的特征和作用。从活动的现场看，幼儿参与的积极性很高，活动中也看到有一些幼儿对交通标志及其作用有一定的生活经验，基于幼儿生活实际的社会性教育是可行的。教师通过游戏"你指我说"来强化幼儿对交通标志的认识，又通过设想"如果我们生活中没有了这些交通标志，那会变成什么样子呢？"让幼儿了解交通标志的作用。最后，让幼儿学以致用，在一张乡下老鼠进城的地图上，贴出适应的交通标志，再来带着小老鼠贝特开到目的地，赋予了学习交通标志为实际生活服务的教育理念，这是最大的亮点。建议，最后的环节如果把整个活动室当成地图，幼儿可以选择当交通标志也可以当司机，那么其实践性会更有意义。

活动设计 3.4　开心快乐每一天（大班）

1．活动来源

现在的家庭常常是几个大人围着一个孩子转，孩子被爸爸、妈妈、姥姥、姥爷、爷爷、奶奶等多个大人宠着、惯着，自控能力差，不良情绪说来就来，一不顺心便会发作。虽说生气是一种正常的情绪反应，但若幼儿遇事经常生气、发脾气，将对其健康成长非常不利。大班的幼儿已开始在意他人对自己的评价，当觉得他人在排斥自己或批评自己时，会感到伤心，就容易发脾气，产生不良的情绪，如果不及时将不良情绪排解掉，就会影响心理健康。因此针对我班幼儿爱生气、用暴力或激烈言语来宣泄情绪、生气时间过长等现象设计了这节课。开展此次教育活动，目的就是通过学习各种良好的宣泄方法，转移不良情绪；使幼儿知道生气和快乐是两种不同的情绪，帮助他们理解情绪与健康的关系，引导他们保持快乐的情绪；使幼儿初步掌握不良情绪的转化方法，并乐于帮助别人摆脱不良情绪，真正做到健康快乐地成长，开心度过每一天。

2．活动目标

（1）了解不同情绪对人的身体健康的影响，初步知道如何调节自己的情绪。

（2）幼儿在有趣的活动中掌握一些缓解、转移不良情绪的方法。

（3）愿意与同伴分享自己的快乐，获得愉快的体验。

3．活动准备

（1）表情图片若干、头饰若干。

（2）笑脸幻灯片、情景表演。

（3）自制快乐喇叭。

4．活动过程

（1）情境导入，讨论如何调节不良情绪。

出示生气娃娃，引导幼儿观察并说说娃娃怎么了，为什么生气，想方法帮助她不生气。出示笑脸娃娃，感谢小朋友。讨论：在生活中有过不高兴或生气的事情吗？当你遇到烦恼的事情时，你会怎么样让自己变得快乐？怎样才能让自己有个好心情？你们觉得生气发脾气好吗？为什么？发脾气、生气能解决问题吗？那怎么办呢？不同的情绪会给你身边的人带来什么感受呢？小朋友们不但要自己保持高兴、愉快的心情，还要想办法让别人感到快乐开心。小朋友们在生活和学习中，还经历过哪些愉快的事？说一说，让小朋友们和你一起分享好不好？

总结：愉快、平静等良好的情绪是有利人的身心健康的。随便发脾气、生气是不好的行为习惯，会失去朋友；经常发脾气、生气，时间长了会不爱吃饭、不爱运动、不爱和小朋友交往，会影响身体健康，会生病的。教师希望小朋友每天开开心心！

（2）情境表演"消气商店"。

生活中有很多事情是可以通过多种方法来解决的。森林里的小动物生气了，它们用了什么方法来解决问题的？（教师表演）

（3）总结讨论。

① 你们觉得消气商店好吗？为什么？小狐狸都用哪些办法帮助了小动物？你觉得小狐狸的办法好吗？如果你是小狐狸，还会用哪些方法来帮助小动物消气？

② 以后你要是生气了，会用什么办法让自己消气呢？可以唱唱歌、跳跳舞、听听音乐、散散步或者大声地叫一叫、哭一哭，这样你就能消气，使自己快乐起来了。

（4）出示快乐喇叭，教师讲述使用方法。

对喇叭大声喊出心中愉快或难过的事情来宣泄情绪，请幼儿使用喇叭分享心情。

（5）延伸活动。

教师播放幼儿的笑脸幻灯片分享快乐。

5．活动反思

幼儿对本节活动课程很感兴趣。平日里幼儿经常因为小事就大吵起来，个别幼儿喜欢生气，脾气急躁，不会调节自己的情绪，在没有消气之前会一直生气，互相不理睬。通过活动，一方面幼儿了解到不良情绪对身体的伤害，知道生气不好；另一方面，幼儿明白了每个人都有消极的情绪情感，重要的是要学会控制、调节情绪，进而调节自己的行为，而不去伤害他人。通过第一个环节幼儿在帮助生气娃娃想办法的同时也明白了解决问题的办法有多种，不要急躁。在进行第四个环节时，教师可以多让幼儿宣泄以往心中不愉快的事情，通过大声喊出来之后，看到小桃心掉进去，心中的情绪得到缓解，幼儿更直观地去感受效果会更好。最明显的是课后第二天教师看到两个幼儿有些小冲突，其中一个幼儿有些生气了，旁边的幼儿马上过来说："别生气，别生气，快快想些消气的方法吧。"于是其中一个幼儿带着他们唱起歌来，还有的幼儿去拿快乐喇叭。本节课不仅帮助幼儿学到了情绪转化，教师也从中获益良多，不仅是幼儿，成人在遇到问题时也要保持乐观的心态，选择健康适宜的宣泄方式。

6．活动评析

教师根据本班幼儿成长中遇到的问题设计了关于情绪控制的课程，目标涵盖全面，既涉及调节、缓解不良情绪的方法技能的培养，又包含有意愿与同伴分享自己的快乐，获得愉快的体验的情感态度方面的培养。在活动实施过程中，教师采用积极的师幼互动策略，设置情境表演，用游戏化的形式，将情绪这种抽象概念具体化和形象化，便于幼儿理解和感受。通过参与此次教育活动，幼儿学会了如何对自己的情绪进行调节，给予了幼儿良好的心理健康指导，幼儿参与的积极性也很高。

（以上三个案例选自王冰、王天舒．幼儿园教育活动案例及评析，北京：中国科学文化音像出版社有限公司．2012）

活动设计 3.5　我的标记朋友（小班）

1．活动目标

（1）认识自己的标记。

（2）知道爱清洁、讲卫生，会用自己专用的毛巾、茶杯。

（3）逐渐养成良好的卫生习惯。

2．活动准备

（1）每人 3 张相同的标记图（分别用来贴在茶杯架、毛巾架、晨检袋上），全班每个幼儿的标记图都不同。

（2）晨检牌人手一张。

（3）小红星若干。

3．活动过程

（1）通过谈话，引出标记图。

教师：洗完手后，我们用什么擦手？

教师：这么多毛巾都一样的，我们怎样才能知道哪一条是自己的毛巾呢？（引出标记图）

（2）实践操作，幼儿选择并粘贴标记。

介绍标记图，并让幼儿选择一种自己喜欢的标记，教师帮助幼儿把标记贴在毛巾架的挂钩处。（分组进行）

教师：小朋友的毛巾都有自己的标记图了，以后擦手就不会用错毛巾了。现在我们喝水的茶杯、早晨的晨检牌还没有标记，我们快快给它们贴上自己的标记吧！

（3）游戏"看谁找得快"。

让幼儿分组找自己的毛巾、茶杯、晨检牌的标记，并给找得又对又快的幼儿发小红星。

每人发放一个晨检牌，教师鼓励幼儿看清楚、记住自己的标记，再把晨检牌放到自己的标记处。教师这时要特别关注上个环节没得到红星的幼儿，帮助他们放对标记，并给予红星奖励，以提高他们的自信心。

（4）教师小结，引导幼儿以后要用自己专用毛巾、茶杯。

教师：小朋友刚才给自己的毛巾、茶杯、晨检牌贴了标记，这些标记大家要爱护，不能随便撕下来。这样我们就能分清自己和他人的物品，用自己的毛巾擦手，用自己的茶杯喝水。这样做，既清洁又卫生。

4．活动延伸

日常生活中可根据活动的需要，教师指导幼儿在不同的玩具筐上作不同的标记，帮助幼儿进一步分清各种标记的意义，熟悉自己的标记，懂得按标记取放物品。组织胆小、认识能力发展较慢的个别幼儿多玩"我的标记在哪里"的游戏。

5．家园共育

家长和幼儿共同自制一些标记，贴在幼儿的衣橱、玩具柜等处，让他们学会看标记取放物品；同时教育幼儿东西要归类，应放在固定的地方，不乱放乱扔。

6．活动评析

幼儿参与了活动，虽然在操作过程中幼儿会有思考，但教师并不了解幼儿的思考情况，因此教师可以提一些问题以便了解幼儿的学习情况。例如，为什么有的小朋友能很快找到标记朋友？为什么有的小朋友没有找到标记朋友？

总结部分可由教师引导幼儿总结，例如，"小朋友们都能认识自己的标记朋友了吗？""标记朋友能帮我们什么忙呢？""标记朋友能帮我们做那么多事，我们应该怎样对待它们呢？"

活动设计 3.6　家庭相册（托班）

1．活动目标

使托班幼儿愿意与教师、同伴一起翻阅家庭相册，看看、说说自己的家庭成员，增进彼此的感情。

2．活动准备

（1）家访时，请孩子与家长共同准备一些家庭成员的照片，制作成"我的家庭相册"，带到幼儿园。选择照片时，尽量挑选孩子最为熟悉的家人照片，还要有一张孩子自己的照片，照片的数量以2～3张为宜。

（2）在活动室的图书角里，投放孩子的家庭相册。建议相册的材质尽量多样（如毛巾书、纸板书、塑料板书等），并准备一些称呼标签，如爸爸、妈妈、奶奶、爷爷等。

3．活动过程

（1）拿取相册，引起兴趣。

重点提问：

宝宝认出自己的相册了吗？

这是谁的相册呀？

小结：你有相册，我有相册，我的家庭相册真好看。

（2）介绍相册，引导交流。

a．介绍孩子自己的照片。

重点提问：

照片里是谁呀？（说出自己的名字）

小结：这是×××的照片（逐一叫出孩子的名字），大家都有好听的名字。

b．介绍家人的照片。

重点提问：

照片里还有谁呢？说说照片中喜欢的家人。

宝宝和谁在哪里呢？在做什么事呀？

小结：宝宝和家人相亲相爱地在一起。

c．介绍教师的相册。

教师逐页翻阅并介绍自己的家庭相册，最后一页为教师和孩子的合影。

小结：教师爱宝宝，宝宝爱教师，相亲相爱在一起。

（3）活动延伸。征求孩子的意愿后，将家庭相册放在阅读区里，供教师和同伴一起翻阅。

4．活动评析

家庭相册记载着孩子成长的精彩瞬间，展现着家人之间的亲密关系，是一份充满情感与回忆的珍贵资料。对于刚入园的托班孩子来说，翻阅着自己与父母共同制作完成的家庭相册，看到自己熟悉的家庭成员的照片，在与教师、同伴的交流与分享中，不仅能从指认的过程中获得语言、观察力等方面的发展，还能增进彼此的感情，缓解分离焦虑，尽快适应并融入集体生活。

5．活动建议

第一，创设活动环境时，以孩子舒适、轻松为先。在活动室光线充足的一角铺上垫子，让孩子自主翻阅自己的家庭相册，教师适时参与交流，在轻松的对话中缓解焦虑，引导孩子开口。

第二，相册内容的提供，以孩子熟悉、感兴趣为先。为了能让家庭相册引发有效的师幼互动、生生互动，充分调动孩子参与的积极性，在制作家庭相册时，教师应事先和家长沟通，选择孩子愿意交流的、记忆深刻的、感兴趣的照片，如过生日、去动物园玩、家人在一起的合照等，引发关注和兴趣。

第三，相册材质的选择，以刺激孩子多种感官为先。制作相册的材质应能有效刺激孩子的感知觉（视觉、触觉等），如利用毛巾、百洁布、塑料板、纸板等，孩子们在和各种材质家庭相册的接触中，自然又充分地接受了各种感知觉的刺激。

第四，活动的开展形式，以松散、低结构为先。借助此素材开展活动时，应根据托班孩子的年龄特点，将相册投放于区角中，当孩子自由翻阅时教师随机介入，必要时组织3～4名孩子共同参与的插入式小集体活动。

（资料来源：唐晓晴.www.yejs.com.cn/jiaoan/article/id/44649.htm，有改动）

实践实训

一、校内实训

设计一个"我的好朋友"的主题活动：你准备从哪些方面开展活动？要开展这些活动，应该做哪些必要的准备？如何组织？

二、校外实践

从学前儿童社会教育的内容中选出自己感兴趣部分，进行活动设计，并到幼儿园收集相关材料，与一线教师进行讨论活动可能存在的问题及活动的预期效果。

思考与训练

1. 设计一个具体的社会性发展教学活动。

2. 根据下列给出的教育内容选择适宜的活动方式，并制定活动的具体目标。

（1）引导幼儿理解做人要诚实，故事《狼来了》。

（2）了解自己的父母，认知他们的工作。

（3）懂得在公共场合所应该遵守的基本规范。

（4）了解为人们服务的人的劳动，懂得尊重他们和他们的劳动。不怕困难，坚持做力所能及的事情。

（5）认识水是宝贵的资源，要节约用水，培养爱护环境的意识。

（6）懂得自己的事情自己做，不依赖、不麻烦别人。

（7）认识自己的身体、性别，对自己进行初步的评价。

3. 请分析下面的童话故事或民间故事对幼儿有哪些社会化教育的影响作用。

（1）端空花盆的孩子——宋金的故事。

（2）狼来了。

（3）小羊过桥。

（4）乌鸦和狐狸。

4．请设计一个关于"秋天"的主题活动：秋天快要到了，你准备从哪些方面开展一些与秋天有关的活动？要开展这些活动，应该做哪些必要的准备？如何组织？（注：可以选择任一季节）

5．请设计一个"我的好朋友"的主题活动：你准备从哪些方面开展活动？要开展这些活动，应该做哪些必要的准备？如何组织？

6．请根据故事《梨子小提琴》的内容为中班幼儿设计一个社会活动目标，并简要说明设计理由。

梨子小提琴

小松鼠捡到了一只大梨子。它把梨子切开做成了一把小提琴。琴声传得很远很远，这样好听的音乐，森林里从来没有过。

狐狸听到了琴声，对小鸡说："我不捉你了，我要去听音乐。"狮子听到了琴声，对兔子说："我不追你了，我要去听音乐。"动物们都来到了松树下，听小松鼠拉琴。拉呀、拉呀……星星来听，月亮也来听，森林里又美好又安静。

突然，小提琴上掉下来一粒东西。咦？这是什么呀？小松鼠说："这是小提琴上掉下来的一个小音符。"

第二天，地上长出了一棵小绿芽，它多像一个小音符呀！小绿芽很快长成了一棵大树，树上结了许多许多梨子。这些梨子呀，都被做成了小提琴。森林里到处可以听到音乐，到处都有快乐。

7．请对中班活动"朋友的信"的活动目标、准备、内容及过程进行分析评价。

活动目标：

（1）了解故事内容（小松鼠和小兔子互找朋友的方式），感受有朋友的快乐。

（2）愿意在集体面前介绍自己找朋友的办法，知道朋友在一起要互相商量。

活动准备：

蘑菇、气球、上面贴有故事中的文字、幼儿用书。

活动过程：

（1）出示写有汉字的蘑菇，让幼儿猜猜上面写的是什么字，可以请识字的小朋友认读，以此引出课题。

（2）听老师讲故事的前半部分（第一自然段到第六自然段），要求幼儿听故事里说了谁？说他的什么事？并猜测这"蘑菇信"给谁看见了，他会怎么样呢？

（3）听故事的后半部分，请小朋友说听到了什么（信给谁看到了，后来怎么样）。

（4）大家一起来读"蘑菇信"上的字和"气球信"上的字，并寻找相同的汉字。

（5）讨论找朋友的方法。

① 大家一起认读"朋友"两字，并说说自己有几个好朋友，你是用什么办法找到这些好朋友的。

② 让小朋友做一个彩球。（提供纸团和布块），指导幼儿装饰成彩球。

活动建议：

① 课后让小朋友带着自己的彩球和小班孩子玩"抛绣球"的游戏，找朋友，互相介绍名字，一起玩"抛绣球"的游戏。

② 可以画故事中的角色，并边添画背景边表达故事内容。

附：

朋 友 的 信

有一棵很高很高的大松树。在大松树的树干上，有一个洞。那里面，就住着小松鼠。

住在那么高的地方，除了老鹰，谁也到不了。所以小松鼠是很孤单的。

小松鼠多么想有朋友啊。可是，他胆子小，不敢下到地面上去。

有一天下过了雨，在他的树洞口，长出很多香菇。这些香菇很大，很香。

小松鼠在每一个香菇上，写上一个字。很多香菇拼起来，就是这样一句话："我是小松鼠，我想要朋友。"

小松鼠把这些香菇摘下来，丢到树下去了。

正在树底下经过的小兔子，看到地上这么多香菇，就把它们捡进了篮子里，带回家去了。"把它们晒干了，冬天可以吃。"

回到家，小兔子发现每一个香菇上都写着字，她仔细一拼，原来是一句话："我是小松鼠，我想要朋友。"

小兔子想："原来是孤单的小松鼠写的。我愿意做他的朋友。可是，我怎么告诉他呢？"

第二天，小松鼠正要到门口来找吃的。忽然看见，门口有一个很大的脸，正在朝他笑呢。而且，这张脸一边笑着，一边还晃动着。

原来，这是一张画在一个很大的气球上的脸，画的是小兔子。旁边还写着一句话："我做你的朋友吧，小兔子。"

小松鼠朝下一望，只见小兔子正在树底下朝他笑呢。从此以后，小松鼠有了朋友，再也不觉得孤单了。

单元四

学前儿童自我意识教育活动

学习目标

1. 了解学前儿童自我意识的内涵及其产生、发展的过程。
2. 理解学前儿童自我意识教育的作用。
3. 掌握学前儿童自我意识教育的途径。
4. 掌握设计适合不同年龄儿童的不同类型自我意识教育活动的方法并进行评价。

基础理论

有位心理学家在做动物实验时曾遇到这样一件有趣的事情：给小猴子一些木块，让它用木块换糖吃，换到后来，木块用完了，它就用自己的尾巴来换糖，使这位心理学家捧腹大笑。为什么看起来挺聪明的小猴子会做出如此可笑的动作，而再笨的孩子也不会用自己的手或脚去换糖。这是为什么呢？原因在于，猴子不能把自己同周围的事物区别开来。而人则不同，人能够认识自己及自己同周围世界的关系，人有自我意识。有无自我意识是动物和人在心理上的分界线。

一、学前儿童自我意识的产生和发展

（一）自我意识概述

1. 自我意识的概念

自我意识是一个人对自己的认识和评价，包括对自己心理倾向、个性心理特征和心理过程的认识与评价。正是由于人具有自我意识，才能使人对自己的思想和行为进行自我控制和调节，使自己形成完整的个性。自我意识是我们人类特有的意识，它标志着一个人的个性成熟水平。一个自我意识成熟的人，通过自我意识认识自己，并认识自己与周围事物、与人的关系。

自我意识是儿童社会化的重要组成部分，儿童社会化的目标就是形成完整的自我。同时，自我意识是个性形成和发展的前提，是个性发展和成熟的重要标志，是整合、统一个性各个部分的核心力量，也是推动个性发展的内部动因。

　　自我意识在个体发展中有十分重要的作用。首先，自我意识是认识外界客观事物的条件。一个人如果还不知道自己，也无法把自己与周围相区别时，他就不可能认识外界客观事物。其次，自我意识是人的自觉性、自控力的前提，对自我教育有推动作用。人只有意识到自己是谁，应该做什么的时候，才会自觉、自律地去行动。一个人意识到自己的长处和不足，就有助于他发扬优点、克服缺点，取得自我教育积极的效果。再次，自我意识是改造自身主观因素的途径，它使人能不断地自我监督、自我修养、自我完善。可见，自我意识影响着人的道德判断和个性的形成，对个性倾向性的形成尤为重要。

知识拓展

发展幼儿的需要

（1）安全感。要让幼儿"感受到"被爱与被需要，即被关心和被在乎。

（2）适度的自我肯定。教师要尊重每个家庭衡量"是否被接受"的标准。

（3）体会生命的价值和意义。

（4）成人协助他们理解生活经验。

（5）与有"权威"的成人一起学习与成长。

　　2. 自我意识的分类

　　依据不同的标准，自我意识可有多种类型。

　　从意识活动的形式来看，自我意识表现为具有认知的、情绪的和意志的形式。属于认知形式的有自我感觉、自我观察、自我概念、自我印象、自我分析和自我评价等，统称"自我认知"。属于情绪形式的有自我感受、自爱、自尊、自恃、自卑、自傲、责任感、优越感等，统称为"自我体验"，以体验的形式表现出个人对自己是否悦纳的情绪。属于意志形式的有自立、自主、自制、自强、自卫、自信等，可以统称为"自我控制"。自我意识的这3种形式联系在一起，凝聚在一起，形成了个人对自己自觉的观念系统。

　　从意识活动的内容来看，自我意识又可以分为生理自我、社会自我和心理自我。

案例　　　晴晴是个乐观的小姑娘，可是有一天从幼儿园回家后一直发脾气，并生气地说"幼儿园不好，我再也不去了。"晴晴的妈妈没当回事，可第二天早晨，晴晴还是赖着不起床，并嚷着"我不上幼儿园了，就不去。"晴晴的妈妈百般劝诱、哄吓都不管用，只好说："那你就跟妈妈去把你的图画和被子拿回来吧。"晴晴这才起来。到了幼儿园，晴晴不理教师和小朋友们，就是催着妈妈拿自己的图画和被子，妈妈说："你先和小朋友玩一会儿。"自己到一边把晴晴的事跟老师说了一下，老师说："想不到晴晴还这么要强。"原来是因为小朋友们说晴晴没睡午觉，不能给她小红花，她因此生气了。教师对晴晴的妈妈说："你先上班去吧，她过一会就会好的。"晴晴妈妈从后门出来，还在想着"孩子什么时候变得这么争强好胜，又爱生气的呢？以后长大了能经受得起挫折吗？"

对策思考：

第一，提供一些能够承受的小挫折，提升挫折的耐受能力。

比如，下棋适当让他输几次、鼓励和大些的幼儿玩、把拆开的玩具拼装起来。

第二，引导孩子发现别人的优点。

第三，对幼儿的挫折不要嘲笑、压抑，要给以同情和理解。

当孩子苦恼时，抱着他、听他诉说，而不要急于给建议。在他平静下来时，再一起分析挫折的原因，找出解决之道。

3. 自我意识的结构

自我意识的结构是从自我意识的三层次，即从知、情、意三方面分析的，由自我认知、自我体验和自我调节（或自我控制）三个子系统构成。因此，自我意识也叫自我调节系统。

自我认识是主观自我对客观自我的认识与评价，是自己对自己身心特征的认识，是自我意识的认知成分。自我认识在自我意识系统中具有基础地位，是自我意识的首要成分，也是自我调节控制的心理基础，其内容广泛，涉及自身的方方面面。包括自我感觉、自我概念、自我观察、自我分析和自我评价。自我分析是在自我观察的基础上对自身状况的反思。自我评价是对自己能力、品德、行为等方面社会价值的评估，它最能代表一个人自我认识的水平。正确的自我评价对个人的心理生活及其行为表现有较大影响。如果个体对自身的估计与社会上其他人对自己的客观评价距离过于悬殊，就会使个体与周围人们之间的关系失去平衡，产生矛盾，长期以来，将会形成稳定的心理特征——自满或自卑，都不利于个人心理上的健康成长。

自我体验是自我意识在情感方面的表现，是由主体对自身的认识而引发的内心情感体验，是主观的我对客观的我所持有的一种态度，如自信、自卑、自尊、自满、内疚、羞耻等都是自我体验。自尊心是指个体在社会比较过程中所获得的有关自我价值的积极的评价与体验。自信心是对自己的能力是否适合所承担的任务而产生的自我体验。自信心与自尊心都是和自我评价紧密联系在一起的。自我体验往往与自我认知、自我评价有关，也和自己对社会规范、价值标准的认识有关，良好的自我体验有助于自我监控的发展。

知识拓展

幼儿高兴的动因如下。

第一，受到成人夸奖和表扬。

第二，家长、教师喜欢。

第三，小朋友喜欢或者愿意和自己一起玩。

幼儿不高兴的动因如下。

第一，受到教师、家长的批评、惩罚、训斥。

第二，教师、家长不喜欢自己，或者惹大人生气。

第三，大人不允许自己做喜欢的事，不让自己出去玩。

自我调节是自我意识的意志成分。自我调节主要表现为个人对自己的行为、活动和态度的调控。它包括自我检查、自我监督、自我控制等。自我检查是主体在头脑中将自己的活动结果与活动目的加以比较、对照的过程。自我监督是一个人以其良心或内在的行为准则对自己的言行实行监督的过程。自我控制是主体对自身心理与行为的主动的掌握。自我调节是自我意识中直接作用于个体行为的环节，它是一个人自我教育、自我发展的重要机制，自我调节的实现是自我意识的能动性质的表现。自我意识的调节作用表现为：启动或制止行为，心理活动的转移，心理过程的加速或减速，积极性的加强或减弱，动机的协调，根据所拟订的计划监督检查行动，动作的协调一致等。

案例

一名幼儿帮助别的幼儿系上衣服背后的拉链后，教师表扬了他帮助别人的行为，并要求受助幼儿谢谢他。在接下来的活动中，教师要幼儿拿自己的水彩笔画画。这名幼儿拿自己的笔时，顺便帮同桌把水彩笔拿来（同桌还没喝完水）。同桌未作任何表示，拿起水彩笔就画。这时他要求同桌说"谢谢"，但同桌没有任何反应。这名幼儿就去告诉教师："我给他拿来水彩笔，他都不谢谢我。"同桌说："不是我让你拿的，就不谢谢。"如果你是这名教师，你怎么看待这两名幼儿的行为？怎么对待？

分析线索：

（1）该名幼儿还没有真正理解说"谢谢"的规则及其内在的含义。并不懂得即使帮助了别人也不必然要求"回报"，不理解道德的无私性（非功利性）和奉献性，所以，才会出现向对方索取"回谢"、遭到拒绝后又向教师告状的现象。

（2）在评价别人的行为是否符合道德规范时，该幼儿具有很强烈的自我中心意识，认为"我帮助了你，你就应该谢我，如果你不谢谢我，那就是你的不对"。

（3）同时，对方认为，不经过自己同意的情况下，别人即使帮助了自己，也不必表示感谢。因为那是对方的单独行动，而非自己的主动求助，因而，没有感谢的义务。

（二）学前儿童自我意识的产生和发展

心理学指出，人并不是生来就有自我意识的，儿童的心理只有发展到一定的阶段才能形成自我意识。

儿童在出生时是没有自我意识的，不能意识到自己身体的存在，不知道自己身体的各个部分是属于自己的。精神分析学家玛格利特·玛勒把新生儿比作"蛋壳中的小鸡"，他们不能把自己同外界环境区分开来，还不具备本体性，所以会经常发生把自己的小手或小脚当玩具来玩耍的情况。

随着认识能力的发展和成人的教育，婴儿的动作开始转向外部环境，他们开始喜欢摇摇棒、捏发声的玩具；但这时婴儿还把自己的身体当作与其他任何东西一样的玩具来玩耍，他们嘬手指，用自己的小手搬弄小脚，同时伴随着"呀呀"声，啃咬小脚。经过一段时间的发展，婴儿开始认识到手和脚是自己身体的一部分，能够自己用手去抓东西，同时对自己的名字有反应。他们显示出对镜像的兴趣，注视它、接近它、微笑并咿呀作语，但对自己的镜像和其他婴儿的镜像反应没有区别。

9个月儿童开始意识到自己的动作和主观感觉的关系，通过偶然性的动作逐渐意识到自己的动作和动作产生的结果的关系。婴儿如果不小心把手里的玩具掉到地上，当成人捡起来时，他们就会有意把玩具反复扔到地上。在反复的过程中，他们逐渐区分自己的动作和动作的对象（玩具）间的关系，开始把自己的动作和动作的对象加以区别，这是自我意识的最初级形态。1岁左右的婴儿的自主意识开始发展，他们会要求自己做事情，例如，自己拿勺子吃饭，自己喝水，而拒绝成人的帮忙。出现最初的独立性（表现为爱说"我要自己来"）。

12个月（1岁左右）儿童开始渐渐认识身体的各个部分，但不能区分自己身体和别人身体的器官。学会使用自己的名字，是自我意识发展中的巨大飞跃，表明他们能把自己和别人相区别。（丫丫吃饭，比如问她：这个苹果是谁的？她会答："丫丫的。"问谁想吃苹果？她会答："丫丫吃。"）但是，这时儿童只是把名字理解为自己的信号，因此，在遇到叫同名的别的孩子时，他就感到有些困惑了。这一时期，儿童在镜子前的反应是把镜子当作游戏伙伴，亲吻它，和它贴脸。在13个月左右的时候，婴儿开始区分自己和别人，能通过照片来指认自己，也能在自己和其他婴儿的合影中准确地找出自己。

两岁以后的儿童，渐渐能够懂得"我、你、他"这些人称代词的含义，在生活中掌握了物主代词"我的"和人称代词"我"，由此实现了自我意识发展的又一次飞跃，标志着他们真正自我意识的形成。该阶段儿童可意识到身体内部的状态，如肚子疼。此时，也出现了最初的自我概念，开始出现"给我"、"我要"、"我会"、"我自己来"等意向。两三岁的儿童往往开始表示自己的主张，当成人提出一些要求时，儿童并不听从，经常说"我不……"，行为上表现出爱做事、闹独立等特点。儿童开始懂得"我想做"和"我应该做"的区别，做错事后知道脸红害羞。开始能把自己与他人加以比较，从而产生简单的自我评价，由于受到认识水平的限制，这时幼儿的自我评价在很大程度上依赖于成人的评价，而且还具有很强烈的主观情绪性。有了"我的"占有感。

知识拓展

自我意识的诞生——阿姆斯特丹等人的点红实验

自我意识是人类特有的意识，是作为主体的我对自己，以及自己与周围事物的关系，尤其是人我关系的认识，主要包括自我观察、自我监督、自我体验、自我评价、自我教育、自我控制和自我调节等。自我意识是个性的一部分，是衡量个性成熟水平的标志。个体在早期是不具备自我意识的，也就是说，个体在早期无法区别自己与外界的事物。最直观的证据就是婴儿会把自己身体的某个部位当做玩具，有些年轻的妈妈会发现她们的孩子特别可爱，经常抱着自己的小脚吮吸脚趾。

儿童的自我意识随着年龄的增长而不断发展，儿童也因家庭环境和教育的不同而具有不同的自我意识，或积极良好的或不良消极的。阿姆斯特丹的点红实验证明 24 个月的婴幼儿已经具有了自我意识，因而在婴幼儿小的时候，家长和教师就要注重引导，培养他们良好的自我意识，以形成健康的个性和优良的品质。

实验一　阿姆斯特丹的点红实验

1. 实验目的

研究婴儿的自我意识水平。

2. 实验过程

1972 年，阿姆斯特丹借用动物学家盖勒帕在黑猩猩研究中使用的点红测验（以测定黑猩猩是否知觉"自我"这个客体），从而使有关婴儿自我觉知的研究取得了突破性进展。

实验的被试者是 88 名 3～24 个月大小的婴儿。实验开始，在婴儿毫无察觉的情况下，主试在其鼻子上涂一个无刺激红点，然后观察婴儿照镜子时的反应。研究者假设，如果婴儿在镜子里能立即发现自己鼻子上的红点，并用手去摸它或试图抹掉，表明婴儿已能区分自己的形象和加在自己形象上的东西，这种行为可作为自我认识出现的标志。

3. 实验结论

阿姆斯特丹对研究结果总结得出，婴儿对自我形象的认识要经历 3 个发展阶段。第一个是游戏伙伴阶段：6～10 个月。此阶段婴儿对镜中自我的映像很感兴趣，但认不出自己。第二个是退缩阶段：13～20 个月。此时婴儿特别注意镜子里的映像与镜子外的东西的对应关系，对镜中映像的动作伴随自己的动作更是显得好奇，但似乎不愿与"他"交往。第三个是自我意识出现阶段：20～24 个月。这是婴儿在有无自我意识问题上的质的飞跃阶段，这时婴儿能明确意识到自己鼻子上的红点并能立刻用手去摸。

实验二　路易斯和布鲁克斯的实验

1. 实验目的

依据前人的实验思路进一步系统地研究儿童的自我意识。

2. 实验过程

1979 年，路易斯和布鲁克斯借用了阿姆斯特丹的点红实验的镜像研究，另外还利用观看录像和相片的方法对婴儿的自我意识做进一步的实验研究。他们提出婴儿认识自我形象的根据或线索有两条：一是相倚性（镜像动作与婴儿动作一致），二是特征性（镜像与婴儿身体特征的一致性）。

在第一阶段的实验中，他们选取了 9～24 个月的儿童作为实验对象。按照阿姆斯特丹的点红实验方式进行。实验结果是在小于 24 个月的婴儿中，只有 25% 的儿童立即用手去摸或擦自己的鼻子。可是 24 个月的婴儿中，有 88%的儿童会立即用手去摸自己的鼻子。

第二阶段的实验是让儿童观看特制的录像：在第一部录像里，被试婴儿就在当时所在的环境，这时一个人走进屋；第二部录像的内容是该儿童一星期前正在玩玩具，此时有一个人正走进屋；第三部录像则是另外一个儿童在玩，有一个人正走进屋子。结果发现，9～15 个月的婴儿都能够很快从第一部录像中认出自己，并转头向门口看，次数多于后面两种情境。对第二种情境和第三种情境中婴儿的反应情况进行比较，发现只有 15 个月以上的婴儿才能区分这两种情境，这说明婴儿已经能够区别自我与他人的形象，对自我的认识逐渐清晰。

第三阶段的相片实验中，研究者向被试婴儿提供了许多照片，包括婴儿自己的和其他婴儿的照片。15～18 个月的婴儿，当听到叫自己的名字时，能够指出自己的照片，并看着它微笑。

3. 实验结论

路易斯和布鲁克斯三部分的实验结论与阿姆斯特丹的研究结果基本一致。1 岁前的婴儿不能区分作为主体的自己和外部的客体，他们还没有自我意识。2 岁左右的儿童才能抹掉不属于自己的"红点"，他们具备了自我意识。

4. 实验应用

通过众多对儿童自我意识发展的研究，我们可以看到：婴儿发现咬手指与咬布娃娃在感觉上不一样，说明他已意识到手指是自己身体的一部分，这可以认为是儿童自我意识最初的形态——自我感受；自我意识的进一步发展是人称的转变，儿童会用第一人称"我"来代替第三人称称呼自己，此时他们已能区分有别于自己的外部客体；当儿童 2 岁以后，就逐渐意识到自己的特征、能力和状态，知道自己有没有能力解决一个问题；到了四五岁，儿童在自我意识方面的发展进入了一个新的阶段，而且表现出明显的差异。

上面两个实验从科学角度展现了婴幼儿自我意识发展的阶段性，德国作家约翰·保罗曾说："一个人真正伟大之处，就在于他能够认识自己。"当孩子有认识自我的要求时，教育者应不失时机地培养他们的自我意识。由于自我意识影响着人格的形成，健康、积极的自我意识是促进健康人格形成的重要因素，所以教育者要引导孩子形成积极的自我意识。

在婴幼儿时期，积极的自我意识主要包括以下内容：觉得自己是有价值的人，受到别人的重视和好评；觉得自己是有能力的人，可以"操纵"周围世界；觉得自己是独特的人，受到别人的尊重与爱护。

二、自我意识与学前儿童的教育

自我意识能否得到很好的发展，对于个体今后的学习、生活有着很大的影响，所以我们要重视对儿童的自我意识教育。

（一）良好自我意识对幼儿身心成长的意义

1. 良好自我意识对幼儿身心成长的社会意义

自我意识在个体发展中有十分重要的作用。首先，自我意识是认识外界客观事物的条件。一个人如果还不知道自己，也无法把自己与周围相区别时，他就不可能认识外界客观事物。其次，自我意识是人的自觉性、自控力的前提，对自我教育有推动作用。人只有意识到自己是谁，应该做什么的时候，才会自觉、自律地去行动。一个人意识到自己的长处和不足，就有助于他发扬优点，克服缺点，取得自我教育积极的效果。再次，自我意识是改造自身主观因素的途径，它使人能不断地自我监督、自我修养、自我完善。可见，自我意识影响着人的道德判断和个性的形成，尤其对个性倾向性的形成更为重要。

（1）促进良好伙伴关系的建立。良好的同伴关系是同龄之间民主、平等的交往关系，具体表现为友好、谦让、分享、互助等，它是通过同伴交往而逐渐形成的。在良好的自我意识下，更容易产生这种和谐的关系，促进良好伙伴关系的建立。

在我们的观察中，往往容易发现，那些自我意识良好的幼儿更能吸引小伙伴，人际关系自然也更和谐；而孤僻的幼儿，他们太过于沉浸在自己的世界，忽略了周围，自然得不到认同。我们要正确认识和处理幼儿交往中的不良现象，幼儿在交往中难免暴露这样那样的问题，比如，有的幼儿动不动就欺负别人或者有的幼儿总是被人欺负等。其实，幼儿在玩耍中产生摩擦、矛盾，甚至闹出纠纷，是他们成长中的必修课，儿童就是在不断地解决这些矛盾摩擦纠纷中一步步长大的。我们要做的就是善加引导，让他们意识到是非对错，让他们能更好地了解自己，能够正确地自我评价和评价他人，这样他们就能慢慢学会如何处理和同伴的关系了。

（2）给予幼儿获得成功的机会。自我意识对幼儿的心理活动和行为起着调节作用，能够促使幼儿在自我认识和自我表现的基础上，通过自我修养和自我教育达到自我完善的目的，从而保证幼儿的个性积极而健康地发展。在幼儿园，自我意识良好的幼儿，更可能得到更多的目光关注，也往往更快得到认同，所以教师更愿意和他们交流、玩耍，也就给予他们更多的机会表现，而幼儿在这样的环境下更容易获得成功，而这样成功的经验可以使孩子增强自信心，提高自尊心。

在自我意识中，积极的成分占了主导，便更容易成功。

自尊感是幼儿自我意识最具有积极意义的情感成分，是幼儿心理健康的重要标志。自尊感的满足将使幼儿感到自信，产生积极的自我肯定，对良好品德个性品质的形成有很重要的意义。能力较强的幼儿，常能获得成功的积极体验，很少产生过分沮丧和自卑，而那些能力平平或发展稍落后的幼儿，缺乏自信，易被人忽视，成功的体验就少。因此，作为幼儿教师，应该因人施教，面向全体，从而使每个幼儿都能享受到成功的喜悦。

（3）帮助幼儿形成健康的自我。幼儿对自我认识的过程大致包括以下三个问题的回答。第一个问题："我是谁？"第二个问题："我是好孩子吗？"第三个问题："我该怎么做？"这时成人的评价会对他们的认识产生重要的作用。成人要有意识地引导幼儿全面认识、了解自己。因而，进行自我意识中的教与育更显得重要了。接纳孩子、尊重孩子、肯定孩子，引导孩子向积极的方向发展，这样孩子才能更加快乐、健康地发展。

在幼儿园中，我们要引导幼儿去了解自己，并在适当的时候给予孩子鼓励，让他们意识到什么样的行为是被肯定的，那么在日常生活中，他们就会知道该怎么做了。

2. 良好自我意识对幼儿身心发展的教育意义

在学习活动中，自我意识实质上是一种反馈活动，它对个体的学习提高有着重要的意义。控制论的创始人维纳曾说过，反馈就是"根据过去操作的情况去调整未来的行为"。无论在生物还是机器的系统运动中，通过反馈可以使行为得到调整和控制，使预定的目的得以实现。如果没有反馈，系统就无法进行有目的的运动。人的学习实际是个接受、传递知识信息的自控系统运动，在学习活动中进行自我监控、自我调节是关系到学习效果的重要环节。

当幼儿意识到自己是一个独立的个体的时候，他们要求独立的愿望就日趋强烈。幼儿要求独立是我们所说的"自然发展"的基本步骤。换句话说，如果我们对幼儿自然发展给予足够的关心，幼儿就会逐步达到独立。

"我们应当注意到，孩子有一种极力向外扩展的个性，他有主动性，他选择自己要做的事并坚持做下去，他根据自己内在的需要来改变它。他不逃避做任何努力，相反是努力探索并满怀喜悦地凭自己的能力克服困难。"蒙台梭利提出，教育者的箴言应该是"观察的时候要注意孩子的一举一动"。

知识拓展

延迟满足实验

发展心理学有一个经典的"延迟满足"实验。实验者发给 4 名被试儿童每人一颗软糖，同时告诉孩子们：如果马上吃，只能吃一颗；如果等 20 分钟后再吃，就给吃两颗。结果有的孩子急不可待，把糖马上吃掉了；而另一些孩子则耐住性子、消磨时光以克制自己的欲望，从而获得了更丰厚的报酬。研究人员跟踪观察发现，那些以坚忍的毅力获得两颗软糖的孩子，长大后表现出更强的适应性、自信心和独立自主精神，事业上更容易获得成功；而那些经不住软糖诱惑的孩子则往往屈服于压力而逃避挑战。

20 世纪 60 年代，美国斯坦福大学心理学教授沃尔特·米歇尔（Walter Mischel）设计了一个著名的关于"延迟满足"的实验，这个实验是在斯坦福大学校园里的一间幼儿园开始的。研究人员找来数十名儿童，让他们每个人单独待在一个只有一张桌子和一把椅子的小房间里，桌子上的托盘里有这些儿童爱吃的东西——棉花糖、曲奇或是饼干棒。研究人员告诉他们可以马上吃掉棉花糖，或者等研究人员回来时再吃还可以再得到一颗棉花糖作为奖励。他们还可以按响桌子上的铃，研究人员听到铃声会马上返回。对这些孩子们来说，实验的过程颇为难熬。有的孩子为了不去看那诱惑人的棉花糖而捂住眼睛或是背转身体，还有一些孩子开始做一些小动作——踢桌子，拉自己的辫子，有的甚至用手去打棉花糖。结果，有些孩子坚持不到三分钟就放弃了。一些孩子甚至没有按铃就直接把糖吃掉了，另一些则盯着桌上的棉花糖，半分钟后按了铃。大约三分之一的孩子成功延迟了自己对棉花糖的欲望，他们等到研究人员回来兑现了奖励，差不多有 15 分钟的时间。

（资料来源：www.baike.com/wiki/%E5%BB%B6%E8%BF%9F%E6%BB%A1%E8%B6%B3%E5%AE%9E%E9%AA%8C）

（二）幼儿良好自我意识的培养策略

1. 培养幼儿积极的自我意识

幼儿积极的自我意识的发展，对幼儿的个性、社会交往的发展具有积极的意义。

自我意识的培养应根据幼儿的认识能力，以生动形象的、幼儿能接受的内容和形式进行。从培养内容上看，父母应使幼儿认识到世界上只有一个"我"。"我"是独特的，有好听的名字、黑色的头发、小小的嘴巴、大大的眼睛；"我"很能干，能用自己的双手吃饭、穿衣、剪纸、绘画、弹琴，能用自己的双脚走路、奔跑、跳跃、攀登，能用自己的鼻子闻出多种不同的味道，能用自己的耳朵听出各种奇妙的声音；"我"有许多优点，当然也有一些缺点，不过，经过努力，"我"能改正自己的缺点，做个好孩子。从培养自我意识的形式上看，可采用各种幼儿感兴趣的形式来进行：鼓励幼儿在镜子前照一照，看看自己的五官长得怎么样、身材如何；启发幼儿通过不同的手段，绘出自己的形象，比如躺在地上，请父母帮忙描出身体的轮廓，然后自己进行剪贴，或者画自画像等；引导幼儿对自己的照片、作品进行分类、整理，按日期前后进行排列，或按照内容进行编排，建立一个较为完整的成长档案；把幼儿的各种"作品"收集起来装订成册，使幼儿能经常翻阅、观赏，为自己的进步感到骄傲和自豪。

在一次认识菊花的活动中，教师请小朋友闻闻菊花的味道，当几乎所有的小朋友都说出"清香"时，有一个小朋友说出"菊花是臭的"，教师并没有责怪该幼儿，而是与该幼儿一起寻找答案，结果发现该幼儿闻的菊花刚施过肥。

该例子说明，孩子会表达出自己的意愿，这是自我意识发展的表现，教师要支持、鼓励，不要随意阻止，否则会阻碍幼儿自我意识的发展。

知识拓展

美国教育实例：培养儿童的独立性

培养儿童的独立性，首先要培养儿童的独立思考。美国人就特别推崇儿童的独立思考。

在美国，我最喜欢看的电视节目之一，是黑人笑星比尔·考斯彼主持的"孩子说的出人意料的东西"。这个节目在让你捧腹的同时，也让你深思。

有一次，比尔问一个七八岁的女孩："你长大以后想当什么？"女孩很自信地答道："总统。"全场观众哗然。比尔做了一个滑稽的吃惊状，然后问："那你说说看，为什么美国至今没有女总统？"女孩想都不想就回答："因为男人不投她的票。"全场一片笑声。比尔问："你肯定是因为男人不投她的票吗？"女孩不屑地说："当然肯定。"比尔意味深长地笑笑，对全场观众说："请投她票的男人举手。"伴随着笑声，有不少男人举手。比尔得意地说："你看，有不少男人投你的票呀。"女孩不为所动，淡淡地说："还不到三分之一。"比尔做出不相信又不高兴的样子，对观众说道："请在场的所有男人把手举起来。"言下之意，不举手的就不是男人，哪个男人"敢"不举手。在哄堂大笑中，男人们的手一片林立。比尔故作严肃地说："请投她票的男人仍然举手，不投的放下手。"比尔这一招厉害：在众目睽睽下，要大男人把已经举起来的手放下，确实不太容易。这样一来，虽然仍有人放手下来，但"投"她的票的男人多了许多。比尔得意洋洋地说道："怎么样？'总统女士'，这回可是有三分之二的男人投你的票啦。"沸腾的场面突然静了下来，人们要看这女孩还能说什么。女孩露出了一丝与童稚不太相称的轻蔑的笑意："他们不诚实，他们心里并不愿投我的票。"许多人目瞪口呆。然后是一片掌声，一片惊叹……

这是典型的美国式独立思考。

没有独立思考的孩子，就没有独立性。要培养孩子的独立思考能力，就要提供一些机会给孩子去思考、去感觉：什么对，什么错，什么应该做，什么不应该做……

（资料来源：www.06.abc.com/topic/20090413/27763.html）

2. 寓自我意识培养于生活之中

幼儿园的日常生活包括盥洗、进餐、喝水、午觉等，这些看起来很琐粹的事情，却在幼儿的一日生活中占去相当多的时间，所以我们抓住日常生活中的每一个契机，培养幼儿良好的自我意识。

（1）培养幼儿自我服务能力和简单的劳动技能。

在现实生活中，有一些家长怕累着孩子，怕孩子做不好，自己重新再做太麻烦，因而不让孩子做一些力所能及的事；还有一些家长认为，吃饭、穿脱衣服等生活技能是不用训练的，因为小孩长大自然就会，其实这些观念都是不正确的。从儿童发展的观点来看，不给予孩子锻炼的机会，就等于剥夺了孩子自理能力发展的机会，久而久之，孩子也就丧失了独立能力。所以我们要本着"大人放手，孩子动手"的原则，让幼儿做一些力所能及的事情。可以根据孩子的兴趣和能力因势利导，通过具体、细致的示范，从身边的小事做起，由易到难，教给幼儿一些自我服务的技能，如学习自己擦嘴、擦鼻涕、洗手、刷牙、洗脸、穿衣服、整理床铺等。这些看上去虽是很小的事，但实际上给幼儿创造了很好的锻炼机会，无形中提高了幼儿的独立生活能力。在获得多次成功体验后，这些幼儿进一步认识了自我，增强了自信心。

（2）创设良好的环境，帮助幼儿认识自己、了解自己。

幼儿教育本身应注重环境的创设，孩子成长需要和谐的环境。因此，幼儿园要为幼儿创设宽松、愉快的环境，幼儿教师要给幼儿营造出一种温暖的"家"的气氛，使幼儿有一种心理上的安全感、愉悦感，这是培养幼儿独立性和自理能力必要的外部条件。2～3岁幼儿自我意识开始萌芽，言语和动作的发展迅速，对周围世界的认知范围扩大。他们喜欢到处看、到处摸索，不要成人抱着，甚至不愿让人拉着手走路。他们已经能表达自己的意愿，对成人要他干的事，往往回答"不"；对自己要干的事又说"我会，我自己来"。可是，家长无条件的包办代替，使幼儿形成一种错误认识：什么事情家长都可以帮着干。因此，我们要通过各种形式，让幼儿知道，自己已经长大了，生活、学习不能完全依靠父母，要慢慢地学会自己的事情自己做。

（3）家园共育，帮助幼儿形成良好的自我意识。

孩子上幼儿园后生活在两种环境里，幼儿的独立能力并不是只在幼儿园中靠教师教育锻炼就行的，他们生活中更多的时间是待在家里的，家庭教育是幼儿教育的重要组成部分。家长的支持与配合对幼儿自我意识的培养具有十分重要的作用。

家长可引导孩子在与别人交往的过程中学会自如地表达自己的意见并处理交往中出现的各种矛盾，让孩子在不断的协调、适应中学会如何与他人和谐地相处与协作。例如，家中来客人，要有礼貌地打招呼和交谈，有小伙伴同往，要鼓励孩子拿出玩具和伙伴一起玩。到户外参与幼儿的游戏，在玩中给孩子提出要求，告诉孩子要善待别人，和伙伴友好相处，要学会谦让。当幼儿在交往中发生矛盾时，家长不必急于介入，他们能自己解决的问题让他们自己解决。让孩子会学习体验他人的感受，理解他人的想法，从别人的角度想问题，学会考虑自己的举动对别人的影响，正确认识自己、评价自己，从而实现自我调节。

家长要树立正确的观念，认识幼儿自我意识培养的重要性。帮助家长全面了解自己的孩子。孩子在家和在幼儿园的表现并不一定完全一致。因此，教师与家长应密切配合，经常沟通，采用家访、书信、开放日、家长会等形式，来和家长统一思想，以保持家园教育的一致性。

给予孩子正确的评价。幼儿常常模仿成人的语气去评价自我和他人，许多孩子说不出自己有什么优点和缺点，只是简单地重复承认对于自己评价的话。因此，家长要注意发现孩子的优点，多给予支持和鼓励，帮助孩子正确认识和评价自己。

总之，在幼儿时期，培养幼儿的良好自我意识对幼儿的健康成长具有重要的意义。这样的重任是幼教工作者刻不容缓的使命，也是义不容辞的职责。

知识拓展

自尊的培养

（1）理想的自尊是儿童的行为能在行为、能力与别人的反馈不断高低起伏的情况下，维持在理想的范围内。

（2）尊重儿童。询问儿童的意见与喜好、提供机会让儿童真正决定对自己有重要意义的事情及选择自己在意的东西时，就传达了对儿童的尊重。

（3）合适的挑战。自尊更容易从真正的挑战和努力中培养，较难从一些琐碎无聊、只做一次的活动中获得。

（4）恰当适量使用赞美，着眼于欣赏儿童。欣赏指的是针对儿童的兴趣与努力的内容所做的明确而直接的正向反馈。

（5）帮助儿童处理负面反馈、挫折及失败。

（6）要将孩子的注意力真正投入到工作中，而非其他。

三、学前儿童自我意识教育活动的设计与实施

（一）自我意识教育活动设计与实施的基本结构

1. 运用多种方式引出活动主题

引出活动主题也即导入，将幼儿的注意力集中，让幼儿带着兴趣参加活动，帮助幼儿参与到活动中去。如通过让幼儿看自己带来的照片，引出活动主题"我长大了"。

2. 引导学前儿童认识自我

运用各种教学方法使学前儿童了解自我，形成对自我的正确认识。如利用直观形象法使学前儿童了解从小到大自己身体的变化、能力的变化等。

3. 组织学前儿童表现自我

在了解自我的基础上，引导学前儿童把这些认识用语言、行为等方式表现出来，以了解学前儿童自我认识的情况。如在请学前儿童看了自己的照片后，他们知道了随着年龄的增长，身高、体重、情绪情感、与他人的关系都会发生变化之后，就要请个别学前儿童把这些认识说出来、做出来。

4. 强化学前儿童形成对自我的正确认识，用正确的方法表现自我

通过学前儿童对自我的表现，了解学前儿童的情况，肯定优点、改善不足，最终总结出合适的对自我的认识及恰当的表达自我的方法。如最后教师总结，随着我们年龄的增长，我的个子长高了、变重了、学会做的事越来越多了、喜欢和小朋友在一起玩了……

活动设计 4.1　认识自己（中班）

活动目标：

（1）知道自己和别人不一样的地方，知道自己与家人和朋友的关系。

（2）了解并会表达自己的喜好与特长。

（3）学会帮助朋友、家人及班级同学做力所能及的事。

图 4-1 中的主题架构是依据引发认知—情感体验—实践尝试—经验积累—情境迁移的几个基本要素来设计的。通过组织若干个相互联系的活动让幼儿认认自己的外

貌、姓名和与众不同的特点，知道自己有喜怒哀乐情绪反应，发现自己家人、朋友等周围的人际关系，并通过实践让儿童了解自己的能力，从而建立起全方位的对自我的认识。

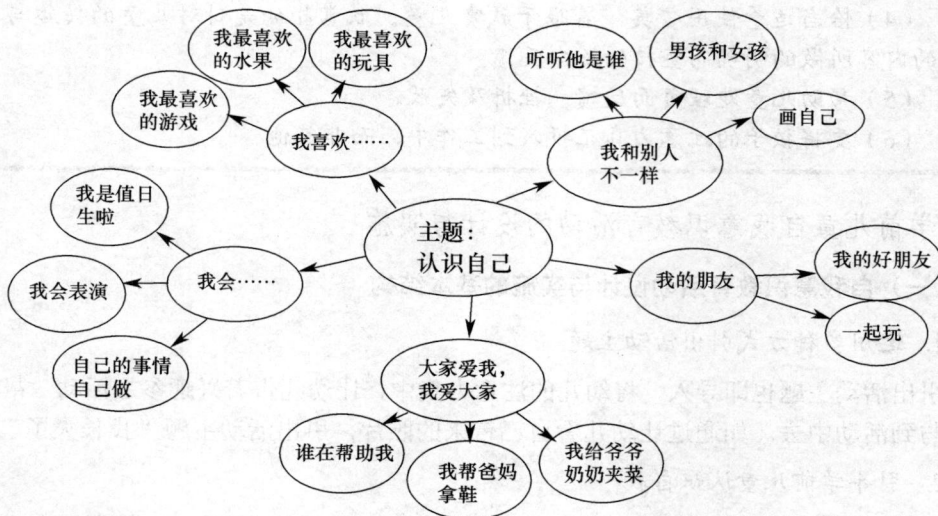

图 4-1　以"认识自己"为主题的架构图

活动设计 4.2　我的好朋友

1．活动目标
（1）激发幼儿寻找和认定自己最喜欢的朋友愿望。
（2）学习用绘画和语言两种方式介绍朋友，增进友谊。
（3）了解朋友之间该怎样相处，学习分享玩具等。

2．活动准备
照相机、卡纸、水笔、共享玩具和手拉手一起玩的图片。

3．活动过程
（1）画朋友。幼儿自取一张卡纸，把自己最好的朋友画出来。
（2）说朋友。说说你画的是谁？为什么你把他作为最好的朋友？（教师及时提取幼儿叙说中的理由）
（3）好朋友们在一起做什么。你和好朋友在一起都常常做些什么呢？好朋友在一起应该怎样做呢？（教师用重复语句的方式罗列朋友该怎么样）
展示相关的两幅图"共享玩具、手拉手排队行进"。（有条件的可用反映幼儿真实生活的照片在电脑上展示）

4．活动建议
（1）第三环节幼儿简单讲述就可以了，这一环节只是起到提示作用。

（2）第二环节中的拍摄照片可作为"朋友"主题墙的饰物，也可作为礼物分别送给照片中的朋友作为纪念。

活动设计 4.3　生气了，怎么办？

1．活动目标

（1）看图了解小动物生气的原因，学习针对图意讲述。

（2）知道生气时寻找适合自己的缓解方法，转移自己的不良情绪。

2．活动准备

（1）幼儿用书人手一册。

（2）幼儿活动前与家长讨论消气的方法。

3．活动过程

（1）看幼儿用书上的前三幅图，说说这三只小动物。

① 观察小动物的表情、神态，说说他们怎么了？

② 小动物为什么会生气？猜猜可能发生什么事情了？

（2）交流自己生气的经历。

你有没有生气过？为什么事情生气？

（3）分享交流消气的方法。

① 了解生气是一种自然情绪，并且懂得生气过多会影响身体健康。

② 以帮助小动物为契机交流消气的方法。（引导幼儿畅所欲言，教师适时引导）

可是这三个小动物还在那儿生气呢，快想想办法帮他们消消气吧，谁有好办法？

③ 看幼儿用书上后面三幅图画，相互说说小动物用什么办法消气。

（4）小结启发。

（5）活动建议。

在日常生活中教师要关注幼儿的消极情绪，及时地疏导分析，在一个个具体的事例中提高幼儿自我控制与调节情绪的能力。

（二）自我认识教育活动的设计与实施

自我认识活动如"小小的我（托班）"、"长大的我（小班）"、"了不起的我（中班）"、"独一无二的我（大班）"、"我的兴趣"、"我的能力"、"我的小手真能干"、"优点大展览"等。

（三）自我情感体验教育活动的设计与实施

自我情感体验教育活动的内容主要有培养幼儿具备自信心、自尊心、责任感、成功感、自豪感、挫折感、羞耻心、内疚感等。活动如"谁的小手最能干"、"今天我值日"、"帮厨房阿姨拣菜"、"帮助弟弟、妹妹"等。

（四）自我调控教育活动的设计与实施

自我调控教育活动的内容包括对自己言语和行为的调节和控制，具体表现一是自我发动，如坚持见面与教师、同伴打招呼，坚持使用礼貌用语等；二是自我制止，如不乱穿马路、不乱扔垃圾等。自我调控包括自制力、自觉性、自我延迟满足。

活动设计 4.4　自我认识教育活动案例——我长大了（中班）

1．活动目标

（1）了解自己不断成长的经历。

（2）产生对自身发展变化的兴趣。

（3）初步认识自己的长处和不足，增强自我意识。

2．活动准备

（1）幼儿已了解自己小时候和现在身体的生长发育上有哪些主要的变化。

（2）人手一张婴儿时候的照片，以及表现自己主要优点的录像或图片。

（3）教师了解和掌握幼儿主要的能力发展状况。

3．活动过程

（1）通过照片展览，对比讲述，使幼儿了解自己小时候和现在的变化。

① 带领幼儿参观照片展览，边看边问：照片上都是谁？是什么时候的照片？

② 请幼儿谈一谈：我们小时候是什么样子的，现在又是什么样子的？（可以启发幼儿从外部的变化，如身高、体重等，也可以从学会的本领，如念儿歌、画画等方面来谈）

小结：你们长高了，变重了……更重要的是你们学会了各种各样的本领，学会画画、顺着或倒着数数等，那么你觉得哪些本领学得最好？

（2）鼓励幼儿自己找找自己的优点，并且愿意在集体面前展示出来。

① 教师和幼儿共同找找教师的优点，并且将与优点相对应的图片贴在照片旁边，引发幼儿兴趣，激发他们说一说自己的优点。

② 请幼儿说说自己的优点，并勇敢地在集体面前展示。

展示录像，幼儿临场发挥。

小结：每个小朋友都说了自己的优点，有的……有的……有的……并且能够勇敢地将自己的优点在集体面前展示出来。

（3）找找自己的不足，鼓励幼儿今后努力。

① 请幼儿谈谈自己在关心集体、参加体育活动、画画等方面还要向哪些小朋友学习。

② 鼓励幼儿今后继续努力，争取不断进步。

活动设计 4.5　自我情感体验教育活动案例——我是妈妈的小帮手（中班）

1．活动目标

（1）知道为父母做些力所能及的小事。

（2）学会关心、爱护自己的家人。

（3）体验帮助家人的快乐。

2．活动准备

（1）教师和幼儿每人一个兔子头饰。

（2）录音磁带。

3．活动过程

（1）教师带幼儿学小兔念儿歌回家。

① 教师带头饰扮兔姐姐，幼儿扮小兔，一起在草地上念儿歌："小白兔，蹦蹦跳，跳到草地吃青草。"同时自由地做小兔动作。

② 下雨了，小兔们跑回家，走到家门口，兔姐姐带领小兔们敲门："妈妈，我们回来了！"

（2）激发幼儿想念自己的妈妈，要找到妈妈。

① 小兔们走进家门，自由地围坐着兔姐姐坐在家中的椅子上或地上。

② 咦，妈妈呢，妈妈不在家，她会去什么地方呢？

③ 这么长时间了，妈妈怎么还不回来，真着急，怎么办呢？（请幼儿想象，怎样才能知道妈妈到哪里了？）

④ 根据幼儿的回答，兔姐姐决定打电话问……

（3）引导幼儿想到找妈妈的办法。

① 怎么打电话呢？

② 妈妈没去上班，手机也关机了，怎么办呢？（引导幼儿提出给爸爸打电话的办法）

③ 我们怎么问爸爸呢？请大家想一句问爸爸的话。

④ 兔姐姐打电话，与爸爸通话："喂，爸爸，我是小兔，你知道妈妈上哪里了吗？噢，原来奶奶病了，妈妈去照顾奶奶了。"放下电话。

（4）引导幼儿帮助妈妈做事情。

① 正在此时，电话铃响了，兔姐姐拿起电话，原来是妈妈打来的。

② 放妈妈的录音电话："小兔们，我是妈妈啊，奶奶病了，我在医院里，照顾奶奶，现在还不能回来，你们帮妈妈做些事好吗？把外面的衣服收进来，叠好；把桌上的碗筷收整齐；把桌椅擦干净；把自己的玩具整理好。小兔们听清楚了吗？妈妈再说一遍……好了，等一会儿妈妈回来看看我的宝宝是不是很能干，再见。"

③ 你们听到妈妈刚才在电话里说了什么？（请幼儿复述电话内容）

④ 请小兔们帮妈妈做事情。

（5）让幼儿体验到帮助妈妈的快乐。

① 我们家整理得多干净啊，妈妈说的事情我们都做好了没有？（请几个小兔宝宝去检查一下）

② 妈妈回来了，兔妈妈："小兔宝宝，你们把家整理得真干净，你们是能干的孩子，妈妈给你们带好吃的，我们一起吃好吗？"（幼儿快乐地分享）

4．活动延伸

请幼儿回家帮爸爸妈妈做力所能及的事。

活动设计 4.6   自我调控教育活动案例——做个好赢家（中班）

1．活动目标

（1）形成做个好赢家的意识。

（2）学会控制自己的笑声和兴奋，与同伴友好相处。

（3）通过游戏，体验合理表达自己情绪的重要性。

2．活动准备

60 厘米高的拱形门 4 个，沙包若干个。

3．活动过程

（1）玩游戏"小马运粮"。

分组钻过一个 60 厘米高的拱形门到达"磨房"。背起一袋粮食（沙包）往回跑（途中掉下来，放上去继续跑），到家后，拍第二个小朋友的手继续游戏。先运完的组获胜。

（2）讨论胜利或失败的感受。

① 当你胜利时，你是怎么做的？

② 问输的小朋友，当赢的小朋友特别高兴的时候，你心里是怎样的感受。让赢的小朋友发现当他赢了特别高兴的时候，输的小朋友心里很不舒服。当我是赢家的时候，要学会控制自己的笑声和兴奋的情绪，要懂得理解别人的心情。

③ 讨论赢家该怎么做才让输的人不难过？你不应该做什么？

活动设计 4.7   儿童独立性培养活动设计——整理小书包（大班）

1．活动目标

（1）了解书包的结构和各部分的用途，懂得爱护小书包。

（2）学习整理书包，培养有序整理文具、书本的好习惯。

（3）清楚讲述自己的做法。

2．活动准备

每人一个书包、一个小筐，小筐内放幼儿用书、田格本、拼音本、绘画本、铅笔、橡皮、铅笔盒、手绢等。

3．活动过程

（1）听音乐导入。

教师：孩子们，让我们听着好听的音乐唱起来吧！（唱）孩子们，你们唱的可真好听！唱的什么歌？

幼儿：《快上一年级》。

教师：对，再过几个月，我们就要上一年级成为一名小学生了。要想成为一名合格的小学生，就要养成良好的习惯，学会自己的事情自己做……

那好，今天咱们就来说一说小书包。

（2）引导孩子了解书包的结构和用途。

① 引导幼儿了解书包的结构。

教师：孩子们，现在把你的小书包轻轻地拿下来，仔细看一看小书包是什么样子的，和你旁边的小朋友说一说你的小书包是什么样子的。

……

教师：谁愿意来向大家介绍一下自己的小书包呢？

教师小结：小朋友说得真好，咱们每个小朋友都有一个心爱的小书包，上面有漂亮的颜色和图案，还有两根背带，最重要的是小书包有许多层，有的大一点有的小一点，小书包的两侧还有两个小兜。小书包有这么多层和兜，用起来一定会很方便。

② 引导幼儿了解书包的用途。

教师：（拿一书包）这个小书包有几层？一样大吗？你认为每一层放什么比较合适？

咱们的学习用品也是有的大一点，有的小一点，大层里放大一点的学习用品，小层里放小一点的学习用品。这样呢，容易放，也不会损坏学习用品。小书包还有两个小兜呢，可以把常用的小东西放在里面，用的时候就可以直接拿出来。小书包用起来很方便。

（3）幼儿整理小书包。

① 幼儿尝试整理书包。

教师：小书包到底应该怎么用呢？教师准备了你们常用的东西（幼儿用书、田格本、拼音本……），你认为所有这些东西放在书包的哪一层、哪里最合适呢？现在，试着把这些东西放进书包里。

（幼儿试放）

② 个别幼儿介绍。

教师：谁来说一说你是怎样放的？

③ 引导幼儿分析探讨整理小书包的最佳方法。

教师：小朋友的放法不太一样，但是怎样放才最合适呢？

下面咱们来看看这几个小朋友是怎样发放的，仔细看，看看哪一种放法最合适？

（录像）第一个小朋友是把学习用品分类，按次序整理好，放在不同的层里。第二个小朋友虽然分类整理了，但是他把所有的东西都放在一层里了。第三个小朋友没有整理就放进去了。

让幼儿充分地交流、讨论。一致认为第一个小朋友的放法比较好。因为分类、分层放拿取东西方便。

④ 幼儿再次整理小书包。

教师：好，那我们根据刚才说的再来整理一次。看谁整理得又快又好又整齐。

（幼儿整理——这次比刚才那次整理得更快更好，都能在很短的时间内整理好自己的小书包。）

教师小结：孩子们，现在我们都学会整理自己的小书包了。如果我们每次整理小书包时都像现在这样分层分类来放，每一样东西都放在固定的地方，那拿取会更方便。

（4）爱护小书包。

教师：小书包是我们的好朋友，天天和我们在一起，那我们应该怎样爱护小书包呢？

教师：教师希望你们上小学后继续保持整理小书包、爱护小书包的好习惯。能不能做到，孩子们？

（5）结束。

好了，孩子们，现在背起你的小书包像一名真正的小学生一样，让教师看看你们神气不神气？听《上学歌》，在唱唱、跳跳中结束活动。

4．活动评析

教师以听音乐《快上一年级》导入，激发孩子入小学的欲望。接下来让孩子观察书包的外形，并进一步了解书包各部分的用途，为下一步整理书包做好铺垫。在活动的过程中，以动制静，充分让孩子动手操作，并把自己整理的方法和同伴一起交流分享。当即生成一些问题，并注意利用活动过程中抓拍的录像进行点拨，让孩子自己发现问题——哪种整理书包的方法最合适？引导孩子自己寻找答案。这样通过创设"问题情境"，让孩子进行交流、讨论，充分体现了幼儿的自主性，丰富了幼儿的经验，并在实践操作中解决了问题。

在活动最后，教师又利用歌曲《上学歌》，让幼儿在唱唱、跳跳中进一步感受背上小书包的神气，激发上小学的欲望。整个活动中，幼儿是主动的探索者、研究者和发现者。幼儿通过观察、思考、探究、讨论、练习、体验，得到了一些比较清晰的概念，学会了有规律整理物品的技能，培养了幼儿自我服务意识，渗透了责任感，为升入小学打好了基础。

（资料来源：www.sdchild.com/fangan/society/200909/29801.shtml，有改动）

活动设计 4.8　自己吃饭真能干（托班）

1．活动目标

（1）学习自己吃饭，不要别人喂。

（2）学习一些独立进餐的基本方法：学用小勺，能把饭菜一勺一勺送进嘴里细嚼慢咽。

重点与难点：掌握一些独立进餐的基本方法，改变进餐依赖的习惯。

2．活动准备

（1）生活区角活动：舀小勺。

（2）体育游戏：给小动物喂食。

（3）饭厅环境布置：自己吃饭真能干、小镜子若干、小奖品若干。

3．活动过程

（1）感知讨论。

① 餐厅环境布置"自己吃饭真能干"。用环境隐性的教育手段，让幼儿潜移默化感知，吃饭要自己吃。

② 演示"学用小勺"。请几名幼儿演示各自用小勺的方法，然后让小朋友说说谁拿的方法对或不对。教师再示范讲解正确使用小勺的方法：左手扶碗，右手拿小勺，用拇指、食指和中指捏住勺柄，无名指和小指配合抵住，不宜捏得过低或过高。

③ 照镜子"我们的牙齿真能干"建议可利用吃点心时，发给每位幼儿一面小镜子，先张开小嘴照一照，看见嘴巴里有牙齿和咽喉部等，再拿一块点心放进嘴里，看看原来的点心怎么会变得越来越碎？最后是从哪里咽下去的？让幼儿直观感知一下，自己的牙齿真能干，吃东西时要咀嚼，一口一口咽下去，这样才能吸收营养长身体。

（2）实践操作。

① 生活区角活动：在生活角里投放一些材料，让幼儿练习舀小勺，掌握正确用小勺的方法。

② 体育游戏"给小动物喂食"，让幼儿扮演饲养员，给小动物喂食（要用小勺舀起"食物"送进小动物嘴里），看哪组饲养员喂得又快又多。

③ 幼儿餐点时，注意督促提醒幼儿要正确使用小勺，一勺一勺把食物舀进嘴里，要细嚼慢咽。对特殊幼儿，先要求会嚼会咽，逐步要求自己拿勺吃。

（3）强化巩固。

建议可不定期地在午餐时搞一些小奖励，对那些能独立吃完自己一份饭菜的幼儿送以小奖品，激发幼儿独立进餐的积极性，逐步形成良好的进餐习惯。

（4）活动延伸。

通过家园之窗，向家长进行幼儿独立进餐要求的宣传，要求幼儿在家在园一个样，父母不要包办代替，尽可能坚持培养幼儿独立进餐的习惯，随时保持家园联系，沟通了解幼儿进餐的情况。

4．活动评析

培养良好的进餐习惯，是幼儿园托班生活教育中最基本的内容之一。因为，现在的孩子在家多数是饭来张口，家长包办代替。那么，进入幼儿园以后，集体的生活场所，需要他们从托班开始，掌握一些生活的自理能力，逐步学会自己的事自己做。自己吃饭是最基本的生活自理能力，也是这一年龄的孩子力所能及的。注重幼儿独立进餐习惯的培养，不仅能使幼儿摆脱依赖的习惯，还将对幼儿形成良好的进餐习惯，获得一些生活能力的锻炼，促进他们身心健康的发展都是非常有利的。本案例中活动目标非常具体，容易操作。通过"小勺"和"镜子"两个主要道具，让托班幼儿在自己动手操作、仔细观察中学会自己吃饭，既贴近幼儿生活实际，又做到了发挥幼儿的主体性。不失为一篇简短、精炼、易实施的优秀教案。

（资料来源：www.yejs.com.cn/jiaoan/article/id/38096.htm，有改动）

实践实训

一、校内实训

1．能根据所学理论完成一份学前儿童自我意识教育活动教学设计。

2．依据设计，结合自制教具和多媒体，采用恰当的教学方法开展模拟教学。

3．全面、准确地进行教学评价，并客观、全面地写出教学反思或评课单。

二、校外实践

观摩学前儿童自我意识教育活动，重点关注以下几个方面：一是教学环节的设计；二是重点的突出、难点的突破；三是教师教的方法与幼儿学的方法；四是辅助手段的应用。

根据教学观摩填写听课记录表。

听课记录表

时间：　　年　　月　　日　　　　　　　　执教教师：　　　　　　　　听课人：

活动名称	
活动目标	
活动准备	
活动过程	
活动分析与评价	
听课心得	

思考与训练

1. "闹独立"和"爱做事"可以说是学前儿童自我意识的最突出表现，也是最使家长和教师头痛的事。从教育的观点看，又是最值得家长和教师认真对待的问题。那么，作为幼儿教师，面对学前儿童的"闹独立"和"爱做事"，你应该怎样做？

2. 有时幼儿会做一些"损人利己"的事，如自己要挑好的玩具，把好的东西藏起来，留给自己不让别人分享。针对幼儿这种行为，我们应如何处理？

3. 一名3岁的男孩，执拗地认为自己是"小女孩"，要求家长给他穿花裙子、梳小辫子，这反映了什么？

4. 3名6岁左右的孩子（表姐妹）发生了争执，一位家长对最大的说："你是姐姐，让着妹妹才是姐姐的样子啊。"孩子"气急败坏"地回答："我不当姐姐了，还是让她当吧，我当妹妹就行。"

5. 雯雯走进班级就迫不及待地搬起小椅子走到娃娃家门口，看来她想玩娃娃家。她刚想走进去时，娃娃家的"妈妈"就对她说："我们家有妈妈有姐姐了，你不能进来了。"雯雯听到了在门口待了一会儿，接着她搬着小椅子向串珠的区域走去，一边走一边回头。不过很快她就投入到新游戏中，她挑了一根绳子拿在手里，接着拿起一颗珠子开始穿了起来。她拿一颗穿一颗，只选用了红、绿这两种颜色，并且是相互间隔的。串好后，她就走到教师身边，礼貌地说："老师你帮我打个结。"当我把项链挂在她脖子上的时候表扬她："你的项链真漂亮，颜色宝宝排队都很听话的呢！"她听到了就高兴地说："那我再穿一个项链给娃娃家好吗？"我欣然同意她的做法。

请对该案例中教师的做法进行评价。

6. 某幼儿园为幼儿体检，需要抽取指血化验血色素。虽然教师都向小朋友提出"看谁是勇敢的小朋友"，并且医护人员的经验也很娴熟，但多数小班幼儿还是大哭不止，教师百般哄劝，他们还是充耳不闻地哭，直到哭累了为止；而大班小朋友则是在排队过程中就开始炫耀"我打针从来不哭"、"上回打针我也没哭"……医生抽血前后，他们也能神气地看着医生和教师，极少数在抽血前说"一点也不痛"。但他们在抽血过程中或抽完血就"委屈"地哭泣，但很少大哭，经教师和小朋友劝解，他们很快就停止哭泣。

7. 华华爸爸去美国出差时买了一袋糖果，让华华给幼儿园的教师和小朋友尝一尝。华华早晨来到幼儿园，很高兴地请大家吃爸爸带来的美国糖果，受到了教师的表扬。教师对大家说"好东西应该大家分享"。几天后，华华的同桌红红在自由活动时拿出一块巧克力。华华见了就说："给我吃一口。"红红不给，华华说："老师说了，好东西要大家分着吃。上回你还吃我带来的美国糖果了呢。"红红还是坚持不给，华华："你不给，我去告诉老师。"红红一下子把巧克力塞到嘴里，边吃边向华华示威。华华更生气了，立刻就去找老师告状。如果你是这位教师，将怎样处理这件事？

分析线索：

（1）华华的道德认知水平处于"他律"阶段，教师权威不容违抗。因为教师说"好东西要大家分享"，所以，对方应该让他"分享"。不然，就只能请教师"裁决"。

（2）华华的道德发展阶段处于前习俗水平中的"互惠性"阶段，因为"上回你吃了我带来的美国糖果"，所以，这回你也应该给我吃你的巧克力。

（3）显然，2 名幼儿处于不同的道德发展水平和阶段。

8. 一名小班教师带领 4 名小朋友到厨房取本班消过毒的水杯。回班时，教师手捧装满水杯的大托盘走在前面，4 名小朋友紧跟在她的身后。来到教室门口时，这名小班教师看到教室门是关着的，自己又腾不出手开门，又不好在门外大声喊人帮助，就在小朋友面前一脚踢开门，带领小朋友进去。过了一段时间，这个班的很多小朋友都经常踢门。

（1）为什么这个班的幼儿踢门的越来越多？教师的行为与小朋友出现的这种不文明行为有什么关系？

（2）教师是否可以求助于幼儿？如果请幼儿帮助开门，可能对幼儿有什么影响？

单元五

学前儿童人际交往教育活动

学习目标

1. 掌握人际交往的概念，明确人际交往对学前儿童身心健康发展的重要意义。
2. 了解学前儿童人际交往的主要类型，掌握不同类型关系下促进学前儿童人际交往能力提高的方法。
3. 掌握学前儿童人际交往能力的培养途径与方法。
4. 能够设计培养学前儿童的人际交往能力的相关教育活动。

基础理论

社会交往能力是现代人不可缺少的基本素质之一，能否顺利地进行社会交往反映了个体社会适应能力的高低。随着社会竞争的日趋激烈，作为社会适应的主要指标，社会交往能力得到了各方面的关注。而幼儿人际交往是幼儿社会化的重要方面，是幼儿社会化发展的动因，是实现幼儿社会化不可缺少的途径。通过交往，可使幼儿了解人与人之间的正常关系，学习社会道德准则和如何处理人们之间的关系，还可发展幼儿的行为调节能力和社会活动能力，帮助幼儿逐步形成适应社会要求的社会行为。如果幼儿缺乏这种交往，其心理和性格就会发生障碍，渐渐变得胆怯、畏众、孤僻、不合群、沉默寡言、难于接近、缺乏社会交往能力等，从而导致其社会性退缩，继而对现实生活适应困难。

一、学前儿童人际交往概述

人际交往是社会心理学研究中的一个术语，迄今为止，学术界对于人际交往并没有一个特别固定的定义，许多学者都对它的内涵进行了自己的阐述。邓卓明认为人际交往是指人与人之间通过一定方式进行接触，从而在心理上和行为上发生相互影响的过程，包括动态和静态的两种含义。"动态的人际交往"是指人与人之间物质和非物质的相互作用的过程，即通常意义上的人际交往；"静态的人际交往"是指人与人之间通过动态的相互作用建立起来的情感联系，即人际关系。郁景祖认为人际交往是指人们运用语言或非语言符号交换意见、传达思想、表达感情和需要的过程，在这个过程中形成了各种

"人际关系"。

　　鉴于其他学者的研究，我们给人际交往下的定义为：人际交往也称人际沟通，指个体通过一定的语言、文字或肢体语言、动作、表情等表达手段将某种信息传达给其他个体，与其他个体建立人际关系的过程。

　　婴儿从小就表现出与人交往的需要：当妈妈喂婴儿吃奶时，用"呵呵"的声音与婴儿交往，宝宝会用眼睛看着妈妈或以笑作答，这是亲子之情的流露和表现；婴儿也非常喜欢跟小伙伴交往，即使不认识，只要碰在一起，八九个月大的婴儿便会互相摸抓，以表示亲热，年龄大一点的则因为有共同的乐趣、相互能懂的语言，很自然地在一起玩耍。而且当婴儿的这种交往需要得到满足时，往往特别高兴。

知识拓展

重要他人的理论

　　"重要他人"（significant others）一词首先于 1934 年由美国学者 Mead 在其著作《心灵、自我与社会》中提及，但真正将这个概念明确提出并加以发展的却是社会学家 Mills，在他看来重要他人是影响个体社会化的重要因素之一，对个体自我概念的形成有着不可忽视的作用，具体是指：对个体在社会化过程中发展起来的自我概念有重大影响的人物。随着研究者对重要他人研究的增加，其对重要他人的定义也渐渐开始有了分歧，并提出了不同的看法。在心理学家 Sullivan 的眼中重要他人对个体自我系统的形成有着至关重要的作用，即个体就是通过在成长过程中按照这些重要人物的反应性评价所传递的文化标准来不断评判和界定自己，从而逐渐形成自我系统的；这里重要他人具体是指能和个体结成"一体化"情境，并能对个体作出评价传递标准的人，如父母、教师、警察等。顾明远从人的自我全面发展的角度出发界定了重要他人，重要他人即是指对个体的全面发展有重大影响的群体和个人（特别是在儿童时期），这些人会对个体的价值观、生活方式和行为习惯的形成及思维方式、智力与语言的发展产生重要影响，如崇拜的同辈群体和人物、教师、父母等。吴康宁则将重要他人划分为互动型重要他人与偶像型重要他人两类，前者是指个体在日常生活中有交往并能对其产生重要影响的人；后者则是由于个体的崇拜心理所产生，一般与个体有一定距离甚至遥不可及。Chen 等则从关系自我方面定义了重要他人，其指的是某些实际存在的、对于个体的生活具有重要影响的他人，个体对其有情感投入，双方都能明确彼此的关系。

（一）学前儿童人际交往的意义

　　对儿童来讲，人际交往是一种最基本的需要。从幼年起，儿童就会有强烈的寻找伙伴、进行交往活动的倾向，这是合群性的一种反映。

　　只有在与环境的相互作用中，才能有效地促进儿童个性、情绪情感、智力等方面的发展。通过交往，儿童能将自己与同伴进行比较，发现自己的优点和不足，促进自我认识和自我评价。交往为儿童提供了与同伴协作、共同完成任务的条件与机会，帮助他们学会理解他人，学会辨别是非。在交往中，儿童之间的对话、游戏、竞争都是平等的，他们有充分表达情感的机会，能够获得愉快的情绪体验，同情心和责任感也能得到发展。交往还能帮助儿童逐步学习、掌握社会道德规范和人际交往规范，促进儿童语言能力的发展，从而极大地促进智力的发展。

（二）学前儿童人际交往的主要类型

对学前儿童来讲，他们交往的主体是家长、同伴、教师及其他社会成员，所以，学前儿童人际交往主要分为以下四种类型。

1. 亲子交往

父母是孩子的第一任老师。儿童出生后，最先接触到的社会环境就是家庭环境，最初的人际交往就是亲子交往。亲子交往在儿童身心健康发展中具有不可替代的作用，良好的亲子关系对儿童的健康成长具有良好的促进作用。婴幼儿时期的亲子关系对孩子性格的形成、品质的培养、意志的磨练、与人交往模式的建立，都起到了决定性的作用。

亲子交往是指儿童与其主要抚养者（主要是父母）之间的交往。它是儿童早期生活中最主要的社会关系。儿童从出生的那一刻起，就进入了一个复杂多变的社会网络中，开始与周围世界发生一定的关系和联系。亲子交往是帮助儿童从自然人走向社会人，完成其社会化进程的重要途径之一。

亲子交往对儿童的发展具有极其重要的作用。

首先，亲子交往为儿童提供了丰富的刺激，为儿童认识周围世界、发展认知能力创造了有利的条件。

婴幼儿因其整体发育、发展水平的局限，对成人表现出极大的依赖性，他们只有在父母的帮助下才能满足基本生理需要，同时实现与外界环境的相互作用。在与父母的接触中，婴儿学习日常生活知识，认识各种日常用品的名称、功能、使用方法；进行各种不同的活动、探索和操作，学会各种不同的操作方法和操作技能；在父母的引导和帮助下，注意、观察身边的人、事、物，使感知、记忆、思维、想象等各种认知能力得到锻炼。

良好的亲子关系有利于父母观察和了解子女在认知方面的特点，使他们有的放矢地去指导、开发儿童的潜能，特别是在孩子智力发展的关键期（婴幼儿阶段），这种恰当的教育与指导会取得事半功倍的效果。另外，受到父母热爱、鼓励和支持的孩子，也愿意接受父母的指导，学习父母良好的认知策略和技能，并在父母的支持下大胆地去探索和认识未知世界，发展自己的创造力。研究表明，父母对子女认知能力发展的积极态度和殷切期望，对儿童一生尤其是子女成就动机与需要、学习成绩等有较大的影响。

其次，亲子交往是孩子个性和社会性发展的基石。研究表明：母亲对婴幼儿的交往态度和丰富而又积极的情感交流，对子女未来一生形成良好的人际关系和健康的情感具有奠基性的影响。而父亲与子女的交往具有母亲不可代替的特殊作用。父子交往内容偏重于游戏、游玩和学习指导活动，方式上偏重于身体运动、户外活动和科技工艺性活动等。因此父亲在与子女交往中，常常成为子女游戏的伙伴、学习的指导者和品行的榜样。孩子在与父母的亲密交往中，获得安全感，学会独立和与人合作，并在未来的生活中为发展其完善的人格和建立和谐的人际关系奠定基础。

知识拓展

爸爸和幼儿的游戏

1. 袋鼠爸爸（适合年龄：0～6个月）

游戏目的：与幼儿分享快乐，建立良好的亲子关系。

游戏开始：爸爸用婴儿背带把幼儿绑在肚子上，幼儿背对爸爸。这样就可以和爸爸一起玩玩具、看图书。爸爸也要不时地向幼儿"汇报"自己的所见所闻。

2. 躲猫猫（适合年龄：0～6个月）

游戏目的：提高幼儿的探索力。

游戏开始：用一块手帕把一个玩具盖起来，问幼儿："宝宝，玩具不见了，玩具在哪里？"观察幼儿的反应。然后，把手帕挪开，用夸张的声音吸引幼儿："原来玩具在这里。"重复几次，引导幼儿自己掀开手帕寻找玩具。

3. 开小"车"（适合年龄：6～12个月）

游戏目的：让幼儿感受空间移动。

游戏开始：让幼儿坐在一条毛毯上，爸爸轻拉毛毯，幼儿也会随之移动。

4. 坐看天下（适合年龄：6～12个月）

游戏目的：训练幼儿的空间感。

游戏开始：幼儿跨坐在爸爸肩上，爸爸记得要用手扶住幼儿，然后缓缓地起身或蹲下，让幼儿体会升高和降落的感觉。爸爸可以慢慢地转身、绕圈，让幼儿看见不同的景象。

5. 三条腿（适合年龄：1～2岁）

游戏目的：培养孩子的平衡性。

游戏开始：用一根绳子把幼儿的一条腿和爸爸的一条腿绑起来，然后一起走或者一起跑。

6. 口袋足球（适合年龄：2～3岁）

游戏目的：长时间的蹦跳可以锻炼幼儿的毅力。

游戏开始：把一个塑料口袋吹鼓，用绳子扎紧袋口，让幼儿把它当做足球踢。如在室内，可把沙发或者房门当做球门，爸爸可以和幼儿进行一场小规模的足球比赛。

再次，亲子交往对儿童情绪情感的稳定和健康发展起着极为重要的作用。

关于依恋的许多研究都表明，当父母在场时，儿童往往更加安静、坦然、踏实，更具有坚持性地完成任务的特点，就连父母的声音或者录像，也对儿童具有"安慰剂"的功效，能使他们更加轻松地应对陌生环境，从紧张、焦虑或恐惧的状态中解脱出来，恢复平静。此外，父母平时对儿童表现出的关怀、温暖、支持和鼓励，非常有助于儿童积极、愉快情绪情感的获得和发展。并且有利于儿童形成对他人的关爱、善良、同情、体贴，并对儿童自信心和自尊感的形成具有积极的影响，甚至许多成人在追忆童年经历时都能深刻体会到这一点。

最后，亲子交往对儿童道德品质的形成和社会性行为的发展具有直接的影响。

交往中，父母代表一定的社会阶层或观念、文化，必然自觉不自觉地向儿童传授着多方面的社会性知识、道德准则、行为习惯和交往技能。同时，也为儿童提供了大量的练习有关社交行为和技能的最佳场所，并在其中给以大量的帮助、指导、纠正或强化。儿童的许多社会性行为，如分享、谦让、轮流、协商、帮助、友爱、尊敬长辈、关心他人等，就是在与父母的交往中，在父母的要求和指导下逐渐练习并发展的。早期亲子交往的经验对儿童与他人包括同伴的交往也有相当明显的影响，甚至会影响到儿童成年以后的人际交往态度、行为方式和关系状况。

知识拓展

美国合格父母 10 条标准

（1）孩子在场，父母不吵架。
（2）不拿自己的孩子和别人的孩子相比。
（3）父母之间互相谅解。
（4）任何时候不对孩子撒谎。
（5）与孩子之间保持亲密无间的关系。
（6）孩子的朋友来做客要表示欢迎。
（7）孩子提出的问题尽量答复。
（8）在外人面前不讲孩子的过错。
（9）观察和表扬孩子的优点，不过分强调孩子的缺点。
（10）对孩子的爱要稳定，不要动不动就发脾气。

《纲要》总则中提出："幼儿园应与家庭、社区密切合作，与小学衔接，综合利用各种教育资源，共同为幼儿的发展创造良好的条件。"在组织与实施中，《纲要》指出："家庭是幼儿园的重要合作伙伴。幼儿园应本着尊重、平等、合作的原则，争取家长的理解、支持和主动参与，并积极支持、帮助家长提高教育能力，充分利用自然环境和社区的教育资源，扩展幼儿生活和学习的空间。幼儿园同时应为社区的早期教育提供服务。"早在 1927 年，陈鹤琴先生就说过："幼儿教育是一件很复杂的事情，不是家庭一方面可以单独胜任的，也不是幼儿园一方面能单独胜任的，必定要两方共同合作方能起到较好的功效。"

　　所以，作为幼儿园，应重视开展亲子活动，把亲子活动作为辅助日常教育活动的一种有效形式，促进家长观念改变的有效途径。亲子活动既可以促进幼儿身体的成长，又可促进幼儿智力的发展，还可以激发幼儿的良好情绪，为幼儿和幼儿之间、幼儿和家长之间搭建了交往平台，有助于幼儿社会性关系的发展和个性的完善。

　　在亲子活动中，教师要引导家长做活动的支持者、参与者、合作者和协助者，通过开展亲子趣味运动会、亲子游戏、家长观摩教学、半日开放、亲子共同参与幼儿园环境创设、亲子分享等活动，让幼儿与父母产生积极互动，促进亲子交往，增进亲子间的了解，密切亲子关系。

知识拓展

哈洛的恒河猴实验

　　美国威斯康星大学心理学家哈洛和妻子设计了一个饲养程序，试图用不同的方法在实验室抚育猿猴。但是，他们不久发现，和母亲生活在一起的幼猴经常受到它们母亲患疾的感染，于是，哈洛就把刚出生的幼猴与其母亲分开。他们用粗制的毛巾作为毛毯盖在幼猴身上。之后，他们惊奇地发现，与母亲分离的幼猴对毛巾有着强烈的依恋；当哈洛想揭开毛巾时，幼猴便表现出明显的紊乱，就像它的母亲把它遗弃一样。

　　哈洛首先想到的问题是：幼猴需要不需要一个人造的模拟母亲？它们会不会紧紧地依偎在人造的母亲身上，正像它们依偎在自己的生母怀里一样？带着这样的想法，哈洛设计了两只代理母猴，一只是由铁丝缠绕而成，食物取之不尽；另一只布做的母猴，乳房吸不到奶，但笑容可掬（见图 5-1）。

图 5-1　接触安慰实验

　　实验发现，小猕猴们爬到布制母亲身上，趴在它胸前，用细瘦的手抚摸它的脸，轻咬它的身体，或在它腹部磨蹭好几个小时。不过布猴无法供应奶水，幼猴如果肚子饿，会跳下布猴，冲向铁丝缠成的哺乳机器，吸取源源不断的乳汁，吃饱了就回到布猴柔软的怀抱。

　　在个体生命的前两周，温暖也许是母亲必须提供给其子女的最重要的心理内容。幼猴实验证明了这一点：如果两个人造母亲具有一样的热度，则幼猴总是选择布制的母亲；如果金属网状圆柱筒发热，而布制母亲冰冷，则幼猴乐意选择金属母亲。

在热度一样的情况下，为什么幼猴选择布制母亲而非金属母亲呢？这是因为"接触安慰"。幼猴长时间依偎在布制母亲怀里，紧紧地抓住毛巾，尽可能使自己的身体与布制母亲接触。无论什么时候，只要当幼猴感到惊吓、烦恼和生气时，它就会紧紧拥抱布制母亲，将自己的身体与毛巾贴在一起。相反，赤裸的金属母亲却没有"皮毛"可抓。

一旦孩子产生"接触安慰"的需要，母亲就不能委屈孩子。你也许已经想到了一个问题：如果布制母亲的形象或行为十分可怕，幼猴也会依偎在这样的母亲怀里吗？或者，换一种问法，一个衣衫褴褛、面目狰狞的母亲，她的孩子会跃入其怀中吗？现在，设计4种模拟母亲：第一种母亲满身是气，幼猴一接触其身上，母亲就会从口中大量吐气，吹得幼猴极不舒服；第二种母亲猛烈地晃动，致使幼猴爬不上去；第三种母亲身上装有弹簧，幼猴爬上去就被抛下来；第四种母亲更为残忍，它周身置有尖针，幼猴是无论如何不能去抱它的。

结果会怎样呢？当幼猴面临这些可怕的母亲时，起先为之震慑，表现出暂时性的情绪紊乱，又叫又跳。但它终究抵抗不住"接触安慰"的需要，重新回到这些可怕的母亲身边，表现出极大的依恋，好像一切都是可以原谅似的。你不妨观察一下周围，躺在母亲怀里的人类婴儿，是不会理会母亲的长相、衣着和拒绝行为的。

然而，有一种母亲却能始终避开幼猴的接触，致使幼猴宁可放弃"接触安慰"，也不会趋近这样的母亲。如果在人造母亲身上灌满冰水，则幼猴在这冰冷的妈妈身上待得时间不长，随后便退回墙角，并永久拒绝它。

哈洛的猴子实验，堪称心理学依附理论最具代表性的实证。实验结果显示，失亲的幼猴宁可选择柔软的代理母猴，也不选择能够喂乳的金属代理母猴，肢体接触由此成为一门重要的学问。

哈洛统计幼猴花多少时间吸奶与拥抱，并将结果绘成图表。经过分析，他说："肢体接触"是影响感情或爱的重要因素。这项实验日后对心理学及幼儿教育学意义深远，因此项研究的巨大成果，哈洛于1958年获选为美国心理学会会长，获得至高荣誉。

2. 同伴交往

儿童的社会化过程基本上是沿着两条路线进行的：儿童最初几年主要是在家庭里面度过的，与其相互作用的主要对象是父母，家庭作为儿童社会化的最基本动因，对儿童早期的行为塑造发挥着关键的作用。对儿童来说，亲子交往和师生交往是一种不平等的交往，并且具有一种不可选择的强制性，而同伴交往是一种平等交往。随着儿童年龄的增长、认知能力的提高和活动范围的扩大，儿童逐渐从生理上的断乳期过渡到心理上的断乳期，逐渐地疏远了与父母的交往而更多地走到同龄伙伴中去，同伴交往逐渐成为儿童交往的主要方面。在与同伴的相互作用过程中，儿童发展着一种崭新的人际关系——同伴关系。同伴关系比亲子关系和师生关系更直接、更真实、更丰富、更平等也更复杂。

（1）同伴关系的发生与发展。

① 2 岁前同伴交往的发展阶段。同伴之间的交往，最早可以在 6 个月的儿童身上看到，这时的婴儿可以相互触摸和观望，甚至以哭泣来对其他婴儿的哭泣作出反应。6 个月以后，婴儿之间交往的社会性逐渐加强。有人对 2 岁以内儿童的同伴交往进行研究，并分成 3 个阶段。

第一阶段：物体中心阶段。这时儿童之间虽有相互作用，但他把大部分注意都指向玩具或物体，而不是指向其他儿童。

第二阶段：简单相互作用阶段。儿童对同伴的行为能作出反应，并常常试图支配其他儿童的行为。例如，一个孩子坐在地上，另一个孩子转过来看他，并挥挥手说声"哒"，并继续看那个孩子，这样重复了三次，直到那个孩子笑了。以后，每说一声"哒"，那个婴儿就笑一次，一直重复了 12 次。这个孩子的重复就是一种指向其他儿童的社会性交往行为。

第三阶段：互补的相互作用阶段。在此阶段幼儿会出现一些更复杂的社会性互动行为，对他人行为的模仿也更为常见，出现了互动的或互补的角色关系，如"追赶者"和"逃跑者"、"躲藏者"和"寻找者"、"给予者"和"接受者"。这一阶段，当积极性的社会交往发生时，常伴有微笑、出声或其他恰当的积极性表情。

婴儿早期的社会性交往通常是积极的，到 1 岁左右则有近半数的同伴交往是攻击性、冲突性行为，如打架、揪头发、推人等行为。

② 幼儿期同伴关系的发展。2～5 岁的儿童同伴间的交往在数量和质量上都发生了很大的变化。2～5 岁，同伴互动的频率增加，并越发复杂。帕滕提供了这段时间同伴互动变化的经典描述。她描述了 2～4 岁儿童的 6 种社会性参与：无所用心的行为、旁观者行为、单独的游戏、平行游戏、联合游戏和合作游戏。无所用心的行为是一种无目的的活动，如只是在房间里走动张望。旁观者行为指儿童只是在游戏圈外看别人活动，自己不参加进去，有时则发表一些口头意见。单独的游戏是不与他人发生直接关系的游戏。平行游戏表现为与其他儿童操作同样的玩具，但相互之间不直接交往。联合游戏是一种没有组织的共同游戏，有时相互之间互借玩具。合作游戏是有组织、有规则、有首领的共同活动。

从图 5-2 我们可以看出，2 岁儿童一般只从事单独的游戏或平行游戏，或站在一旁观看。4 岁儿童一直从事平行游戏，但与 2 岁儿童相比，在相互作用和从事合作游戏方面表现得更多一点。帕滕发现，随着年龄的增加，单独的游戏和平行游戏下降，而联合游戏和合作游戏变得更为平常。在所有年龄段的儿童中都能看到这 4 种游戏，甚至对于单独游戏这种非社会性活动，如果孩子所从事的是像画画或拼图这样的建构性活动，也不应该把它看成不成熟的行为。

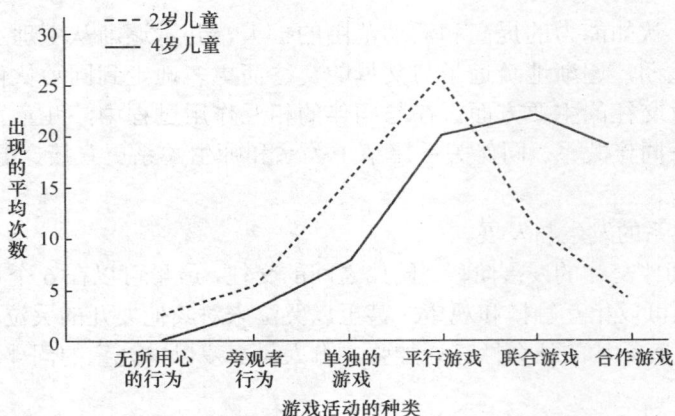

图 5-2　2～4 岁儿童游戏类型的差异

20 世纪 80 年代，豪斯对儿童的社会游戏进行了观察研究，将儿童的社会游戏划分为 5 个不同层次，成为继帕滕分类之后更能有效分辨游戏分类的观察系统。

层次一：平行游戏。两个儿童进行同样的活动，但彼此没有往来，如没有目光接触和其他社会行为，如两个儿童各自画自己的图画。

层次二：共同关系焦点的平行游戏。儿童在平行游戏中有目光接触并相互熟识。如两人各自画图，但有时彼此注视，或谈些什么。

层次三：简单的社会游戏。当儿童共同参与相同的或相似的活动时，每一个儿童会对其他儿童发出交往的信息，如微笑、交谈、摸触肢体、提供玩具等。当别人遭到挫折会去安慰他，有相互帮助的举动。如两个儿童在画图画，其中一个说"帮我拿一支绿笔"，另一个儿童就把绿笔递给他。也有互相提示的行为，如"你怎么可以这样画"？

层次四：共同意识的互补性和互惠的社会游戏。两个儿童共同参加与相互配合才能持续下去的游戏，如相互抛球、接球，两人的角色互补、互惠，共同注视着球和接抛动作。儿童在游戏中对自己的角色和行为是理解的、配合的。

层次五：互补和互惠的社会游戏。两个儿童在参与层次四的活动中，发生社会性的交往。如儿童甲和儿童乙在作画，甲对乙说："用蓝色水彩笔画大海。"乙采纳了甲的意见，拿起蓝笔作画。这一层次实际上是层次三和层次四的结合。

各层次儿童游戏中，角色扮演越来越活跃，它对儿童发展的作用也越来越明显。首先，角色扮演提供了发展交流能力的机会；其次，它使得儿童有了商量角色、规则和游戏主题以及在特定的游戏剧本中扮演各种各样角色的机会；最后，增加了儿童对扮演角色的理解，并能与他人分享这种理解，这在儿童的社会生活中是一个重要里程碑。

儿童在游戏中的交往不仅表现在协同行为上，也体现在协同困难发生争吵的时候。这种争吵一般说来没有敌意，只是由于动作不协调或争夺玩具而引起的，往往是好朋友容易争吵。这种争吵实际上是一种心理接触时撞击出来的火花，通过争吵，儿童可以学会如何坚持自己的意愿和如何接纳别人的意见，最终达到掌握协调的能力。

据报道，年长的学前儿童比年幼的学前儿童更多地用语言与他们的伙伴交流。因此，儿童交往中提倡混龄交往十分重要。不同年龄儿童之间的交往对发展来说也是一个重要的背景。尽管跨年龄的交往可能会有点不平衡，因为一个儿童（往往是年龄大的儿童）拥有更多的权利，但这些不均衡可能有助于儿童获得某种社会能力。一项跨文化的研究表明，年龄小的同伴的存在可以培养年龄大的儿童的同情心、关心、亲社会倾向、自信和领导技能。同时，年龄小的儿童也能从混龄交往中获益，他们能从年龄大的玩伴那里学到许多新的技能，并学会如何从更有权利的伙伴那里寻求帮助，如何温和地顺从他们。年龄大的儿童常常负责混龄交往，并常常调节自己的行为以适应年龄小的同伴的能力。即便是 2 岁的儿童也显示出这种领导的权利和适应性调节，因为他们与 18 个月的儿童玩时比与同龄儿童一起玩时，表现出更多的主动性，表现出更多更简单的和重复性的游戏程序。

（2）同伴交往的重要性。

同伴关系在儿童的发展中具有成人无法替代的独特作用，它对于幼儿社会价值的获得、社会能力的培养及认知和健康人格的发展都是绝对必需的。

① 同伴交往有助于儿童学习社交技能和社交策略，促进其社会性的发展。

学前儿童的两大人际关系分别是亲子关系和同伴关系。在这两种关系中，儿童所运用的社交技能和社交策略是有差异的。儿童在与同伴交往中不仅需要自己去引发和维持，而且他从同伴那里得到的反应远比从父母那得到的反应要模糊和缺乏指导性。因此，儿童必须提高自己的社交技能，使其信号和行为反应更富有表现性，以使交往活动得以顺利进行。与亲子交往相比较，同伴交往中同伴反馈更真实、自然和及时。儿童积极、友好的行为，如分享、微笑等，能马上引发另一儿童的积极反应，得到肯定性的反馈；而消极、不友好行为则正好相反，如抢夺、抓人等，会马上引发其他儿童的反感，或引起其他儿童相应性的行为。儿童在与同伴的交往中，通过不断地调整、修正自己的行为方式来掌握、巩固较为适宜的交往方式。皮亚杰特别强调了同伴间的讨论和争论是道德判断能力所必需的。沙利文在阐述友谊的功能时，也认为友谊促进了人际敏感性的发展并为以后恋爱、婚姻和亲子关系的建立提供了原型。没有与同伴交往的机会，儿童将不能学习有效的交往技能，不能获得控制攻击行为所需要的能力，也不利于性别社会化和道德价值的形成。

② 同伴交往有助于儿童积极情感的发展。儿童与儿童之间良好的交往关系，能和良好的亲子关系一样，使儿童产生安全感和归属感，满足其归属、爱、尊重的需要，从而使情绪经常处于愉悦、稳定的状态中。幼儿如果长时间独处，会产生莫名其妙的孤独感，渴望交流又得不到交流的状况可能导致孩子慢性情绪压抑，积极与同伴交往不仅可以愉悦孩子的身心，也为孩子提供了实践情绪调控的机会。同伴是孩子最有效的榜样，同伴的榜样对孩子有较强的吸引力和感染力，易于孩子接受和模仿。幼儿可以从同伴身上学习如何调控自己的情绪，尽管幼儿在同伴交往中不可避免地要与别人发生一些冲突，但正是这些"茶壶里的风波"使孩子学会如何与别人协调、如何抑制自己不合理的愿望、如何处理同伴关系等。孩子有喜爱游戏的天性，游戏的趣味性与吸引力促使孩子愉快、心甘情愿地接受角色分配，服从规则要求，让孩子知道要想参与就必须约束自己的行为，否则会遭到排斥，失去参与活动的机会，这有助于训练儿童的情绪调控机制。另

外，游戏本身就是幼儿松弛紧张情绪、宣泄消极情绪的有效方式，在游戏中幼儿借助于动作、语言、角色扮演来宣泄消极情绪，体验积极情绪，在内心产生满足和快乐的感受。

③ 同伴交往有助于儿童社会适应能力及心理健康的发展。早期同伴交往不良将导致儿童以后的社会适应困难。关于灵长类动物的实验研究和人类的相关研究支持了这一假设。如哈洛的恒河猴实验结果表明，完全隔离条件下长大的幼猴心理发展失常是最严重的，被剥夺了同伴只与母亲接触的幼猴，游戏行为和情感发展都受到影响，对同伴的警觉性和攻击性相当明显，而较长时间的同伴隔离（尤其是在生活早期），易产生较严重的社会适应不良。在第二次世界大战期间，6 个儿童的父母都被纳粹分子杀害，他们被关在集中营内长到 3 岁。这期间他们很少得到成人的照顾，他们几乎是彼此之间互相照顾着长大的。在重获自由前的两年左右时间里，这 6 个儿童紧密地团结在一起，相互之间形成了强烈的忠诚和依恋。正是这种依恋感情，才促使他们相互依赖、相互支持，最终都发展成为身心健康的人。

④ 同伴交往有助于儿童认知能力的发展。在同伴交往中，不同的孩子带着各自不同的生活经验和认知基础，他们在共同活动中也会作出各不相同的具体表现，即使面对同样的玩具，也可能玩出不一样的花样。同伴交往可为儿童提供分享知识经验、互相模仿、学习的重要机会。他们在活动中不断地重新操作、组合玩具，从不同角度去使用活动材料、建构物体。同时，同伴交往也为儿童提供了大量的同伴交流、直接教导、协商、讨论的机会，儿童常在一起探究物体的多种用途和问题的多种解决方式，这些都非常有利于儿童扩展知识、丰富认知，发展自己思考、操作，提高解决问题的能力。

⑤ 同伴交往有助于儿童自我意识的发展。首先，同伴交往为儿童进行自我评价提供了有效的对照标准。4 岁左右的幼儿已经能够将自己与同伴作简单的对比，他们常常会对另一个幼儿说"我比你快"、"你没有我乖"，或者"我做得比你好"等。同伴的行为和活动就像一面"镜子"，为儿童提供自我评价的参照，使儿童能够通过对照更好地认识自己。这是儿童最初的社会比较，它为儿童形成自我概念打下基础。

同时，与同伴的交往为儿童对行为的自我调控提供了丰富的信息和参照标准。儿童在交往中发出的不同行为，往往招致同伴的不同反应，如打人常招来同伴的拒绝或逃避，而微笑则换回的是友好和合作。从同伴的不同反应中，儿童既可以了解自己行为的结果与性质，又可了解是否为他人所接受，并认识到调整自己行为的必要性，并了解自身哪些行为必须调节、控制，从而进一步据此调控自己的有关行为。因此，同伴交往，特别是期间同伴的反馈，对儿童自我意识尤其是自我调控系统的发展具有非常积极的意义。

知识拓展

同伴交往类型的研究方法

同伴提名是一种社会测量法。由美国社会学家、心理学家莫雷诺首先提出，它有许多种方法，而同伴提名法则是其中最基本的一种。

同伴提名法的基本实施方法是：主试者（实验研究者）先提出某种心理品质或行为特征的描述，然后被试者（幼儿）根据这些特征描述从他（她）所在的同伴团体中找出符合这些描述特征的人来。比如，研究者以"喜欢"或"不喜欢"为标准，让幼儿说出班上他最喜欢或最不喜欢的 3 个小朋友，然后对研究结果进行一定的数理统计分析，并作出解释。具体实施步骤：在儿童集体活动的现场，挑选一处既能使幼儿看到班上其他所有同伴，又不至于使儿童为别人所干扰、分心的地方，逐个向每一幼儿提问：“你最喜欢班上哪 3 个小朋友？”（正提名）和"你最不喜欢班上哪 3 个小朋友？"（负提名）。详细记录幼儿的提名情况。如果某一幼儿被提名为 "最喜欢的小朋友"，他就被在正提名上记 1 分；相反，如果被提名为 "最不喜欢的小朋友"，则就在负提名上记 1 分。综合全班幼儿的回答，便可以得出每个幼儿的正、负提名总分。

同伴提名法在幼儿同伴交往研究中主要有三方面作用：能了解幼儿同伴群体这一整体人际关系的水平与结构；了解群体中每一幼儿的人际关系状况及在同伴群体中相应所处的地位；根据提名结果将幼儿划分为不同的社交类型（如受欢迎型、被拒绝型、被忽视型、一般型、矛盾型等），教师就能按照各个幼儿的特点给予不同的教育指导。

同伴提名法的优点是它具有较高的同时效度，正负提名分各自都与特定的效标（幼儿的积极或消极行为）有密切联系。研究表明，由它们确定的各类幼儿，在攻击性行为、友好行为、交往主动性和交往技能方面都存在明显差异。因而近些年来同伴提名法逐渐被运用于幼儿教育实验研究中，成为一种重要的科学测量方法。

对幼儿园来说，在同伴交往活动中，主要培养幼儿之间的人际交往能力，引导幼儿参与同伴间的合作、分享、协商、互助等活动，逐步学会移情体验、换位思考，了解与接纳他人的想法。如在"怎样当哥哥、姐姐"的活动中，大班儿童不仅要在生活上照顾好小班儿童，帮他们系鞋带、背背包，还要教弟弟、妹妹如何观察、感知周围世界，更要随时纠正他们不正确的社会行为，如乱扔垃圾等。

角色区活动的启示

案例　　　角色区"娃娃家"活动时，性格开朗的璇璇扮演女主人，趁着这个机会，我让性格内向的雨雨也加入游戏，并告诉璇璇，"你这么能干，再给你一个小弟弟吧！"于是，璇璇便带着雨雨弟弟去"时装店"，她对"服务员"说："请给我弟弟拿件衣服！""服务员"问弟弟："你需要什么衣服？"雨雨用手指指着说："那件。"璇璇就在旁边告诉他："你和人家说清楚是什么颜色的，什么样子的，这样人家才能帮你拿呀！"就这样，雨雨在璇璇帮助下，说了许多平时很少说清楚、说完整的话。

分 享 食 物

案例　　　让幼儿在"做"上学习与别人共享食物。蛋糕是幼儿爱吃的食物，我们给每组 3 个蛋糕，即 6 个人分吃 3 个蛋糕，我们只说一句话："请小朋友自己商量着吃"。开始教室里很热闹。幼儿叽叽喳喳地协商：谁和谁同吃一个蛋糕，谁来分蛋糕。约 5 分钟幼儿安静下来了，分得快的幼儿已经开始品尝蛋糕了。这时我们发现一个小朋友把蛋糕分成两份在左比划右比划，一了解原来一半大一半小，他为该给同伴哪一半感到为难。我们用一句话提示："你是想吃大的呢，还是想吃小的？"他想了想，把大的一半给了同伴，小的留给了自己。有了这次交往的经验，第二次再这样时，小朋友便会更好地解决"分享"食物中遇到的困难。

3. 师幼交往

师幼交往指教师与幼儿之间相互作用、相互影响的行为及其动态过程。它不是一种静止的师生关系，而是动态的、发展的，具体表现为师幼互动。

从教育过程来看，人类的教育活动起初表现为一种交往活动。在一定意义上，教育是人类一种特殊的交往活动。教育首先表现为一种交流，并且在相互交流中传递知识经验，相互领悟，分享意义，使受教育者在教育者的指导和潜移默化的影响下，经验、情感、技能、行为方面不断发生变化。

教师与幼儿之间的人际交往关系，是"我与你"的主体之间的关系，是一种平等的交往关系，在人格平等的基础上各自发挥自己的作用，而不是控制与被控制的关系。

教师与幼儿的关系是建立在共同生活的基础上的，是在共同的交往中形成的，是教育活动中的关系。

（1）师幼交往对幼儿发展的影响。

① 幼儿从与教师的交往中获得关爱。在师幼交往中，幼儿可以体验到来自教师的关爱。关爱幼儿是教师的责任，也是作为教师的基本要求。关爱儿童，就是要使儿童感受到来自教师的关注、关怀、呵护、爱护，使儿童从教师那里产生温暖、安全、可依赖的情感体验。

"关爱儿童是教师资格的基本要求"是指教师应该给孩子创造一个尊重和信任的环境，使儿童的精神生活丰富而健康。教师对儿童的关爱是在一定的师幼交往中实现的。

老师像妈妈一样喜欢你

案例　午睡时间到了，两位老师正挨个帮孩子们脱衣服、盖被子。突然，传来一阵哭声，原来是这学期新来的桐桐小朋友哭了起来。教师连忙走过去，一把抱起他，关切地问："怎么啦？哭什么呀？""我要妈妈。我要回家！"桐桐看到老师过来，哭得更响了，小肩膀不停地抖动着。教师一边帮桐桐擦眼泪，一边拍着摇晃着他："别哭，你现在睡在老师的臂弯里，多像睡在妈妈的身上，老师像妈妈一样喜欢你！好，别哭了！老师抱着你摇小船吧！"桐桐的哭声明显低了下来，眼睛巴巴地盯着老师。教师哼着："摇呀摇，摇呀摇，我的宝宝要睡觉……"哭声渐渐停止了。

② 幼儿获得来自教师的安全感。幼儿的安全感主要是指心理上的安全感，一般情况下，这种安全感来自于幼儿可信赖的成人。只有在幼儿与成人之间存在着相当亲密的关系时，才能使幼儿从成人那里获得一种安全感。教师与幼儿若没有建立良好的关系时，教师带给儿童的可能是不安全的因素。只有当教师与幼儿形成了一种良好的人际关系时，幼儿才能真正从教师那里获得安全感。

③ 教师的榜样作用来自于一定的师幼交往中。教师的榜样作用主要是指教师要通过明确表达自己对事物的看法、想法，来对幼儿产生预期的影响。教师希望通过自己的言行、态度、感受来影响幼儿，这是教育的一种方式，而且必须通过一定的师幼交往来实现。

④ 良好的师幼交往有助于教师对幼儿给予更多的理解与关注。幼儿的言行举止是否受到教师的关注完全取决于师幼关系的疏密程度。若教师与幼儿在交往过程中建立了一种良好的关系，教师自然会理解孩子们的所作所为，并会对孩子们的行为作出适当的反应。孩子获得教师的理解、关注，必然以良好的师幼关系为基础。

⑤ 良好的师幼交往有助于教师帮助幼儿建立幼儿之间良好的同伴关系。帮助幼儿建立起良好的伙伴关系是教师的重要职责。良好的师幼关系会有助于教师帮助幼儿建立良好的同伴关系，反之则会破坏幼儿之间的关系。

巨大的转变

案例

　　李子暄是个男孩，打人之前会弓肩。当子暄3岁时，教师发现了弓肩的信号。他不能忍受挫折，容易发怒，以攻击别人的方式表现出来。教师密切地注视他，了解什么情况下，他容易受到挫折。当他一旦处于其中一种情况时，教师赶紧走到他的旁边，当他的肩弓起来时，教师立即把手放在他的胸上。通常，教师不需要说一句话，他就能平静地继续他的活动。

　　有时候教师会小声对他说去做什么，或说什么。教师从来没有对他说过："喂，你的肩膀弓起来了。"然而，到了4岁，他能发现自己的某些信号，意识到需要帮助。他会四处找教师，教师走过来站在他的旁边，或向他微笑以示鼓励。5岁时，他做了一件令人惊讶的事情，他在教师不在时去安慰哭闹的马栋。

（2）良好师幼交往的特征。

① 平等性。师幼主体间的交往应是完整意义上的个体（真正意义上的"人"）之间彼此尊重、彼此倾听、彼此信任、相互理解、相互启迪、共同分享的平等交往。

孩子是一面镜子

　　孩子是老师和家长的一个缩影，孩子品德的好与坏、生活习惯的良与否，甚至穿戴得是否整洁、讲话时是否有礼貌，这些都与孩子身边的家长和老师有着直接联系。作为他们的第一任老师，教师看到了教育成果——孩子们懂得体贴别人了，知道谦让了，知道说"对不起"、"没关系"了……

同样也看到了自己的影子——"小班长"训斥没喝水的小朋友，那口气、神情、动作，简直是教师的翻版。看到这一幕教师的脸红了，仿佛看到一面镜子里照出的自己，教师意识到自己平时有些做法是不恰当的。

不再冷落男孩

案例

孩子们午休起床后，教师的首要工作就是给女孩梳理头发，同时，再给她们戴上漂亮的头花或发卡，说一声："真漂亮、真好看！"女孩们个个兴高采烈，而男孩却只有旁观的份。男孩爱看老师给女孩梳头，除了欣赏的表情外，有几个男孩还用自己的小手摸摸短短的头发，甚至是光光的脑袋。

一次偶然的机会，教师惊奇地发现，班上马源小朋友头发已经很长了。于是，就问他："为什么头发这么长，还不去剪？"他只说了一句："老师，我想把头发留长一点。"教师这才恍然大悟，原来男孩也需要关心和爱抚。他们觉得留了长长的头发，就有和老师近距离接触的机会。

于是，教师以后每次给女孩梳理头发时，也会给男孩梳理一下短短的头发，让他们也感受一下老师对他们的爱抚和关心。

② 发展性。师幼主体间的交往应不断形成新的"视界"，不断达到"视界融合"，促进师幼双方特别是幼儿的认知、社会性及个性各方面的发展。

哲学上的"视界"，是指一个人从立足点出发所能看到的一切。由于"视界"的不断运动，当"视界"与其他"视界"相遇、交融时，就形成新的理解，即"视界融合"。

花也会感冒

案例

与往日一样，她走进教室，习惯性地打开放包的柜门，却意外地发现柜子里有一盆"吊兰"，她十分纳闷，来不及细想，就随手端起"吊兰"，又意外地发现"吊兰"下面流着一滩脏水，把放在下面的一些资料弄得面目全非。

她问："为什么要把吊兰放在柜子里？"

李嘉文说："'吊兰'在外面也很冷，晚上把它藏在柜子里，就不会受冷感冒了。"

她问："为什么在盆内放了那么多水？"

李嘉文说："老师说花喜欢喝水，我怕它肚子饿，给它喝点水。"

原来这几天，天气骤然变冷，教师在班中经常提醒孩子，天冷饭菜易冷，要吃得快些；小便后赶紧系好裤子，以免着凉感冒，因此才出现了上面这样的情形。

肚子里的水开了

案例

天气真冷，冷得让人不想从屋里出来。早上，教师拿着球和孩子们一起到户外锻炼身体。

正给孩子们讲游戏规则，吴佳良小朋友打断了教师的话，他走到教师身边拉拉教师的衣服说："老师，你肚子里的水开了。"他的声音很响，其他小朋友也听见了，都过来看。教师被说愣了，便问他："什么肚子里的水开了？"佳良说："你看，你嘴巴都冒热气了。"教师听了恍然大悟，原来他把教师说话时嘴里冒出来的热气，当成了热水开的时候冒出来的水蒸气了，教师大笑起来，孩子真会想象！

接着，教师让小朋友每人说一句话，他们都从嘴里冒出了热气。这时，佳良有些急了，说："老师，我肚子里的水也开了。"看着他着急的样子，教师便把幼儿都叫过来给他们分析原因……

幼儿终于明白"肚子里的水开了"是因为周围气温太低而造成的。教师告诉孩子们不要迎风跑，不要大声讲话，因为这样在天气冷时容易引起咳嗽。

③ 交互性。在教育活动中师幼主体间的交往中，每一方都作为整体性的存在而离不开对方，双方在这种全方位的交往中相互作用、相互交流、相互理解，不断重构原有的知识结构和认知水平。

用爱感化孩子

案例

轩轩刚来园时，每天张老师都用很温柔的语气和她说话，跟她说"老师喂你吃啊"、"老师特别喜欢你"等。可她总是用很气愤、很僵硬的话语回应着，说："我不吃，我不喜欢你，我不和你好！"等。这对一名刚毕业半年的新教师来说是多么大的一个打击啊！张老师反思了好长时间，可还是没有什么好办法。于是，她决定用诚心来打动轩轩，要用自己的真爱来感化她，慢慢地轩轩看出了老师对她的特殊关心，看出了老师喜欢她、爱她。

有一天她说："找什么妈妈呀，老师像妈妈一样。"听到这样的话老师特别欣慰，以前轩轩的态度是那么差，现在竟然能亲口说出老师像妈妈一样，张老师感到很惊讶，听得眼圈泛红，为自己的努力而感到骄傲。

老师，还疼吗？

案例

有一次，上课的时候，老师组织孩子们在活动室里围成一个圆圈，先玩一个小游戏，再由游戏变成小律动。跳律动时，老师和孩子们跳得都很起劲，一不小心把脚给扭了，一下子坐在了地上，孩子们给吓坏了，活动室里立即一片安静。

优优跑了过来，抱起老师的脚就吹，吹了很长时间。当时，老师非常感动，眼睛里的眼泪几乎就要掉下来了。这时，其他的小朋友也围了过来，一边帮老师吹，一般他揉。过了一会儿，优优问："老师，你还疼吗？"看见优优这么懂事，这么乖巧，当然任何的疼痛都没有了，而且心里甜甜的。于是，老师把她抱过来，亲了亲她红扑扑的脸蛋说："好孩子，老师当然不疼了，谢谢你！""不用谢！"一句稚嫩的声音是那么的干脆，那么的利落。

与此同时，耳边也响起了从四面八方传来的问候语，老师心里美滋滋的、暖暖的，有一股像糖一样甜甜的味道。老师和孩子们心里都乐开了花，一个个笑得那么开心，那么灿烂！

④ 共享性。"共享"指师幼作为独立的主体相遇和理解，并且共同在教学中吸取双方创造的经验和智慧。

师幼主体间的交往应该与彼此的经验、知识、智慧、意义与价值等方面共同分享，共同享受人际交往所召唤来的一切精神性的东西。

案例

佩 服 孩 子

每天吃饭之前，老师都会给孩子讲九大行星的故事，当然是看着书给大家读。孩子们非常愿意听。

今天已经讲到了天王星，天王星特别大，它能赶得上 65 个地球大，它的体积是九大行星中的第三名。到现在为止，我们已经发现了天王星的 17 颗卫星。当讲到这里的时候，孩子们议论："别的星星有这么多卫星吗？"老师很奇怪，"你们知道哪个行星的卫星多吗？"小朋友纷纷举手："土星有 23 颗卫星"、"火星有 2 颗卫星"、"木星有 16 颗卫星"、"我们地球只有 1 颗卫星，是月球"……

没想到孩子能记住这么多，教师只读了一遍，连他自己都没有记住这么多数字，真的很佩服孩子们。

（3）良好师幼交往的策略。

要建立良好的师幼关系，教师必须树立正确的教育观念，并且从与幼儿的交往或互动的过程中采取相应的策略。

① 尊重幼儿作为一个"人"的完整人格和权利。幼儿是发展中的个体，教师要了解他们身心发展规律，尊重他们的能力和个性，尊重幼儿作为一个独立的社会成员的尊严和权利，创设一个平等、民主、宽松的教育环境。

案例

教育课的风波

今天上午第二节教育课时，老师和孩子们一起学习了 8 的加减法练习题，全班只有超超小朋友对其掌握不好。开始，老师耐心指导，孩子就是不开窍。一遍、两遍……老师开始变得不耐烦了，声调变高了："哎呀！你这孩子怎么这么笨呢！"老师用食指按了一下孩子的头，孩子随之抬起了头，他的那双大眼睛里含着泪花，用一种无助、无奈的眼神望着老师，可怜兮兮的。这时，下课时间到了，老师就把课本递给了孩子，板着面孔，说："好了，好了，等下午你不哭的时候，我再教你吧！你就知道哭！"孩子只好灰溜溜地回到了座位上。

老师，您倾听我的心声了吗？

　　这几天幼儿园里的老师特别忙，李老师今天提前半个小时来到园里打印文稿，不一会儿，班里的刘畅就来了。

　　他一下子冲了进来，活动室的门"嘭"的一声响，玻璃都差点打碎了。听到这样的响声李老师本来就有点生气，而且他还一下子扑到李老师的身旁来，伸手就把一幅图画放在了李老师的脸前，把键盘给挡住了，弄得老师无法打印文稿了。李老师生气地把图画往旁边一摆，继续打稿子。

　　这时，刘畅就说："老师，这是我给您画的图画，你看一下吧。"李老师不理他，继续打稿子，把他晾在一边。他就继续说："老师，这是我送给您的，你就看一眼嘛，行吗？好老师。"李老师还是当没听见一样，甚至有点烦了，这时，刘畅不出声了，眼睛里眼泪咕噜咕噜地转悠，撅着嘴，不再说话了。

　　② 关爱幼儿。关爱幼儿是对幼儿教师的基本要求，教师也只有在关爱幼儿的基础上才有可能与幼儿建立良好的关系。

　　关爱给幼儿带来自信、安全、信任感，同时也形成了幼儿对教师的信赖。因此，教师对幼儿的关爱是体现在教师与幼儿互动的整个过程之中的。

焦虑的坤坤

　　语言教学活动"会飞的云"。尹老师正在给全班幼儿讲解，坤坤总是不停地把头转向门口，不认真听故事，教师给予其暗示，坤坤仍然东张西望。

　　教师走到坤坤跟前，将他拉到自己身边，强迫坤坤听故事。并且说："你再不好好听，就让你站着。"

　　坤坤的忧虑：妈妈早上对坤坤说，今天要带他去动物园，下午会很早就来接她，可是到现在还没出现……

初入幼儿园

小班幼儿在刚入园时，哭闹是常见的事，彤彤就是其中一个，哭得特厉害，经常把小眼睛哭得又红又肿。一天早晨，彤彤在门口又哭又闹，而且抱着妈妈不肯下地。她妈妈着急地说："听话！你长大了，妈妈下班第一个来接你。"老师也帮忙哄她逗她……

她妈妈走后，彤彤一个劲地追问老师："老师，妈妈怎么还不来？什么时候来接我？"刚开始，老师耐心地告诉她说："彤彤，妈妈下了班就来接你。"后来，面对她一个劲地询问，老师有点耐不住性子了，便对她说："你如果再哭，妈妈就生你的气，不来接你了。"她听了，哭得更厉害了……

第二天，从她妈妈那里得知，她回家后就不停地问妈妈："妈妈，如果你真的不来接我该怎么办？"老师顿时感慨万千，没想到不经意地一句话，竟在彤彤的心里形成了一道阴影，伤害了她那幼小的心灵。

张一帆不吮手指了

老师常看见班上的张一帆吮手指津津有味的。天长日久，牙齿都变了形。开始，老师们用生硬的办法吓唬他："如果再吮手指，就让大夫打针，把手指抹上辣椒。"这时候，他总是带着哭腔说："不好，不要。"等过了一会儿，他又不由自主地把手指放入嘴里。

后来，丁老师给孩子们上了一节"给五官安纱窗"的认识活动，在活动中，老师和孩子们共同讨论如何爱护自己的五官等卫生常识。老师用眼睛悄悄地看着他，他听得很入神，慢慢地把手指从嘴里拿出。经过这次教育，一帆应该不会再吃手指了。谁知，事与愿违，等到休息时，又发现他把手指放在嘴里。

通过观察，发现孩子吮手指多是在不开心和午睡、休息时，这样他是否会觉得安全？了解这其中的原因，丁老师就和其他的教师相互配合，给孩子创造温馨、宽松的环境，经常拥抱他，尽量消除他的恐惧与不安，经过不断地提醒和教育，他也逐渐意识到吮手指的坏处，慢慢地自己也克服了这个坏毛病。每当这时，老师就让小朋友们拍手祝贺他，帮助他增加自信心，这时他总会送给大家一个会心的微笑。

③ 经常与幼儿交谈，建立平等的"对话"关系。教师应在日常生活中针对幼儿感兴趣的事物、话题，与幼儿一起平等、真诚地交谈，这种形式的互动有利于良好师幼关系的形成。日常生活中的交谈是形成良好师幼关系的重要时机。

随意、自由、平等的交谈，有利于师幼之间的良性互动，有利于师幼之间良好关系的形成。

给老师找错

周老师在班里开展了给老师找错的活动，她对小朋友说："老师也和小朋友一样，也有做错的时候，希望小朋友帮助老师，帮老师找出做错的地方，让老师改过，做一个大家都喜欢的老师。"

一开始，只有三四个小朋友发言。对于他们发言，周老师一直保持微笑，并且感谢他们的指正。渐渐地她发现许多小朋友的眼睛开始发亮，情绪也开始兴奋起来，举起的小手更多了。有的说："周老师，你看见小朋友摔倒了，你没去把他扶起来，你这样做是不对的。"有的说："周老师，小朋友要是做错了，你应该给一次机会让他改过。"有的说："周老师，有时候，小朋友没做错，你也批评他，这是你不对的地方。"还有的说："周老师，你要求小朋友要说普通话，但是，有时候我听到你和其他老师都说山东话。"……

经过了一次又一次这样的活动，周老师发现自己和小朋友的关系亲近了许多。小朋友有什么事都愿意和她说，喜欢和她讨论，喜欢征求她的意见，喜欢和她一起玩……老师和孩子在感情、兴趣、个性、思维、人格等多方面进行交流和互动，成了亲密的合作伙伴。

娃娃睡着了

区域活动中，菲菲把"娃娃家"的餐具搬到了活动室外的走廊上，吴老师非常生气，正要过去与她理论一番，却发现她与往日不同，玩得非常投入，于是压住火气，以探询的语气问道："菲菲，你怎么在走廊上炒菜呢？"菲菲抬起头，一副神秘的样子，轻轻地对吴老师说："老师，娃娃睡着了，炒菜会把她吵醒的。"

听了她的这番解释，吴老师马上轻声地对她说"你真细心，真能干，是个好孩子！"并把临近的几个幼儿叫过来，让菲菲再"解释"了一遍，再度表扬了她。

④ 适时参与幼儿的活动，营造民主气氛。师幼关系是以教师与幼儿之间一定的互动或交往活动为基础的。除了教学活动，教师应该积极参与到幼儿自主的活动中去。教师能够以普通的活动参与者的心态参与到幼儿自主的活动中去，有利于与幼儿建立平等的师幼关系。

铜壳郎的故事

"老师，丁磊抢了我的铜壳郎（学名金龟子）。"我过去一看，只见一群孩子把丁磊围在中间，他正用一根树枝戳着什么，见老师走来，丁磊说："老师，我没抢他的铜壳郎，这是屎壳郎。"

看到孩子们对屎壳郎如此喜欢，老师想，何不利用这次难得的机会让他们真正认识铜壳郎和屎壳郎呢？她带着孩子们在树上捉了几只铜壳郎，把铜壳郎和屎壳郎的幼虫分别装在玻璃瓶内，让孩子们观察，说出它们什么地方不一样，哪些地方相同。这个问题激发了孩子们的兴致："身体的颜色不一样，铜壳郎的身上有点点，屎壳郎身上没有。""铜壳郎会飞，屎壳郎不会飞。"……听了孩子们的回答，老师又及时进行分析和补充，让孩子们了解了铜壳郎和屎壳郎都属于昆虫类，铜壳郎是害虫，居住树上，它会飞，喝树汁、吃成熟的水果。屎壳郎虽然生活在人和动物的粪便里，但它能净化环境，是益虫，屎壳郎也会飞，同时，还给孩子们讲了澳大利亚从中国进口屎壳郎的故事。

孩子们意犹未尽，我教他们玩起了我童年时的游戏："铜壳郎拉磨"、"铜壳郎拉车"，孩子们不知有多开心。他们还学会了捉到"铜壳郎"拿来做标本，观察它是怎样做坏事的。

蜗　　牛

连续几天下雨，幼儿园的门厅里有些积水。王丽涵一大早就喊着跑过来告诉老师她发现了许多蜗牛。早来的孩子也跑出去看了，小小的蜗牛正在门厅的一角上爬着呢！真可爱！"老师，我们把蜗牛放在我们教室的盒子里吧！""对，老师，外面在下雨，这儿又有水，蜗牛要淋坏感冒的。"多么富有爱心的孩子呀！于是小朋友找来了盒子把它们带回了教室。"小蜗牛吃什么呀？喝什么呀？"孩子对蜗牛的食物担心起来，他们决定明天带些东西来喂养。第二天，孩子们有的带来了面包，有的带来了玉米，有的带来了香蕉……大家都要喂给蜗牛吃。看着孩子们带来的食物，老师没有直接告诉孩子带得是否对，而是让孩子去试一试。"老师，它们怎么不吃呀？是没牙齿吗？""肯定是它们不喜欢这些东西。"孩子们发起了议论。我趁热打铁说："那你们动脑想想，它爱吃些什么呢？""哦，可能是草吧，它们喜欢在草地上的。""我在菜叶上也看见过，它们肯定喜欢吃菜叶。"看着孩子们争论不休的样子，老师为孩子可贵的探究精神笑了！

幼儿对蜗牛的好奇心越来越大。午睡起床后，吴亦珂喊起来："老师，盒子里的蜗牛不见了。"这下幼儿们可急了。有的说："肯定是被人拿走了。""我知道是常悦拿的，他一直在教室里。""不是我，不是我，我没有！"常悦急得要哭了。老师先稳定小朋友的情绪，然后说："别急，可能是蜗牛贪玩出去了，我们去找找吧！"吴亦珂说："你们看，这儿有一条白线，这是蜗牛留下的足迹，我知道蜗牛会画画的。""好，那我们找找看。"老师在一旁补充说明一下，顺着白线果真在卫生间的角落里找到了蜗牛，小朋友很高兴，看着孩子成功后的喜悦，老师的心里比他们还要甜。

⑤ 与幼儿建立良好的个人关系。教师应该设法与个别幼儿建立良好的个人关系，并以个人关系影响与其他幼儿的关系。

教师要处理好自己与个别幼儿和其他大多数幼儿之间的关系，以个别关系带动与其他幼儿的普遍关系，而不能因与个别幼儿的关系去损害与其他大多数幼儿的关系。

案例

我是小天使

早上刚收拾完自己的物品，"张老师，天使真好看，太漂亮了！"班里的可爱男生李逸飞走到张老师跟前，盯着他的手机说。张老师不禁笑了，这孩子观察力真强，这个天使的手机贴可是老师昨晚刚换上的，老师摸了摸他的头，开心地说："漂亮吧？老师最喜欢天使了！"

午睡前，孩子们都脱衣服准备上床，只有李逸飞没有上床。张老师走到他跟前问他怎么了，李逸飞天真地说："张老师，不是的，我只是想学天使飞！所以……"

老师很好奇，于是问："为什么一定要现在学天使飞呢？"

"天使能飞的，我也想飞起来，这样我也可以是天使了！""张老师不是最喜欢天使吗？我想在睡觉前学会飞，这样不是可以在老师的梦中做天使了吗？我喜欢看老师笑！"

这一刻，老师感动得直点头，忙说："乖孩子，快睡吧！在老师心中，你们都是最漂亮的天使，哪怕你们不会飞！""老师，我真的是天使吗？""当然是啦，你是那个胖乎乎最可爱的天使！""我是小天使了！我是小天使了！"孩子美滋滋地进入了他的梦乡。

案例

幸福的等待

下午接孩子是一天中最紧张的事，无论是从时间还是心理上都感觉好忙，孩子被一个个陆续接走了，老师放下手里的活，终于可以轻松地坐下来了。

班里还有晨晨没有被接走，高老师把他揽在自己身边，问他："晨晨，今天谁来接你呀？"

晨晨说："本来是我姑姑要来，可我不让她来。"说完便用那种很鬼的眼光看着我。

"能告诉我为什么不让姑姑来接吗？"

晨晨往我耳边凑了凑，轻轻地说："姑姑来得太早了，我想让妈妈来接。"

这下可把老师说愣了，怎么和其他孩子恰恰相反？"你这小鬼，妈妈会很晚来的。"

他神秘地点点头说："我妈妈来晚了，我才能和你单独待在一块儿，你不知道吗？高老师。"

> 孩子的这番话把老师震住了，这个问题也把她问住了。高老师真的没有想到，在孩子的幼小心灵中会有这份隐隐的渴望。

⑥ 积极回应幼儿的社会性行为。教师应对幼儿的社会性行为作出反应，给予积极的关注和回应。对幼儿的行为作出积极的回应，不仅是对幼儿行为本身的一种评价，同时也可以加强师幼互动，强化师幼关系。

快向琦琦道歉

案例

午饭后，小朋友们正在玩折纸。子皓自己玩着没意思，于是跑过去抢琦琦已折成玩具型的纸，琦琦生气地推倒了子皓，子皓撕碎了琦琦折的纸，于是琦琦向老师告状。

老师找到子皓，对他说："子皓，你刚才为什么要要抢琦琦的纸，抢不过还把纸撕碎？"子皓低着头没有说话，老师接着说："老师有没有说过不能随便拿或者抢别人的东西？"子皓仍旧低着头不说话。这时老师愤怒地大吼："子皓，快向琦琦道歉！"子皓扭头踢了老师一脚，跑开了。

佳佳不打人了

案例

班里有个孩子叫佳佳，人长得特别漂亮，又很聪明，可就是爱打人，老师们非常头疼，郑老师训了他几次也没有起很大的作用，后来就想了个办法。

首先，郑老师去了佳佳的家里，了解造成佳佳攻击性强的原因。原来，佳佳的爸爸总怕孩子被人欺负，在家里常教他打人的方法。老师耐心地向他的父母说了他在幼儿园的表现，希望他们和幼儿园配合教育好孩子。

其次，孩子犯了错，应该承担责任，郑老师和佳佳的妈妈带着他一起去看望受伤的孩子，佳佳到了那里，觉得非常羞愧，都哭了。

再次，在日常生活中老师对佳佳进行了细心的观察，他一有进步就表扬他，建立他积极向上的信心。

最后，老师在班里进行了一次"我和小朋友发生矛盾了怎么办？"的谈话，让小朋友说说自己和别的小朋友会发生什么样的矛盾，什么方法可以最好地解决矛盾。在谈话的最后，孩子们统一意见都说说理的办法最好。

老师还告诉小朋友，在所有的解决问题的办法里面，打人是坏的方法，希望所有的小朋友都不要打人，同时要学会保护自己。从那以后，佳佳不再打人了。

4. 与其他社会成员的交往

幼儿生活在社会中，除了父母、同伴、老师之外，还需要与社会上其他的成人交往，如亲戚、营业员、售票员等各行各业的工作人员。幼儿在随同成人参加不同的活动时，就会接触到不同的人，从而增强其人际交往的能力。例如，到超市购物，可接触售货员、收银员等；到银行办理业务，可接触银行的工作人员；到邮局寄信，可接触邮局的工作人员……幼儿园和家长应为幼儿接触社会上各行各业的人员创造机会和条件。幼儿园可以通过各种参观活动，创造机会让幼儿与不同职业的人接触。如重阳节时组织幼儿去敬老院慰问爷爷、奶奶，学习如何与长辈交往；到超市购物，可以学习如何与超市的工作人员交往。另外，幼儿园也可以把从事各种职业的工作人员请到幼儿园中来，与幼儿互动，在此过程中指导幼儿用正确的方式与人交往，如请交通警察到幼儿园开展交通安全知识讲座，激发幼儿积极发问、有效思考，既掌握了交通规则和交通安全的相关知识，又参与了与人交往的实践活动。

二、学前儿童人际交往能力培养的途径与方法

任何一个人若要立足于这个社会，就必须与他人进行交往、建立起一定的人际关系。只有进行社会交往，彼此才能互相交流感情和信息，协调双方的社会关系，促进共同活动。幼儿时期是社会性交往意识开始形成的萌芽时期，是一个人社会性成长与发展的关键时期。对幼儿时期的社会性交往进行正确引导，引导幼儿建立良好、和谐的社会人际关系，培养其社会交往能力，为他们将来的事业发展和人生幸福打下坚实的基础。

（一）给幼儿创设交往的环境和机会，促进其交往能力的发展

幼儿的交往能力只有在良好的环境和更多的交往实践中才能得到锻炼。例如，刚入园的幼儿对陌生的环境和陌生的人往往会产生恐惧、不安、焦虑的心理，表现为孤僻、胆小、不合群。针对以上情况，教师应该为幼儿提供交往的环境和机会，以消除幼儿的不安心理，帮助他们尽快地适应幼儿园的生活。例如，教师可以请大年龄班的幼儿到班里为小朋友表演节目、讲故事、交朋友，跟他们做游戏。在和哥哥、姐姐交往的过程中，慢慢使幼儿解除孤独、害怕的情绪，使他们感受到友爱、欢乐，同时学会交往。这样，还促使大年龄班的幼儿懂得了交往中必须有责任心、互助心。丰富多彩的物质环境同样也可以促进幼儿间的交往，如在小小建筑区，大家一起商讨如何搭高楼、围墙；漂亮的墙饰引得幼儿驻足观看，相互交流；自然角中，大家你一言我一语地说着小蝌蚪的趣事……

丰富多彩的区角活动也可以促进幼儿的交往能力。例如，在班内设置许多活动区，并且把它们设置成半开放型，材料丰富，拿取方便。各种有趣的操作内容吸引着幼儿。像音乐角的打击乐器、手绢等各种表演用具，色彩角的色彩游戏，手工角的手工材料，新颖独特，操作自由，大大刺激了幼儿活动的积极性。教师在活动中鼓励幼儿把自己的内心想法和愿望与别人交流，使所有的孩子能在民主、宽松的环境中自由交往。

教师要为幼儿创设各种环境，利用各种机会培养幼儿的群体意识、合作精神，促进幼儿交往能力的发展。

> ## 合 作 建 造
>
> 　　在参观及画公园之后，建议幼儿用空心积木在地面上搭建公园。公园里有围墙、亭子、桥、花草树木等，旁边还有公路。我们就发动全班幼儿进行分工，有的组搭围墙，有的组做亭子、桥，有的组做花草等，并推选出 5 名"建筑师"造公园主体。游戏活动持续了好几天，开展得非常热烈。

（二）充分发挥游戏的教育功能

　　游戏是幼儿的基本活动，教师可以利用各种游戏培养幼儿的交往能力。让幼儿在游戏中学会交往，学会合作，探索出一些交往的技能。例如，在结构游戏中，应着重培养幼儿的合作意识，让幼儿在建构的同时，促进相互交往、共同合作的能力；在音乐游戏"找朋友"中，幼儿边找朋友边对朋友进行积极的评价，使双方相互了解，增进友谊；在角色游戏中，幼儿在交往中必须要敢讲话、爱讲话，消除羞涩、胆小、霸道的心理个性。例如，通过角色游戏可以使幼儿学会不同的交往方式："娃娃家"中长辈与娃娃、商店的营业员与顾客、医院的医生与病人……角色游戏形同一个小社会，为幼儿走向大社会打好基础。教师在幼儿游戏时应有意识加以引导，帮助他们处理好各种关系，培养幼儿群体意识与合作精神。

（三）教给幼儿人际交往的技能

　　幼儿在父母身边时，往往一切问题均由父母代为解决，不需要他们出面，所以他们也不知道如何去与人打交道。进入幼儿园过上集体生活后，他们成为群体中的一员，此时，幼儿会遇上各种各样的问题。因此，要教会幼儿在交往中如何友好协商，即掌握交往的技能。教师应引导幼儿学会日常交往的语言，例如，礼貌用语，见到同伴主动打招呼"你好！""我叫××。""有空来我家玩。"协商语言："给我看好吗？"抱歉语言："对不起。"除了教给幼儿交往的语言，还应教给幼儿交往时的态度、表情、动作。在游戏时，教师要根据游戏的特点教给幼儿交往的技能。例如，在建筑游戏中，要求幼儿合作搭建，借此练习幼儿互相团结、谦让的技能；在表演游戏中，要求幼儿自己制作，自己排练，借此练习幼儿的口语表达能力、自我分工的技能。在这些游戏中，幼儿往往是从别扭到顺手，从生疏到适应，他们充分感受到与同伴交往合作的乐趣和满足。此外，教师可用朋友的身份参加到活动当中去，积极引导和做好示范，帮助幼儿扫除活动中出现的障碍，使幼儿掌握活动的规范。

（四）注意交往中幼儿的个体差异

　　教育要坚持面向全体幼儿，注意个体差异。每个幼儿都有自己的个性，有些幼儿在交往中非常受欢迎，有些则被排斥，这都跟个性是否适合交往规范有很大关系。教师在引导孩子交往时应注意个体差异，孩子可塑性很强，只要抓住教育契机，孩子在游戏中出现的缺点是可以改正的。幼儿教师在工作过程中会遇到许许多多不同类型的孩子：有些娇气，动不动就哭；有些霸道，他要的玩具别人不能要；有些支配欲特别强，总喜欢别人听他的。这些孩子在和同伴交往中，都容易被群体排斥。针对这些孩子的个性，幼儿教师要对他们进行耐心的教育、细心的引导，慢慢使他们克服交往中出现的不良个性，这是培养幼儿良好交往能力中不可忽视的一个方面。

（五）重视发挥成人的榜样作用

教师在幼儿心目中居于重要的地位，他们的一言一行都成为幼儿的表率。因此，教师之间应建立真诚、友好、平等、互助等良好的人际关系，使幼儿在观看、模仿成人交往中受到潜移默化的好的影响。

家长的言传身教，对幼儿的成长也起很大的作用。作为家长，除了在单位认真工作、团结同事外，还应与邻里和睦相处。同时要调节好家庭的气氛，形成良好的家庭氛围，才会熏陶孩子形成与人为善的交往思想，从而指导他们的行为。

（六）家园配合，强化幼儿良好的交往技能和合作行为

苏霍姆林斯基说过："没有家庭教育的学校教育和没有学校教育的家庭教育，都不可能完成好培养人这一极其细致而复杂的任务。"社会行为的学习、交往合作技能的培养是一个长时间的连续过程，家长和教师只有一致要求、共同培养，才能取得较好的效果。

首先，幼儿园要与家长进行沟通，让家长了解交往合作技能在孩子成长过程中起着非常重要的作用，使家长自觉地参与到教育中。

其次，指导家长采取科学的教育方式，让家长在家庭中有意识地培养幼儿社会交往合作的技能。如邀请友伴来家里做客，注意观察孩子如何与别人交往，交往技能如何，继而采取相应的教育措施。由于现在的孩子多是独生子女，家长很少有机会看到、了解到自己的孩子在群体中交往与合作等方面的能力，幼儿园可以协助家长委员会组织家庭春游或秋游，一方面陶冶情操，感受大自然的美；另一方面让家长观察自己的孩子在群体中交往与合作的能力如何。

再次，指导家长适时对孩子进行肯定与表扬。当孩子表现出良好的交往技能和合作行为时，成人要用抚摸、拥抱、奖励等形式对孩子进行肯定，使孩子的交往与合作行为得到强化，既培养了幼儿的独立性，也增进了幼儿与人交往的信心。

第四，利用家长开放日、上门家访等契机，与家长交流。建议家长适当地让孩子"参政议政"，让孩子感受到自己是家庭的一员。特别是涉及孩子自身的问题，更应听听他们的想法和意见。另外，要给孩子提供更多的交往机会：如适当地带孩子进入自己的社交圈；外出做客时，尽可能带孩子参加；如家中有客来，要让孩子参与接待，让座、倒茶、谈话……不要一味地将孩子赶走，要创造平等和谐的交往氛围。

三、学前儿童人际交往教育活动的设计与实施

"人际交往"是教育部颁布的《3～6岁儿童学习与发展指南》社会领域内容部分的第一条要求。因为幼儿思维具有自我中心的特性，在人际交往中往往会发生退缩或争抢、打架等矛盾冲突。因此，人际交往能力的培养是幼儿社会领域重要的内容之一。

（一）创设人际交往情境

创设人际交往情境即导入，通过情境的创设，引导学前儿童参与的兴趣，让他们在轻松、友好、快乐的氛围中参与交往。如"喜欢和你在一起"活动中，播放音乐《和你在一起》，请全体幼儿做律动。

（二）学习人际交往技巧

主要使用两种方法：一是直接呈现法，就是直接学习人际交往的具体技巧，如面带微笑、使用礼貌用语，并让学前儿童感受到这种交往技巧能够给他人带来快乐，从而使他们愿意使用交往技巧；二是间接呈现法，就是教师通过呈现一些反面事例，让学前儿童进行讨论，逐步引出正确的人际交往技巧。例如，教师请学前儿童看一个短片：A 想参与其他几个幼儿的游戏，但他们不同意。于是，A 开始捣乱，结果不但没能跟大家一起玩，还引起了冲突。教师组织学前儿童讨论：片中哪些孩子做得好？哪些孩子做得不好？最后引出人际交往技巧——学会与人协商。

不管用什么方法，学习人际交往技巧时必须包含以下两块内容：具体的人际交往技巧，感受到人际交往技巧给他人带来的快乐并愿意使用该技巧。

（三）组织运用人际交往技巧

在学习之后，教师要让学前儿童将人际交往技巧运用到实践中，这是人际交往教育活动的核心环节。这一环节，主要是设计交往情境，运用交往技巧。教师可以采用角色扮演法，如设计一些需要运用技巧的交往情境，让幼儿分组或集体表演；还可以采用讨论法，例如学习交往技巧后，组织幼儿讨论怎么使用、在哪些场合使用等。

如在活动"喜欢和你在一起"中，教师教了幼儿如何交新朋友后，请幼儿到隔壁班结交新朋友。

（四）总结良好的人际交往技巧

对所学习的人际交往技巧的具体方法、使用场合、使用对象及这些技巧带来的益处等进行小结。例如，我们和朋友在一起玩的时候，要谦让、分享、合作，这样朋友就会喜欢自己，我们也会玩得很开心了。

活动设计 5.1　喜欢和你在一起（中班）

1．活动目标

（1）喜欢与同伴在一起，并乐意向同伴表达自己的想法。

（2）喜欢与同伴交往，探索与同伴交往的方法。

（3）有一定的集体意识。

2．活动准备

（1）从同年龄段班级中选取若干名幼儿，相互之间不是很熟悉。

（2）区别不同班级幼儿的贴纸小花，写有幼儿自己的名字，人手 5 朵。

（3）每人一块泡沫拼板。

（4）音乐《和你在一起》、《好朋友，行个礼》。

（5）幼儿行为问题录像两段。

（6）小河的场景布置。

3．活动过程

（1）放松活动。播放音乐《和你在一起》，请幼儿在地板上做韵律活动。

（2）认识朋友。

① 介绍老朋友，幼儿自由介绍。

② 认识新朋友，教师引导幼儿讨论怎样找朋友，并用自己的方法找朋友。

③ 在音乐游戏"好朋友，行个礼"中找朋友。

（3）解决困难。

录像一：小朋友争抢玩具。

引导幼儿联系生活实际讨论解决问题。

这样做对吗？应该怎样做？

应该谦让、分享，把玩具和小朋友一起玩，或者等别人先玩会，也可以选别的玩具玩。这样我和小朋友都能玩到玩具，我们都会很开心了。

录像二：小朋友推人。

引导幼儿联系生活实际，讨论解决问题。

这样做对吗？应该怎样做？

应该关心同伴，协商解决问题，不应该用不友好的行为，否则同伴会不开心，以后也不会和我玩、做我的朋友了。

（4）合作游戏。4 人一组，用拼板拼成小船，到河里划船。但随河水越流越急，拼板一块块被冲掉，引导幼儿想办法不掉进水里。

（5）小结。小朋友们玩得很开心，学会了向朋友介绍自己，学会主动和朋友交往，学会了对朋友谦让，跟朋友分享、协商、合作，让朋友喜欢自己，和同伴在一起非常愉快。

（6）结束活动。互相拥抱，互赠小红花。

4．活动延伸

回家跟父母讨论，还有什么交往行为能帮自己找到更多的朋友。

案 例 一

镜头一：玩积木的时候，班里最小的群群看中了邦邦手中的一块积木，两眼发亮，走过去二话不说伸手就抢，邦邦左躲右躲就是不给，群群伸手就扭了邦邦一把，邦邦反手抓了群群的脸一把，两人都大哭起来。

镜头二：小朋友搭起小火车在园里做游戏，玩得可高兴了，平时不爱说话的明明有点兴奋，大概是想跟排他前面的彤彤说点好玩的事，于是使劲扳彤彤的脖子，想让她回头。彤彤却以为受欺负了，生气地回头猛喝一声，吓了明明一跳，也让他很扫兴，但他不再解释，而是气呼呼地下了火车自己到一边坐着去了，集体活动的兴致一下子消失了。

镜头三：朋朋活泼聪明、反应灵敏，可有些时候控制不住自己的行为：喝水的时候推别人一下，排队的时候挤别人一下，别人做游戏时他有时就横冲直撞去捣乱，经常有小朋友来告他的状。有一次进行语言活动"说说我的好朋友"，他站起来很得意地说："浩伟是我的好朋友，凡凡是我的好朋友，骏骏是我的好朋友……都是我的好朋友！"没想到骏骏立即站起来反对："不是，我不做他的好朋友。"理由是朋朋经常在喝水的时候朝骏骏和其他小朋友身上吐水。接着又有几个孩子也声明自己不做朋朋的好朋友，让他很尴尬。

通过以上镜头可以看出，首先，当前在幼儿同伴交往中存在的一个突出问题是以自我为中心。现在的幼儿多数是在家中享有特殊地位的独生子女，在与同伴交往中更加以自我为中心。为人处事总以自己的兴趣和需要为出发点，很少关心他人。在自己的兴趣和需要受到影响时，他们往往情绪变化过快或过激，出现一些不友好的甚至有攻击性的行为。

其次，有的幼儿在同伴交往中不能正确地运用交往的手段。比如明明，他在和同伴交往时经常出现一些带有粗鲁、冲撞行为的动作，容易引起误会，表现得较独断、任性，不愿意和同伴一起游戏，久而久之，他们就更不会主动与同伴游戏，这些不合群的心理特征严重影响着幼儿身心的健康发展。

再次，有些幼儿在同伴交往中有明显的攻击性行为，如骂人、踢人、推人、对别人吐口水、争抢玩具等。如果不及时矫正这些行为，幼儿会逐渐形成无礼暴躁、冷酷无情等不良情绪。

那么，家长和教师应该如何指导幼儿正确进行交往，在同伴交往中获得积极的经验来促进自身社会性的发展呢？

首先，教师要为幼儿创造良好的交往环境，指导幼儿学习正确的交往方法，为幼儿创设与他人合作、分享的机会。把交往能力的五个方面——合作、谦让、帮助、遵守规则、分享等渗透到课堂教学、游戏活动及日常生活的各环节，促进幼儿积极与同伴合作，与同伴交往。

（1）通过系列教育活动，帮助幼儿学习掌握与同伴交往的基本技能。

这是幼儿获得交往技能的最直接、最主要的途径。教师针对幼儿的发展情况，通过课堂教学活动的开展，帮助其掌握一些基本的交往技能，从而指导他们与同伴进行正常的基本交往。例如，语言活动中用故事《萝卜回来了》教育幼儿与同伴交往时，要互相关心帮助、心中有他人，并帮助幼儿从中总结出正确的交往方法。"小老虎布布"活动让孩子认识到蛮横无理是错误的交往方式，是不会找到好朋友的，继而学会正确的交往方法。为培养幼儿的谦让行为，我们设计了"开汽车"、情景表演"怎么办"，我们用童话《牵牛花》培养幼儿学会简单的交往语言和可行的交往办法。我们还设计了"送笑笑脸给小班弟弟、妹妹"、"元旦祝贺会"、"送好朋友甜甜话"等活动，鼓励幼儿以良好的情绪与同伴交往，让幼儿体会到了在活动中与同伴进行交往、共同分享的乐趣。

（2）组织各种形式的游戏，促进幼儿同伴之间的合作和交往。

游戏是幼儿园的基本活动，游戏活动也是幼儿获得交往技能技巧的重要途径，能在很大程度上满足幼儿的需要。在游戏中练习交往，用游戏的手段对幼儿进行教育既是最自然的，也是最受幼儿欢迎的教育形式。

歌舞表演"我们都是好朋友"中，幼儿边唱边与同伴拉拉手，笑一笑，抱一抱，在这个过程中感受彼此的友爱，促进幼儿与同伴之间产生愉快的情感体验；音乐游戏"找朋友"中，幼儿边找朋友，边对朋友进行积极评价，使双方相互了解，增进友谊；体育游戏"刮大风"中，我们改进了游戏的玩法，让幼儿自由结伴拉起小手对付袭来的大风（每一遍游戏寻找不同的伙伴），刚开始的时候幼儿只是寻找一两个同伴拉起小手，几遍游戏下来，孩子们逐渐变成了四五个同伴一起拉手，到最后全班的小朋友和老师自发围成了一个大大的圆圈对付风爷爷，大家兴奋得不得了，情绪高涨，充分体会到了合作的快乐。在角色游戏和结构游戏中，让能力强的幼儿多带动能力弱的幼儿，让性格开朗的孩子多和内向的孩子接触，让他们在交往中取长补短，互相影响，共同商定、友好合作，从而感受到交往的乐趣。

（3）重视日常环节，日常生活环节中蕴藏了大量的同伴交往机会。

日常生活中发生的同伴交往是大量的、真实的、自然的，如晨间谈话、洗手、喝水、就餐、散步、自由活动等。其间及时运用随机教育和个别教育，对幼儿进行正面的鼓励和引导也会收到较好的效果。有一天晨间活动时，华夏带来一张和弟弟吹泡泡的照片，教师马上拿给大家看。小朋友争相观看，向华夏问这问那，华夏也滔滔不绝地向小朋友介绍起照片上的人和那天发生的有趣的事……中午班里的孩子起床后穿衣、系鞋带、叠被子的时候，有的幼儿需要帮助，教师就请他去找能力强的幼儿帮忙，并提示他运用适当的礼貌用语；穿衣服的时候鼓励幼儿互相帮助，并对别人的帮助表示感谢；散步或自由活动的时间提出一个幼儿比较喜欢的话题，或者鼓励小朋友之间谈谈来自幼儿园之外的消息。请大家和自己的好朋友说一说、聊一聊，这些都增加了幼儿之间的了解和交往。

只有在实际情境中，幼儿通过交往技能的训练，才能真正积累交往的经验。为此，教师要善于在日常生活中强化幼儿的交往技能。

另外，家庭教育也是培养幼儿交往能力的重要手段，孩子的第一任老师是家长，家长要改变错误的教养态度与方法，为幼儿创设良好的家庭交往环境。

（1）家长应该创设宽松和谐亲密的家庭关系。如果孩子处在一个没有爱心的家庭，他们体验不到被爱的感觉，又怎么能去爱别人呢？父母粗暴、冷漠的态度会使孩子产生许多心理问题及行为障碍，这样的孩子在交往中就很可能会产生障碍而导致失败。可见，拥有爱心才是交往的第一步。

（2）家长应改变对孩子过分保护、溺爱的态度，给孩子提供与同龄人交往的机会，让孩子在与他人的交往中体会到快乐，学会分享与合作，并及时对孩子在交往中出现的问题给予指导和帮助。家长切不可把孩子间的一些争执等同于成人之间的矛盾，不要大惊小怪，要让孩子在争论中慢慢体会与人交往、和谐相处的一些基本道理。

（3）家长还应给孩子做示范、做榜样。孩子最初通过与家长交往，学习初步的人际交往原则和方法。因此家庭成员之间要和睦相处，体贴关爱，待人接物大方得体，与周围同事朋友交往乐观积极……这些积极的交往态度必定会对幼儿产生积极的影响，促进其正确地与同伴交往。

家园携起手，让我们的孩子在同伴交往中多一分勇敢，少一分怯懦；多一分合作，少一分霸道；多一分豁达，少一分孤独，在交往中展示自己的魅力，感受分享的快乐，从而健康、幸福地成长！

案 例 二

李俊，5岁男孩，交往能力和生活自理能力发展较差，尤其不善表达，不敢说话，说明一件事情时往往语句模糊不清，紧张口吃，像要哭的样子，表现得非常焦虑无助。不爱与别人交流，不主动参与集体活动，在活动中表现极不自信。

通过与李俊妈妈交谈教师了解到，李俊出生时体质较差，因此妈妈以一种补偿的心理对他加倍照顾，每到一个新班，妈妈都会特别叮嘱老师，李俊自理能力差，需老师特别照顾，每天早上入园她都要交代好多李俊需要照顾的事情，中午还要来园看孩子吃饭，对穿衣服、扣扣子、系鞋带这些事情更是不让孩子自己动手，任何事情都由她代劳，有话她替李俊说，还经常笑着嗔怪李俊："你真笨，什么也不会做。"在日常活动中教师观察到，李俊有时也会和小朋友玩得较融洽，也有参与集体活动的欲望，但胆怯不自信。

正确的儿童观是指视儿童为独立的不断发展变化的个体，尊重儿童的人格、尊重儿童的发展规律和年龄特点。我们分析认为，李俊的问题主要是妈妈缺乏正确的儿童观造成的。在妈妈眼里，孩子是大人的附属品，而没有意识到他是独立的主动发展的个体，缺乏对孩子人格和发展的尊重和信任，不相信孩子的能力，溺爱过度，事事包办，使孩子形成强烈的依赖心理，自信心严重不足。改变这种状况必须先改变妈妈的教养观念。

家园配合策略：

（1）积极主动赢得家长的信任，帮助家长树立正确的育儿观。

（2）耐心细致地观察孩子的需要，帮助孩子树立自信心。

案 例 三

安妮是个安静瘦弱的5岁女孩，早上由爷爷送来后就坐到老师的大椅子上哭，任凭我们怎么哄劝都纹丝不动，这样一直坚持到十点半再由爷爷接回家吃饭、午睡。连续一个星期都是这样，我们既焦急又心疼孩子，费尽口舌却不见效。

来班近两周了，安妮都是由爷爷接送，从没见过她的爸爸、妈妈。爷爷近70岁了，而且耳朵也不太好用，我们沟通有一些困难。我初步分析安妮可能从小由爷爷、奶奶带大，才出现这种情况。根据了解，安妮出生后基本由爷爷、奶奶带大，安妮爸妈也乐得清闲。老人年纪大，又不太爱交往，把安妮从小圈在家里不出门。虽然注意不纵容、溺爱孩子，但却是不科学的严格管教，不懂得尊重孩子的特点和需要，结果导致孩子非常胆小、不自信，害怕参与社会活动，甚至出现语言表达、交往困难。

父母观是指对父母在儿童发展过程中的作用问题的看法。由于工作繁忙或图清闲，好多父母把孩子交给老人，这些孩子往往会表现出社会交往能力差的现象。这些家长缺乏正确的父母观，忽视了自己在儿童发展过程中的重要作用，影响了孩子社会性的发展。

家园共育策略：

（1）帮助家长分析问题，树立正确的父母观。

（2）寻找切入点，走入孩子的内心世界。

案 例 四

煦煦17个月了，是个文静的女孩子，圆圆的小脸上有着两个黑溜溜的眼睛，像樱桃小丸子一般的短发，让人第一眼就有一种亲近感。煦煦是由妈妈抱着进教室的，一双乌溜溜的眼睛好奇地看着周围的一切，妈妈刚要把她放下来，煦煦就急着用小手紧紧搂着妈妈不肯放手，继而又哭了起来。老师和妈妈一起转移煦煦的注意力，指着在教室玩的小伙伴们："看看，大家玩游戏了！"可是，煦煦就是不愿意，偏是搂着妈妈不肯松手。无奈，妈妈只得抱着煦煦看大家玩。在老师的建议下，妈妈蹲下搂着煦煦，让煦煦自己站在地上看大家玩。这时煦煦也平静下来，不再哭闹了，眼睛一眨不眨地盯着小朋友，看大家玩用小勺舀木珠的游戏，看着小朋友用勺子、手把木珠从一个盆子搬到另一个盆子里。老师走上前，引导煦煦也去试着用勺子舀起木珠。可是煦煦的小手往里缩了一下，不愿意，这时妈妈的手也伸出来拿着勺子舀起了一颗木珠，然后说："煦煦，我们也来试试吧，用小勺舀起来，吃饭饭了。"煦煦看看，小手动了一下，在老师和妈妈的鼓励下，煦煦终于伸出小手尝试着一把抓起小勺，用小勺去舀木珠，但是都没舀起来，后来干脆就放下勺子，直接用小手去抓木珠。妈妈看到了，就让煦煦重新握好小勺，再用手握住煦煦的小手，尝试着手把手地教孩子舀起木珠放进另一个盆子，大家为煦煦拍手喝彩。

由这个案例可以看出煦煦是个比较内向、胆小的孩子，依赖心比较强。由于来到一个新的环境，见到陌生人，看到周围什么都是新鲜的，心中的怯意就油然而生。拉着身边唯一一个亲近熟悉的人——妈妈，自始至终小手都没放开妈妈，即使是玩游戏时也是如此。在与妈妈交流时老师也了解到：煦煦的父母由于平时工作比较忙，孩子都交由外婆看管，而外婆对于这个外孙女宠爱有加，但又因为要忙家务活，没有太多时间陪孩子，所以常常让孩子一个人待在家里看看电视、玩玩具，这也是造成孩子胆小、敏感性格的很重要的原因。今天来到幼儿园参加早教活动也是第一次，一下子看到那么多的小伙伴，还有陌生人，就有点不适应，哭闹着不愿意下来和大家一起玩。

然而孩子的天性就是好玩的，等到情绪逐渐平复下来后，孩子作为旁观者一直在静静地看着大家玩游戏，直到在妈妈和老师的带动下，终于伸出自己的小手，开始尝试自己玩游戏。而这时成人对于孩子的鼓励是非常重要的，当煦煦愿意自己动手玩游戏的时候，妈妈给予了及时的鼓励，煦煦一把抓住勺子试图模仿成人舀起木珠，但是没有获得成功，后来干脆就放下勺子，直接用手去拿木珠，煦煦小手的灵活性还有待于提高，最后还是在妈妈的帮助下才得以把木珠舀到另一个盆子中。

由此，老师与妈妈交流，希望妈妈以后要多带煦煦外出活动，接触外界的人与物，成人要多陪伴孩子游戏。当煦煦表现好时要多鼓励孩子，增强孩子的信心。

活动设计 5.2　我是怎样长大的（小班）

1．活动来源

小班的幼儿渐渐地长大、懂事，对自己长大了的感觉也十分强烈。为此，我设计了"我是怎样长大的"这一活动，旨在让幼儿在看看、说说、试试的过程中，既感受到自己身体方面的成长，又能进一步了解自己的妈妈，体验自己和妈妈之间的亲情，从而激发幼儿对妈妈的爱。

2．活动目标

（1）初步了解自己成长的过程。

（2）通过回忆和体验自己长大的过程，懂得关心妈妈。

3．活动准备

（1）幻灯片"我是怎样长大的"。

（2）妈妈的图片。

（3）红色嘴唇贴片。

4．活动过程

（1）与幼儿谈话。

① 你知道自己是怎样长大的吗？还记得自己小时候的事情吗？

② 我们从什么时候就会笑了。

（2）看幻灯片，初步了解长大的过程。

① 妈妈怀孕了，有一个可爱的小宝宝在妈妈的肚子里，一天一天慢慢长大。妈妈

看到蓝蓝的天、白白的云、红红的花，想到肚子里的小宝宝，开心地笑了。

问：你知道你在妈妈的肚子里都做过什么事情吗？（踢妈妈的肚子、在妈妈的肚子里玩，会吃手指头，也会开心地笑）慢慢地，慢慢地……10个月过去了，妈妈的肚子越来越大，行动越来越不方便。

② 宝宝出生了，他睁开眼睛，看到美丽的世界，看看这，看看那，咦，好奇怪呀！他对什么都很好奇。这时候的宝宝，好小好小，不会说话，只会哇哇地哭，所以，妈妈就要很细心地观察宝宝，喂宝宝吃奶，给宝宝换尿布，妈妈好辛苦呀。

③ 3个月过去了，宝宝学会了什么本领？（看图片）宝宝会翻身了，你是怎么翻身的？小朋友们来学一学？

④ 6个月过去了，这时候的宝宝，不想总是躺在床上，他想干什么呢？让幼儿想想，——坐起来，这样好舒服呀！

⑤ 又过了一段时间，7个月过去了，宝宝又学会了新的本领，想想看，是什么呢？——宝宝会爬了，摸摸这，摸摸那，真有意思。你们还记得自己是怎样爬的吗？我们一起来试试吧。

⑥ 后来，宝宝在大人的帮助下，迈出了自己的第一步、第二步、第三步。孩子们可以模仿妈妈和幼儿一起学走路的样子，体验妈妈的辛苦。

（3）懂得关心妈妈。

现在，你们知道自己是怎样长大的吧！在我们成长的这段时间里，妈妈辛苦吗？现在我们长大了，懂事了，不能再让妈妈这么辛苦了，想一想，我们能帮妈妈做些什么呢？（擦桌子、扫地、收拾玩具、端水、捶背，不淘气）

（4）亲亲妈妈。

你们看，这是谁（妈妈），我们来亲亲妈妈吧，老师这有好多的红嘴唇，你想亲妈妈哪里，就把红嘴唇贴到妈妈哪里，让幼儿表达自己对妈妈的爱。

（5）教师像妈妈一样拥抱幼儿，活动结束。

5．活动反思

通过这次活动，一方面满足了幼儿的心理需要，促进自我意识的发展；另一方面让幼儿了解长辈对自己的关怀、爱护，改善幼儿只会享受长辈对自己的爱，而不懂得回报的心理状态。这次活动也存在一些不足之处，如教师与个别幼儿的交流做得不够，教师在关注能力强的幼儿的同时，也应多照顾不爱说话的幼儿。真正做到因人施教，努力使每一个幼儿都能获得满足和成功。

6．专家点评

本次活动通过观看成长录像，引导幼儿在看、听、说、想等活动中，让他们将主观感受和愿望表达出来，培养了幼儿的动口、动脑的能力，强调了重点，理解了难点。活动过程中，教师注意尊重幼儿的特点、需要，充分考虑个体差异，最大限度地发挥全体幼儿的主动性，增强他们的自信心，力求让幼儿在探索中学习，在教师的指导下提高。

本次活动，教师从幼儿的兴趣出发，抓住幼儿的需要，结合素质教育的基本要求，做了充分准备，使教学任务顺利完成，达到了预期的目标。

（活动设计者：石家庄市第一幼儿园 李姿君）

活动设计 5.3 一起玩更快乐（小班）

1．活动目标

（1）引导幼儿萌生与同伴分享玩具的意识，并能乐意分享。

（2）学习各种与同伴合作分享的方法，在尝试中体验一起玩的快乐。

2．活动准备

（1）幼儿围坐成半圆形。

（2）各种各样幼儿自带的玩具。

（3）人数安排：没带玩具的幼儿占总人数的三分之一。

（4）合作分享方法图例：A．一起玩；B．交换玩；C．等待着玩。

3．活动过程

（1）在自由玩耍中重温玩具带来的快乐。

互动问题：

① 小朋友，今天你们带玩具来了吗？是什么玩具？怎么玩？能告诉大家吗？（引导幼儿介绍玩具的名称和玩法）

② 你们的玩具都很好玩，现在我们都来玩玩吧。（幼儿自主玩耍自带的玩具）

教学反思：在这个环节，玩玩具的幼儿特别高兴，都兴致勃勃地玩自己的玩具，充分体验玩具带来的快乐。

（2）在同伴的不悦中萌生一起玩的意识。

互动问题：

①（提问玩玩具的幼儿）小朋友，你玩得开心吗？（引导幼儿表达自己的快乐心情）

②（提问没有玩具的幼儿）小朋友，你们开心吗？为什么呢？（引导幼儿表达因为没有玩具玩而产生的不悦心情）

③ 原来是没有玩具玩，怪不得不开心呢。小朋友，有什么办法让他们也高兴起来？（通过提问及同伴不开心的表情，引发幼儿萌生与同伴一起玩玩具的意识，并表达出自己的分享愿望）

（3）在与同伴的玩乐中探究一起玩的方法。

互动问题：

① 小朋友，现在你玩得快乐吗？你愿意和他一起玩吗？

② 呀，现在有那么多的小朋友愿意和大家一起玩，老师真开心，现在快去找个朋友一起玩吧！

③ 真奇怪，一个玩具两个人玩，能告诉我你们是怎么一起玩的吗？（引导幼儿用简单的语句讲述自己和同伴玩的过程）

④ 原来你们是这么玩的，那怎样一起玩更快乐呢？让我们来看看小动物们是怎么

做的吧。（出示一起玩的图例，让幼儿在看看说说中了解一起玩的各种方法）

（4）在再次尝试中体验一起玩的快乐。

互动问题：原来一起玩有这么多好方法，那就请小朋友再来试一试，和你的好朋友玩得更快乐些，好吗？

指导幼儿再次合作玩耍，在尝试中体验一起玩的快乐。

（5）在总结中让快乐延伸。

教师：小朋友，一个人玩很开心，大家一起玩会更快乐，现在，让我们找更多的朋友一起玩，好吗？（带领幼儿继续到户外进行分享合作玩耍，让快乐延续）

4．活动评析

这次活动主要是针对班上孩子经常出现的纠纷而设计的，拒绝分享和合作的行为，在小班孩子身上非常典型。有时，即使出现了分享和合作的积极行为，但技能上也是缺失的。为此，教师就以孩子们这种常见的纠纷为内容，采用巧妙的活动形式，让他们在玩乐中萌生与同伴分享的意识，习得合作的技能，在玩乐中悟得：一个人玩得快乐，一起玩更快乐。

（资料来源：周世华，耿志涛．学前儿童社会教育．北京：高等教育出版社，2011）

活动设计 5.4　借玩具（小班）

1．活动目标

（1）学习并探索向同伴借玩具的方法、策略。

（2）体验同伴交往的乐趣，增进社会交往能力。

2．活动准备

（1）拖拉玩具、皮球、遥控汽车各一；幼儿自带的长毛绒玩具 2 个；球、圈若干。

（2）三段情景表演。

3．活动过程

（1）观看情景表演"小兔玩拖拉玩具"，巩固运用交往的礼貌语言。

（小兔拉着拖拉玩具上场，边走边说："我是小兔，这是妈妈给我买的拖拉玩具，真好玩！"）

① 小兔的玩具好玩吗？你想玩吗？

② 那怎么说、说什么样的话，才能跟小兔借到玩具呢？

幼儿向小兔借玩具，个别、集体练习礼貌语言，如"请你把玩具借给我玩玩，好吗？谢谢！"

小结：想玩别人的玩具，可以跟他说有礼貌的话，这样别人会很乐意把玩具借给你玩。

（2）观看情景表演"小兔玩皮球"，学习合作玩玩具的方法。

（小兔边玩皮球边说："这是我爸爸送给我的新皮球，我可以拍一拍、抛一抛、滚一滚，真好玩！"）

① 你想玩小兔的皮球吗？如果想玩，有什么好办法？

幼儿礼貌地向小兔借玩具，小兔拒绝道："不行，这只新皮球我还没玩够呢！给你玩了，我就不能玩了。"

② 小兔为什么不愿意把玩具借给你们玩？（引导幼儿关注被拒绝的原因）

③ 有什么办法能让小兔和你都能玩到皮球呢？（幼儿再次向小兔借玩具）如交往再次失败，教师引出合作玩的方法，如向小兔借玩具说："小兔，我和你一起玩滚皮球好吗？"

④ 老师想出了什么好办法，小兔就愿意把玩具给我玩了呢？（幼儿实践合作玩的方法）

小结：当别人不愿意把新玩具借给你玩的时候，可以想出和他一起玩的方法，让大家玩得都开心。

（3）观看情景表演"小兔玩遥控汽车"，学习交换玩玩具的方法。

（小兔边玩皮球边说："这是叔叔送给我的遥控汽车。"）

① 小兔的遥控汽车真好玩。怎么样才能借到小兔的玩具呢？（幼儿尝试借玩具的方法。如用第（1）种或第（2）种方法，小兔拒绝道："不行，遥控器只有一个。给你玩了，我就没法玩了。"）

② 教师去向小兔借玩具同样失败。

③ 出示幼儿带来的长毛绒玩具。启发幼儿与小兔交换着玩玩具。"小兔有一个玩具，你们也有玩具，你们想玩小兔的玩具，小兔也想玩你们的玩具。那我们可以怎么办呢？"

小结：想玩别人的新玩具，有很多方法，可以说有礼貌的话，可以一起玩，还可以换着玩。

（4）实践活动：玩玩具。

① 出示球、圈，请一部分幼儿玩。

② 请其他幼儿与他们交往，实践几种借玩具的方法。

4．活动评析

小班幼儿在玩玩具时，常常不懂得怎样与人分享和协商，经常出现哭闹、争抢的现象。在这个活动设计中，教师引导幼儿通过借玩具学习合作、协商的方法，鼓励孩子自己动脑筋想办法，不仅仅借到了玩具，还能感受到同伴交往的乐趣，增进了幼儿的社会交往能力。同时，在活动过程中，教师还注意帮助幼儿学会有礼貌地与人交往，当"借玩具"被拒绝时，怎样想办法通过交换玩具来解决问题，这些都是日常生活中经常用到的交往技巧。可见，教师做到了把生活融进课堂教育中，体现了"生活即教育"的理念。

[资料来源：殷敏．早期教育，2007（4）]

活动设计 5.5　神奇的"请"字（中班）

1．活动目标

（1）让幼儿学会与人交谈的礼仪，感受友爱同伴、礼貌待人的好处。

（2）培养幼儿的语言表达能力。

（3）能正确用"请"字。

2．活动准备

（1）文明礼仪课件，文明用语图片。

（2）课前预习一半故事。

妈妈送给金花一包药，对她说："金花，你替妈妈做一件事，把这包药给李阿姨送去，会吗？"金花可喜欢给妈妈做事了，忙说："我会，我认识李阿姨，她住在哪儿呢？"妈妈说："这条街的10号，红漆大门。""知道了！"金花接过药，扭头就走了。金花顺着大街向前走，看看这个大门，瞧瞧那个大门，哈！找到了：红漆大门。"咦，这是几号啊？"她不认识，怎么办呢？问问人吧。正巧从大门中走出一位大哥哥，金花忙喊："喂！我问你……"金花还没把话说完，哥哥瞪了她一眼，跑掉了。"他干吗不理人呢？"金花难过极了，"哇哇"地哭起来。

"金花怎么还不回来呢？"妈妈着急了，来找金花，"金花你怎么了？""人家不理我！""人家为什么不理你呢？"金花把事情的经过说了一遍，妈妈听着听着笑了起来："你呀，还没有学会说话呢……"金花擦了擦眼泪说："那我应该怎么办呢？"妈妈在金花的耳边说了一句悄悄话，金花点了点头，说："我知道了，妈妈，你跟在我的后面，我再去找。"

3．活动过程

（1）理解故事内容，体会"请"字的神奇。

提问：金花会找到李阿姨的家吗？（让孩子自由发挥，各抒己见）金花是怎样找到李阿姨的家的呢？引出故事。

她走啊走，又看到了红漆大门，她看看门牌，对，这就是10号，这个10字，老师教过。这时有位老奶奶从门里出来，金花记住了妈妈说的话，走到老奶奶跟前，问："请告诉我，有位李阿姨住在这儿吗？""有啊，我带你去吧。"金花说："谢谢老奶奶。"老奶奶把金花带到李阿姨的家里，还夸她是个好孩子呢，真有礼貌。

金花从李阿姨家中出来，高兴地奔到妈妈的身边，抱住妈妈说："妈妈，今天我学会说'请'字了。"

提问：金花顺利地找到了李阿姨，是因为她用了一个神奇的字，小朋友知道是什么字吗？

全班孩子几乎异口同声地回答："请！"

小结：如果对人不礼貌，当你遇到困难向别人求助时，别人就不会帮你，所以小朋友要做一个有礼貌的好孩子。

（评析：金花前后两次语言的变化，让幼儿逐步找到了问题所在，体会到了"请"字的神奇作用。）

（2）引导幼儿学习用"请"字。

① 让幼儿用"请"字说一句话：小朋友在一起游戏时怎样用"请"字。

幼：请你和我一起玩皮球好吗？

幼：请你把你的皮球借给我好吗？

幼：我的车开到路边，我想倒车，我会说"倒车请注意"。

幼：游戏开始，请小朋友注意安全。

② 集体谈话：自己遇到困难需要别人帮助时应该怎样说？

③ 幼儿自由讨论：生活中什么时候还会用到"请"字？

幼：买东西时会用到。

幼：坐车的时候会用到。

幼：阿姨来我家做客的时候，我说："阿姨，请喝茶。"

幼：我和妈妈去提水时也用到了，我说："爷爷，请您先来。"

小结："请"字时时刻刻都会用到，"请"字是一个很有用的字，它可以帮我们做很多事，小朋友们在日常生活中要多用"请"字。

（3）情景表演，巩固礼貌用语。

① 播放文明礼仪课件，让幼儿仔细观察。

② 将文明用语图片贴在教室四周，供幼儿自由进行情景演练。

③ 幼儿自由组合，进行情景演练，教师指导。

幼：李东益，请你和我一起游戏好吗？

幼：李梦喆，请你当阿姨吧。

幼：对不起，请让我当小姑娘吧。"

幼：老师，我们缺一个人，请您来好吗？

幼：老师，打扰您一下，我的背有点痒，请您给我挠一下。

师：呵呵，可以，那请你转过身来，你请老师帮忙，老师很高兴，因为你学会了用"请"，老师送给你一个吻。

4．活动延伸

让幼儿把信件送到幼儿园的各个部门（布置适当的任务，让孩子在完成任务的过程中强化文明礼仪的知识经验，使他们在实践中体验使用文明用语的快乐）。

5．活动评析

"讲文明，用礼仪"是弘扬民族文明、展示民族精神的重要途径。但现在的孩子特别是独生子女，从小就受到过多的呵护甚至溺爱，我行我素，丢掉了一些传统美德，不会使用礼貌用语与别人交流，需要别人帮忙的时候直接用"喂、喂、喂"与人打招呼。因此，本次活动设计很有意义。

中班的孩子，活动的自主性、主动性水平明显提高。教师在活动中运用了故事启迪、行为辨析、情境体验、生活经验拓展等方法，让幼儿体会"请"字的神奇作用。幼儿活动兴趣浓厚，特别是在讨论"小金花找到李阿姨的家了吗"的时候，孩子们积极主动，各抒己见，气氛非常热烈，培养了幼儿的想象力、表现力。在情景演练过程中，幼儿自由分配角色，活动情绪高涨，效果显著。当然，学习使用文明用语需要长期的实践，要渗透到幼儿的一日生活中，注意幼儿内在情感与外显行为的一致性，这样的文明礼仪教育才会达到预期的目标。

（资料来源：www.yejs.com.cn/jiaoan/article/id/35399.htm，作者：山东省莱芜市高庄实验幼儿园，李爱华）

实践实训

一、校内实训

1．能根据所学理论完成一份学前儿童人际交往教育活动教学设计。

2．依据设计，结合自制教具和多媒体，采用恰当的教学方法开展模拟教学。

3．全面、准确地进行教学评价，并客观、全面地写出教学反思或评课单。

二、校外实践

1．观察某幼儿园中教师与幼儿的交往情况，分析其优点与不足，提出合理化建议，提升该幼儿园师幼交往的水平。

2．观察某幼儿园中班儿童的同伴交往情况，分析其特点。

思考与训练

1．幼儿园能为亲子交往活动提供哪些帮助？幼儿园能组织哪些亲子活动？

2．试述学前儿童人际交往教育活动设计与实施的基本结构。

单元六

学前儿童社会规范教育活动

学习目标

1. 了解幼儿掌握社会规范的意义、重要性，接受社会规范的过程及幼儿社会规范教育的概念。
2. 掌握幼儿社会规范教育的内容、原则及策略。
3. 掌握幼儿园社会规范教育活动的设计与组织。

基础理论

社会的有序发展是以各种规范的存在为基础的，如道德规则、社会习俗等都对人的行为起着调节作用。儿童要想成为合格的社会成员，就必须理解这些社会规范和习俗的要求。儿童对社会规范的认知来源于三个方面：一是父母、教师的影响，如父母经常告诫儿童"不能乱扔垃圾"、"吃饭时不能用筷子在盘子里乱翻"、"乘车要有次序地上下车"等；二是法律和道德规定，如公民文明行为规范、法律规则、交通规则等；三是儿童的社会互动，如一个儿童抢夺别人的玩具，同伴就会不喜欢他，不和他玩。社会规范是儿童社会发展的一个重要的方面，社会规范认知是儿童社会化的主要任务之一。

一、幼儿掌握社会规范的意义

社会规范是哲学、社会学、心理学等学科研究的重要内容。

社会规范是一种关系范畴，是调节行为主体间关系、规约行动主体参与社会生活的行为准则。社会规范是一个有机系统，它由各类相对独立的规范构成。社会规范可以分为3个范畴：道德规则、习俗规则和谨慎规则。

知识拓展

事件1：汤姆、迈克尔和戴维德都在摇摆船上玩，詹妮在附近排队等候上船玩。当摇动停下来时，她在汤姆胳膊上咬了一口，汤姆疼得大哭起来。

事件2：一天，天气炎热，教师决定带孩子们到儿童游泳池游泳。詹森忘了带游泳衣，因此老师让他从一箱泳衣中挑一件，他挑了一件粉红色的。老师告诉他不能穿这件泳衣，这种颜色是女孩子穿的。詹森坚持要这件，并说这是他今天想穿的泳衣。老师试图说服他放弃这件泳衣，最后经过讨论还是让詹森穿了，其他幼儿并未注意到詹森违背社会习俗这一事件。

上述两件事情均为社会事件，且均为社会所不允许。但在儿童看来，这两件事有明显的区别。事件1中，不需要告诉汤姆咬人是错误的，他从自身的疼痛中就已经知道了。同样，迈克尔和戴维德作为旁观者也知道咬人是不对的。但在事件2中，却不存在一个内部标准使儿童知道男孩穿粉红色是不对的（在美国文化背景中，男子是不穿粉红色游泳衣的）。显而易见，事件1是一个违反道德规则的例子。由于道德事件对他人的权利和福利有着直接的影响，所以，道德规则必须是强制性的、不可改变，并应用于各种不同的社会文化环境。而事件2是一个社会习俗案例。社会习俗是社会系统内部约定俗成的统一的行为规范，它对于社会系统中人们的社会互动起着结构性的作用，与道德规则相反，习俗规则具有环境的相对性和可改变性。

每个社会都有其特定的社会规范，社会成员将其作为规范自己行为的准则。所以社会规范可以统一其成员的行为，维持一定的社会秩序，实现有效的社会控制，保持社会的稳定有序。

对于幼儿来说，了解和掌握社会规范具有重要意义。

（一）有助于幼儿树立正确的是非观

是非观是幼儿形成道德认识、道德判断的重要前提和主要内容。幼儿了解和接受了社会规范，就知道了哪些行为是正当的、合法的、美的、善的，哪些行为是不正当的、非法的、丑的、恶的，从而作出正确的行为选择，并且对别人的行为作出正确的评价。比如，一位4岁女孩很想到一块碧绿柔软的草坪上玩耍，但当她明白了妈妈向她解释草坪上的木牌"爱护草坪，请勿践踏"的含义后，便懂事地不再提这种要求。以后，当她看到其他小朋友进入草坪时，还会上前阻止。随着幼儿思维的发展及理解水平的提高，对社会规范的掌握就会更加概括、系统，所形成的是非观也就更加稳定、完整。

（二）有助于幼儿社会化的顺利完成

社会化是指在特定的社会环境中，个体形成适应于该社会文化的人格，掌握该社会公认的行为方式。通过社会化过程，可使一个自然人转变为社会人。尽管人的社会化的初步完成要在20岁左右，但早期的社会规范的学习仍是非常重要的，可为以后的社会化奠定基础。

幼儿出生后，最先交往的对象是父母，父母的客观地位与作用决定了他们是幼儿模仿的榜样，父母的人格、信仰、价值观、行为方式等都有可能是幼儿学习的内容。父母的言行符合社会规范，则有利于孩子了解和掌握社会规范。心理学研究表明，那些生活在父母本人就是良好榜样的家庭中的幼儿，很少出现问题行为和不良人格，在对生活目标的追求上，他们也尽量模仿父母，尝试用父母的方式处理问题，能够乐观地对待挫折，自制力强，社会适应较好。

（三）有助于幼儿将来健全人格的构建

健全人格的构建是家庭、社会环境及自我教育等多方面因素长期、共同作用的结果，是人需要终身修炼的课题。但在幼儿期接受相应的社会规范并实践这些规范行为，无疑可以为幼儿以后的健全发展奠定良好的基础。综观古今中外的那些品德高尚的优秀人才，无不在童年期间就接受到良好的养成教育。所以，社会规范应该是幼儿素质教育的一项重要内容，是培养健全人格的必要条件。

活动设计 6.1 大卫，不可以！

1．活动目标

（1）能仔细观察画面，并大胆表达自己的理解，感受绘本的内涵，懂得要合理约束自己的行为。

（2）感受绘本的幽默及其隐含的浓浓母爱。

重点、难点：感受绘本的内涵；用较完整的语言大胆表达自己的理解。

2．活动准备

电子绘本。

3．活动过程

（1）阅读封面。

① 阅读封面上的人物和场景，展开推测和想象。

教师：今天，老师给大家带来了一本好看的书，这是书的封面，封面有谁？

教师：封面上的小男孩他的名字叫大卫，大卫在干什么呀？这样做会发生什么事情？（鱼缸会打碎，大卫自己会受伤……）这样做太危险了，谁来提醒一下大卫吧！（大卫，危险，不可以！）

② 揭示、阅读绘本的名字。

教师：这个故事的名字就叫《大卫，不可以》（教师边指文字，边念出封面上故事的名字）。

教师：有一个声音也在说："大卫，不可以！"你们猜猜这是谁的声音？是谁在时时刻刻提醒着大卫呢？我们打开书，接着往下看就知道啦！

（2）师幼共同阅读绘本。

① 阅读绘本 1～14 页。

出示图片 1，教师：大卫的妈妈总是说"大卫，不可以！"

出示图片 2，提问：这是谁？（大卫的妈妈）我们来学学她的样子吧！大卫的妈妈现在是生气还是高兴呀？

出示图片 3，听妈妈在说什么——"大卫，不可以！"

提问：妈妈为什么要说"大卫，不可以！"？大卫在干什么？会发生什么事？

逐页出示图片 4～14，引导幼儿说说大卫在干什么，会产生什么样的后果，妈妈对大卫说了什么等。

② 阅读绘本 15～17 页。

出示图片 15，提问：发生了什么事？大卫现在怎么样了？（受了伤，很害怕、难过）你们猜妈妈这时会说什么？

出示图片 16、17，教师：妈妈说："别怕，宝贝，到妈妈这里来！" 妈妈抱着大卫说："大卫乖，我爱你！"

（3）讨论，感受妈妈、老师的爱。

教师：大卫的妈妈为什么总是说"不可以！"？

教师：你的妈妈爱你吗？她是怎样提醒你、照顾你的？

教师：老师也很爱你们，所以老师也会常常提醒你们，有时候也会说"不可以！"并且告诉小朋友们应该怎样做。因为老师希望你们每天都能健康快乐地成长，越变越聪明、能干、懂事！

教师：所以小朋友们要听妈妈、老师的话哦！如果你们也爱老师，就来和老师抱一抱吧！

4．活动延伸

在阅读区投放绘本《大卫，不可以！》引导幼儿自主阅读绘本，进一步感受绘本的内涵。

附：

《大卫，不可以！》赏析

作者：大卫·香农（美）

这本图画书的主角是大卫，一个只有几岁的小男孩。没错，画面上确实只有他一个人物的完整形象。而妈妈只在扉页和最后一页有两个不完整的画面，而且，通篇妈妈说的基本只有一句话："大卫，不可以！"尽管如此，在我阅读和欣赏这本绘本时，却时时感到大卫的妈妈同样是隐在背后的主角，她无时无刻不在关注、关心、关怀着大卫的一举一动，常常挂在嘴边的一句话就是："大卫，不可以！"为什么妈妈会把这句话挂在嘴边，让人听来有些简单、粗暴、不舒服呢？

大卫的妈妈总是说："大卫，不可以！"大卫伸着舌头，站在椅子上颤颤巍巍去够糖罐；大卫一身污泥地回到家，在客厅的地毯上留下了一串黑脚印；大卫在浴缸里闹翻了天，水流成河；大卫光着屁股跑到了大街上……每一幅页面里都有妈妈说的话"大卫，不可以！"但是，书的精华在后面：大卫在屋子里打棒球，把花瓶打破了。这下可闯大祸了，大卫被罚坐在墙角的小圆凳上，流眼泪了。于是，妈妈对他说："宝贝，来这里。"妈妈给了他一个温暖的拥抱，对他说："大卫乖，我爱你。"太经典了，一个童年恶作剧的故事就收场于这样一个爱的动作。不管孩子有多调皮，可是当他伤心的时候，母亲的怀抱永远是他温情的港湾。

二、幼儿接受社会规范的过程

根据幼儿道德发展的有关理论以及相关的实验研究，幼儿接受社会规范的过程可分为两个阶段。

（一）服从阶段

幼儿出于对教育者的依恋和崇拜，或者因害怕可能受到某种惩罚，去服从和遵守教育者所提出的行为要求。一般来讲，4岁以前的儿童主要处于这一阶段。在这一时期，幼儿基本不能以自己的价值标准判断是非，没有真正认识到社会规范的意义和必要性，只是被动地服从。处于服从阶段的幼儿其规范行为具有以下特点。

1. 盲目、被动性

由于幼儿没有真正认识到行为的意义，只是出于对长者的敬畏、信赖或恐惧等而服从，所以，其行为是盲目、被动的。但是如果幼儿长期为之而形成习惯，并从行为的结果体验到满意的结局，他会逐渐将此行为保持下来而变成自觉行为。

2. 工具性

虽然幼儿开始时被迫接受某些行为要求，但他很快就会发现，当他做出了符合外部要求的行为时，会获得长者的赞许或其他奖赏，也可能会避免某些惩罚，那么，这种服从行为就会成为满足其需要的工具或手段。比如，当幼儿听从老师的要求而收拾玩具时，老师对幼儿的这种行为予以言语表扬，并伴有微笑、轻轻抚摩幼儿的头等非言语的奖励。那么，以后幼儿就倾向于重复上述行为，以便再次得到相应的奖励，做出良好的行为就成为幼儿获得老师喜爱与奖励的一种手段。

3. 情境性

处于服从水平的行为是不稳定的，幼儿在不同的情境可能会有不同的行为表现。由于此时幼儿尚未形成自己的主观判断，如果成人对他的要求不一致，就会使幼儿的服从行为表现出情境性，比如在幼儿园能自己吃饭，回到家中则要父母喂等。

总之，幼儿的可塑性极强，教育者应适时地对幼儿提出具体要求，对教育者产生信赖和敬畏，这样有助于幼儿接受社会规范。

（二）模仿阶段

幼儿会通过对别人行为的观察而模仿该行为，这也是幼儿形成规范行为的必经阶段。

班杜拉的社会学理论认为，儿童可以通过观察他们生活中重要人物的行为而学会社会反应。儿童对他人行为的观察和模仿实际上也说明了环境对儿童心理发展的影响，这种影响有时远远大于成人的直接言语要求。幼儿的模仿行为有以下特点。

1. 主动性

与服从行为相比，模仿行为是具有一定的主观能动性的，幼儿并不是模仿他看到的所有的行为，而是选择他所喜爱的、对他有吸引力的或是他所依恋的人为榜样。事实表明，幼儿对榜样的情感的认同越强烈，对榜样的模仿也就越主动。幼儿总是喜欢模仿他所喜爱的老师的一些言谈举止。

2. 模糊性

尽管幼儿的模仿行为不是盲目的，但他对行为的意义和依据的认识是模糊的，对所模仿的行为并没有独立地分辨善恶的能力，不会择善而从之。同时，榜样本身往往也没有意识到自己已经成为幼儿的模仿对象，所以，成人的行为也会潜移默化地影响幼儿。

3. 次稳定性

因为幼儿是出于对榜样的仰慕或喜爱而发生模仿行为的，幼儿对行为本身的意义认识并不深刻，所以，在一定范围内和在一定时期内，这种模仿行为是相对稳定的。但随着幼儿年龄的增长，他的仰慕对象可能发生变化，再加上他的道德认知水平的不断提高，可能会重新认识榜样的行为，从而决定自己是否继续以此为榜样。值得注意的是，由于幼儿生活的环境如家庭、幼儿园等是相对稳定的，因此，家长、教师等就有可能成为幼儿经常模仿的榜样。如果幼儿期的模仿行为成为习惯，那么这对他将来的发展是有久远影响的。

模仿行为虽然水平高于服从行为，但它并不能取代服从行为。事实上，这两种行为水平在很长时间内是并存的，相互渗透的。如果幼儿能够从最初的被迫服从到主动自愿地模仿某种规范行为，并由此得到积极的情绪和情感的体验，那么，这种行为就有可能长期保持下去，并在不同的情境中一贯地表现出来，这为幼儿将来良好行为习惯的形成打下了基础。

知识拓展

皮亚杰的儿童道德认知发展理论

皮亚杰早在 20 世纪 30 年代就对儿童道德判断和道德观念的发展进行了研究。他认为，一个人道德上的成熟主要表现在尊重准则和社会公正感这两个方面。一个有道德的人能按社会规定的准则公平、公道地对待别人。他采用对偶故事法研究儿童道德判断发展的水平。他认为，儿童道德判断的发展与儿童认知发展的阶段相平行，儿童道德发展的进程可以在他们的认知进程中找到证据。他设计了一些包含道德价值内容的对偶故事让儿童回答，要求儿童辨认是非对错，从他们对特定行为情境的评价中投射并推测出儿童现有的道德认知和道德判断水平。通过大量的研究，他发现并总结出了儿童道德认知发展的总规律，即儿童道德的发展经历了一个从他律到自律的认识、转化发展过程。所谓他律，是指早期儿童的道德判断只注意行为的客观效果，不关心主观动机，是受自身以外价值标准所支配的道德判断，具有客体性。所谓自律，则是指儿童自己的主观价值主观标准所支配的道德判断，具有主体性。他律水平和自律水平是儿童道德判断的两级水平。

在此基础上皮亚杰还提出了儿童道德发展的年龄阶段。他认为，10 岁是儿童从他律道德向自律道德转化的分水岭，即 10 岁前，儿童对道德行为的思维判断主要依据他人设定的外在标准，也就是他律道德；10 岁以后，儿童对道德行为的思维判断大多依据自己的内在标准，也就是自律道德。

儿童的道德发展具体表现为以下几个阶段。

（1）自我中心阶段（2～5 岁）。这一阶段的儿童由于认识的局限性，还不理解、不重视成人或周围环境对他们的要求。在游戏时，规则或成人的要求对他们还没有约束力，只按照自己的意愿去执行游戏规则，所以这一阶段又称为单纯的个人规则阶段。皮亚杰认为，促进儿童和同伴之间形成合作关系，是使儿童摆脱这种自我中心的唯一方法。

（2）权威阶段（6～8 岁）。这个阶段的儿童认为，应该尊重权威和尊重年长者的命令。一方面，他们绝对遵从成人、权威者的命令；另一方面，他们也服从周围环境对他们所规定的规则或提出的要求。皮亚杰把儿童绝对驯服地服从规则要求的倾向称为道德实在论。他指出，此阶段成人的约束和滥用权威对儿童的道德发展是极其有害的。

（3）可逆阶段（8～10 岁）。这个阶段的儿童不再认为成人的命令是应该绝对服从的，道德规则是固定不变的。他们认为，道德行为的准则只不过是同伴之间共同约定的用来保障共同利益的一种社会产物。因此，规则已经具有了一种保证相互行动和相互给予的可逆特征，规则面前、同伴之间是一种可逆关系，我要你遵守，我也得遵守。判断好坏的标准不是以权威而是以是否公平作为判断行为好坏的标准，认为公平的行为就是好的，反之就是坏的。由此可见，儿童的道德判断已经开始摆脱外界的约束，并具有自律道德水平的初步萌芽。

（4）公正阶段（11～12 岁）。这个阶段，儿童的道德观念开始倾向于公正。皮亚杰认为，当可逆的道德观念从利他主义角度去考虑时，就产生了关于公正的观念。公正观念不是一种判断是或非的单纯的规则关系，而是一种出于关心与同情的真正的道德关系。也就是说，儿童不再刻板地按固定的规则去判断，在依据规则判断时隐含考虑到同伴的一些具体情况，从关心和同情出发去判断。皮亚杰认为公正观念是一种高级的平等关系，这种道德观念已经能够从内部对儿童的道德判断起着决定性的作用。

知识拓展

柯尔伯格的道德发展阶段理论

柯尔伯格继皮亚杰之后对儿童品德发展问题进行了大量的、卓有成效的研究，提出了系统的道德发展阶段理论。

柯尔伯格对皮亚杰的研究方法进行了改进，应用道德两难论的方法研究道德的发展问题，这种方法也称两难故事法。故事包含一个在道德价值上具有矛盾冲突的情境，让被试听完故事后对故事中的人物行为进行评论，从而了解被试进行道德判断所依据的原则及其道德发展水平。代表性的道德两难故事是"海因茨偷药的故事"。这个故事的大意是：欧洲有一位妇女患了癌症，生命危在旦夕。医生告诉她的丈夫海因茨，只有本城一个药剂师最近发明的一种药可以救他的妻子。但该药价钱十分昂贵，要卖到成本价的十倍。海因茨四处求人，尽全力也只借到了购药所需钱数的一半。万般无奈之下，海因茨只得请求药剂师便宜一点卖给他，或允许他赊账。但药剂师坚决不答应他的请求，并说他发明这种药就是为了赚钱。海因茨在走投无路的情况下，为了挽救妻子的生命，在夜间闯入药店偷了药，治好了妻子的病，但海因茨因此被警察抓了起来。

柯尔伯格围绕这个故事提出了一系列问题，让被试者参加讨论，如海因茨该不该偷药？为什么该？为什么不该？海因茨犯了法，从道义上看，这种行为好不好？为什么？通过大量的研究，柯尔伯格提出了三水平、六阶段理论。三水平是指前习俗水平、习俗水平、后习俗水平。六阶段是指每个水平中又可划分为两个不同的阶段。

（1）前习俗水平（0～9岁）。处在这一水平的儿童，其道德观念的特点是纯外在的。他们为了免受惩罚或获得奖励而顺从权威人物规定的行为准则，他们无法根据行为的直接后果和自身的利害关系判断好坏是非。这一水平包括两个阶段。

第一阶段：惩罚与服从定向阶段。在这一阶段儿童根据行为的后果来判断行为是好是坏及严重程度，他们服从权威或规则只是为了避免惩罚，认为受赞扬的行为就是好的，受惩罚的行为就是坏的，他们还没有真正的道德概念。处在这一阶段的儿童对海因茨偷药的故事可能会作出这样两种不同的反应：赞成者认为，他可以偷药，因为他先提出请求，又不偷大的东西，不该受罚；反对者则会说，偷药会受到惩罚。

第二阶段：相对功利取向阶段。这一阶段的儿童道德价值来自对自己需要的满足，他们不再把规则看成绝对的、固定不变的，评定行为的好坏主要看是否符合自己的利益。如他们对海因茨偷药的故事可能会有这样的说法：赞成者会说，他的妻子需要这种药，他需要同他的妻子共同生活；反对者则会说，他的妻子在他出狱前可能会死，因而对他没有好处。

柯尔伯格认为，大多数9岁以下的儿童和许多犯罪的青少年在道德认识上都处于前习俗水平。

（2）习俗水平（9～15岁）。处在这一水平的儿童，能够着眼于社会的希望与要求，并以社会成员的角度思考道德问题，也已经开始意识到个体的行为必须符合社会的准则，能够了解社会规范，并遵守和执行社会规范。在此阶段规则已被内化，按规则行动被认为是正确的。习俗水平包括两个阶段。

第三阶段：寻求认可定向阶段，也称"好孩子"定向阶段。处在该阶段的儿童，个体的道德价值以人际关系的和谐为导向，顺从传统的要求，符合大家的意见，谋求大家的赞赏和认可。他们总是考虑到他人和社会对"好孩子"的要求，并总是尽量按这种要求去思考。他们认为好的行为是使人喜欢或被人赞赏的行为。这一阶段的儿童听了海因茨偷药的故事，赞成者会说，他做的是好丈夫应做的事；反对者则说，他这样做会给家庭带来苦恼和丧失名誉。

第四阶段：遵守法规和秩序定向阶段。处于该阶段的儿童其道德价值以服从权威为导向，他们服从社会规范，遵守公共秩序，尊重法律的权威，能以法制观念判断是非，知法懂法，认为准则和法律是维护社会秩序的。因此，应当遵循权威和有关规范去行动。该阶段的儿童听了海因茨偷药的故事，赞成者会说，不这么做，他要为妻子的死负责；反对者会说，他要救妻子的命是应该的，但偷东西犯法。

柯尔伯格认为大多数青少年和成人的道德认识处于习俗水平。

（3）后习俗水平（15岁以后）。又称原则水平，达到这一道德水平的人，其道德判断已超出世俗的法律与权威的标准，想到的是人类的正义和个人的尊严，并已将此内化为自己内部的道德命令。后习俗水平包括两个阶段。

第五阶段：社会契约定向阶段。处于这一水平阶段的人认为法律和规范是大家商定的，是一种社会契约，他们看重法律的效力，认为法律可以帮助人维持公正，但同时认为契约和法律的规定并不是绝对的，可以应大多数人的要求而改变。在强调按契约和法律的规定享受权利的同时，认识到个人应尽义务和责任的重要性。对于海因茨偷药的故事，赞成者认为，法律没有考虑到这种情况；反对者认为，不论情况多么危险，总不能采用偷的手段。

第六阶段：原则或良心定向阶段。这是进行道德判断的最高阶段，表现为能以公正、平等、尊严这些最一般的原则为标准进行思考。在根据自己选择的原则进行某些活动时，能认为只要动机是好的，行为就是正确的。在这个阶段上，他们认为人类普遍的道义高于一切。对于海因茨偷药的故事，赞成者认为，尊重生命、保存生命的原则高于一切；反对者认为，别人说不定也像他妻子一样急需这药，要考虑所有人生命的价值。

三、幼儿社会规范教育的概念

社会规范教育指的是社会组织将其制定和有选择继承的社会行为标准、准则和规则进行社会传递的活动过程。其目的在于使学习者将外在于主体的社会行为规范转化为主体的内部需要和规范行为。

四、幼儿社会规范教育的内容

根据规范性质的不同，可以把社会规范分为道德规范、合群性规范（核心是交往规范）、集体规范、安全健康规范和谨慎规范。

（一）道德规范

道德规范往往与人们的福利、权利、公平、分配资源、信任等问题有关。个体的道德知识是通过个体行为所产生的后果建构起来的。道德规则是强制的、不可改变的，并适用于各种不同的社会文化环境。

道德规范涉及是与非、对与错、爱与憎等道德问题的公共规则。

例如，能使用礼貌用语；对老师、长辈行鞠躬礼；能感受周围生活中的美好，区分好坏、美丑、善恶；知道他人和集体的东西不能随便占为己有；诚信、能改正自己的缺点和错误等。

> 在班级生活中，当个人的想法或需要与集体或他人的利益相冲突时，必须放弃个人的想法或需要，以免使集体或他人的利益受到损害，如幼儿园班级生活中"不要插嘴"、"洗手时不要把水洒在别人身上"、"看到别人有困难要给予帮助"等都是利他性的规则。

（二）合群性规范（核心是交往规范）

合群性规范是以培养幼儿健康生活态度和能力为主要目标的规范，如轮流、协商、合作、分享、表达等。其中，交往规范是合群性规范的主体，如与他人友好和睦相处；懂得用礼貌用语，见面打招呼；不抢同伴的玩具。

合群性是人的基本属性，它的主要功能是让幼儿学会交往，让幼儿养成适应群体生活，促进幼儿从"自然人"向"社会人"的转化。

（三）集体规范

集体规范是指幼儿适应所在集体的规范。具体分为两类：

一是日常活动规范，如排队公平等待规则、轮流规则、集体服务规则等，具体行为包括不在室内喧哗、追跑，人多时要排队、不拥挤等。

二是学习、娱乐、游戏活动规范，如在游戏活动时能认真听完老师和同伴的发言，不插嘴，回答问题或发言讲话要举手等；在游戏活动中，勇于发表意见，并认真听取他人意见等。

案例

自带玩具活动中的规则（小班）

小一班的小朋友每个星期一上幼儿园的时候，都会从家里带来很多各种各样的玩具。从早上 8 点到 10 点这一段时间，他们都在一起玩玩具，有时候是玩自己的，有时候和别的小朋友交换着玩。过了一段时间，老师和孩子们一起讨论，班上逐渐有了一个全体认定的规矩——无论是谁，不一定要将自己的玩具给别人玩，但是在玩别人玩具的时候，一定要先征求别人的同意。（规则的形成和内化，是由于自然生活的必要而不是目标计划的落实）

小女孩端端向来很爱惜属于自己的东西，玩具带到幼儿园里，都很小心地装到书包里面。"我的玩具不能给他们玩，因为我的玩具是很好的，他们玩的时候不小心会弄坏的。"可是别人的玩具有时候也很诱人。于是她藏好了自己的玩具，很不客气地拿别人的玩具玩。如果别的小朋友要玩她正在玩的玩具而她还没有玩够，她是不肯轻易放弃的："我再玩一下嘛！小朋友不要那么小气，老师说小朋友要大方。"（小孩子常常会有这种利用规则而不是遵守规则的"投机"行为）如果小朋友真的大方还好，如果碰到真是"小气"的，就要发生纠纷了。

老师一直都装作没有看到这些现象。可是时间长了，端端发现每次争抢的时候自己都是失败者，因为别的小朋友都会站在她的对立面，并且都说："端端是个小气的小朋友，我们不要跟她玩！"到后来小朋友都开始躲着她，"她没有问我们同不同意就玩我们的玩具！"最后她要玩什么玩具的时候，别的小朋友就会飞快地抢过去，把玩具抱在怀里，不肯给她并且躲着她，不和她一起玩。（这是群体依据共同建立的规范对不遵守规定者的惩罚）

端端很委屈，到老师那里去倾诉："老师，他们都不跟我玩。"（小孩子有点"恶人先告状"的味道，老师则"姜太公钓鱼，愿者上钩"。）

老师一点都不奇怪，好像早就知道了一切，"是吗？那为什么呢？"（先不论是非）端端嘟着嘴巴不回答。老师想了想，说："我知道了。我给你想个办法，下次你要玩别人玩具的时候呢，要先跟别人商量，商量好了，别人就会跟你玩了。这个办法一定很管用，要记住！"（坚持正面教育，从幼儿的问题和需要出发，使规则成为幼儿解决问题、满足需要的工具，而不是单纯讲道理。同时教师只提供工具策略，问题却还是要幼儿自己去解决）端端扭着自己的手，似乎明白，又似乎茫然。老师看了看她，摸了摸她的头发，笑了笑，就去别的地方了。

后来，端端要玩别人玩具的时候，不再那么理直气壮了。有时候会忍耐着不去动别人的玩具，而是事先询问："让我玩一下你的玩具好吗？"碰到爽快的，就给了，碰到不爽快的，就要碰钉子，或者讲条件："那我们换着玩。你可以玩我的玩具，我也可以玩你的玩具。"这时候端端就会很犹豫，考虑半天，有时候就算了，有时候也会忍痛割爱，可是玩了一小会儿，老是惦记着自己的玩具，赶快又换回来。有时候她忘记了事先询问，小朋友要夺回的时候她才想起来，就很可怜又小心地恳求说："让我玩一下你的玩具好吗？"

鱼和熊掌不能兼得，被全班小朋友孤立起来的感觉实在不好受。慢慢地，过了一段时间，端端不再把玩具藏在书包里了，愿意和别人商量、换着玩了。

案例

儿童坐在椅子上，椅子在教室中围成半圆形。老师坐在小椅子上，面对他们拿着一本书，开始讲故事。

儿童已经知道可以坐在任何空椅子上，也清楚地知道不能移动椅子。但是，大家都想靠近老师，因为老师手里的图画书吸引着每个孩子。一个孩子忍耐不住了，他用双手抓住小椅子，没有抬起身子，拉着椅子凑近老师。立即其他儿童开始叫："老师，老师，他到你身边了，他到你身边了。"

泽泽和聪聪也像那个破坏规则的孩子一样，抓住自己的小椅子，当时没有立刻移动的位置。他们叫的比别人都厉害，整个身体都往前倾向老师。

老师平静地对那个破坏规则的孩子说："那不行，大家都要坐在自己的位子上。"

破坏规则的幼儿回到座位上，于是教室里平静下来。

分析：在该案例中，儿童对别人的告状行为是为了弄清新的、不熟悉的规则，以便决定自己的行为是否应该遵循这种规则。

图书区游戏规则（小班）

① 坐在小椅子上看书，姿势要正确，椅子有一定排列顺序。（培养良好的阅读习惯及做事有序的意识）

② 能自己选择喜爱的图书，谁先拿谁先看，不争抢，爱护图书，不撕不扔。（培养幼儿轮流意识及爱护物品、爱护公物的意识）

③ 看完一本书应放回原处码齐，再取另一本。（培养幼儿良好的行为习惯及社会公德）

④ 看书方法正确，一页一页地看。（培养良好的阅读习惯）

⑤ 幼儿可以相互讲述图书和交谈，但声音要小，不影响别人。（鼓励幼儿以书的内容为媒介进行交往，交往时去自我中心化，控制自己的行为）

（四）安全健康规范

安全健康规范是指一系列调节幼儿安全与健康的行为准则。

一是公共卫生规则。如养成饭前便后及手脏时洗手的习惯；不咬指甲，不把玩具放入口中；进餐时知道爱惜粮食，逐步养成桌面干净、地面干净、身上干净、碗内干净的"四净"习惯；活动时知道爱护植物、动物及环境等。

二是公共交通规则。如外出活动时注意安全，学会走人行道、看红绿灯等。

（五）谨慎规范

谨慎规范是指那些儿童经常遇到的用来调节与安全、伤害、舒适和健康相联系的行为的规则。谨慎规范通常规定个体行为的内容，用于调节对自身可能造成伤害的行为，其"正误"依赖于是否会对个体本身、而不是对他人造成伤害，谨慎规范也不取决于个人喜好（如"骑车时要戴上头盔"，"炉子很热，不要用手摸它"，"到雪地里玩要戴上手套"等）。

由于学前儿童年龄小，缺乏社会生活经验，这种类型的社会规范认知不可缺少。所谓谨慎规范，是指那些经常遇到的、用以调节安全的行为规则，如"危险的地方不能去、危险的事不能干""不给陌生人开门""外出要切断一切电源、水源和煤气""不要触摸电插座、开煤气、玩打火机"等。我们通过各种途径，让儿童充分认识这些防止消极后果的行为准则。

五、幼儿社会规范教育的原则

第一，内容选择上坚持科学性、正当性的统一。

科学性，一方面是指内容本身的基础性，即代表着社会规范中最基本的要求；另一方面是指内容适宜幼儿学习，即贴近幼儿生活、符合幼儿心理特点。

正当性，是指选择的内容要能在幼儿幼小心灵中播下自由、权利、平等、正义等价值观念的种子，并且公正地平衡主体间的权利与义务、自由与秩序、个性与社会性的关系。

第二，实施过程中要坚持"做中学"与反复性、长期性的统一。

第三，规范教育要以保护幼儿的天性和权利，给予幼儿合理的自由为前提。

第四，教师要针对不同的规范类型，采取不同的教育方法。

六、幼儿社会规范教育的策略

（一）结合问题引导幼儿参与规范制度

常见的不合理的做法如下。

（1）刻意地对幼儿详述常规条文，如"必须高高兴兴上幼儿园""早上进园要说老师好""不能乱扔玩具"……

（2）随意要求幼儿为班级制定常规，如"你们想想看，我们班里需要哪些大家应该遵守的常规？"

结合问题制定班级常规，可以引导幼儿参与，但教师要将幼儿的谈论点集中在一些可能发生的问题上。如教师可以用引导的方式问幼儿："大家想想看，全班小朋友能不能同时进入积木区呢？"

（二）引导幼儿学会交流讨论

幼儿参与规范制定离不开幼儿间的协商，这就要求幼儿学会交流。幼儿的"倾听与表达"是进行交流讨论的主要技能，如果幼儿没有掌握这一技能，在讨论中将会表现出"自我中心"的倾向，大声喧哗、走动，甚至会打架、吵闹。

教师可以通过游戏锻炼幼儿的倾听与表达能力。

（三）为幼儿参与提供支持

刚开始时，引导幼儿参与班级规范制定是比较困难的事情，所以教师一定要根据实际需要给予幼儿一定的支持。如清晰的界限（一张小椅子、一块方地毯），一个小话筒，明确的发言程序等就有利于幼儿有序地进行团体交流；积木区旁挂一个入区时必须佩戴的小牌等。

（四）鼓励幼儿在冲突解决中生成规范

规范的生成以幼儿与同伴间的多次互动为基础，幼儿只有在冲突解决中多次体验协作所带来的最大满足，才能促成互利互惠规范的生成。

　　由于规则是幼儿自己制订的，活动中他们能主动认同规则，并通过相互监督，心甘情愿地遵守规则。当幼儿成为制订规则的主人时，执行规则的自觉性就增强了，同伴间的监督、提醒比教师一遍遍强调规则的效果要明显得多。

　　当幼儿遇到问题时，教师首先要做的就是善于倾听，而不是急于帮助幼儿解决问题。教师要掌握"被动倾听、确认回应、敞开心扉和积极倾听"策略。

（五）引导幼儿参与规范修改

　　规范的可修改性、弹性是幼儿思想的一种自由表达。规范不是外在的和强迫性的，是可以对它进行修改并使其适应于集体和个人需要的。

　　规范是幼儿与教师、幼儿与幼儿之间协作的结果，当新的问题出现时，主体间可以进行新的协作，以修改原有的规范。

（六）引导幼儿生成鼓励性规范

　　鼓励性规范是指用正面的、积极的语言对规范进行表述。鼓励性规范以鼓励而不是禁止为主。如"爱护玩具"与"不能乱扔玩具"不同，前者具有正向性，以鼓励为主。

（七）支持幼儿用自己的方式表达规范

　　如"我们要爱护小娃娃，这样他会很高兴""和大家一起轮流荡秋千，别的小朋友会喜欢我的""如果我经常欺负小朋友，大家就不喜欢我了""我们一起游戏吧，我们都会很高兴的"。

（八）鼓励幼儿以契约的方式公布规范

　　以契约的形式对班级规范进行记录和公布具有重要的意义。观察中我们发现，即使是幼儿自己提出了那些规范，过了一两天他们常常就不记得了。因此，在教师的引导下，以契约的形式公布规范是有必要的。

　　教师可以引导幼儿记录下所指定的规范，并要求幼儿以自己的方式签上名字，贴在幼儿容易注意的地方。

七、幼儿园社会规范教育活动的设计与组织

（一）选择合适的教学方法和途径

1. 教学方法

　　适合学前儿童社会规范教育的教学方法有参观法、行为练习法等。

　　（1）参观法。如"参观超市"这一活动，教师用直接提问导入："小朋友们，你们去超市买过东西吗？你们会自己买东西吗？"然后让幼儿观察超市的建筑是什么样的、超市内的结构、商品的摆放、超市的工作人员、顾客是如何买东西的，在超市购物要遵守哪些社会规范等。最后让幼儿讨论"超市里顾客是如何购买东西的？""看到了哪些文明行为，哪些不文明行为？"在观察、讨论后，引导幼儿学习正确的社会行为、学会正确的社会规范。如"在超市中不想买的东西是否可以随便放？为什么？"

（2）行为练习法。行为练习法的形式是多样的，教师可以人为创设特定的模拟情境让幼儿进行行为练习。如当幼儿掌握了如何在超市中购物的具体方法，教师就创设情境让幼儿进行"购物"的行为练习；还可以在各种生活情境中组织幼儿行为练习，如来园和离园的礼貌行为练习、用餐前后的行为练习等。所练习的行为主要分为与人交往中的良好行为、符合社会规范的劳动行为、其他行为。

如活动"超市真方便"，先让幼儿观察超市中的顾客是如何买东西的，理解购物的规范行为。当幼儿学习了在超市购物的规范行为之后，可以体验购物，这时教师可以作为其他顾客、超市工作人员等既鼓励幼儿主动购物，又可以在适当的时候做出正确的引导。幼儿通过实践规范的社会行为，得到了自己想买的东西，得到了工作人员的表扬，心里很愉快。

2. 途径

在学前儿童社会教育中，可以将游戏和体验作为学前儿童社会规范生成的途径。

维果斯基认为，研究幼儿心理不能脱离儿童具体的生活情境。其"社会建构主义"思想认为，游戏是促进儿童社会性发展的手段。爱玩游戏是幼儿的天性，富有情趣的游戏对孩子有很大的吸引力。抓住他们的兴趣点，充分利用各种游戏，在愉快的体验中帮助幼儿了解规则、巩固规则。教师可以组织儿童开展角色游戏，以增进儿童对社会规范的认知。比如到娃娃家做客，文明乘车，带娃娃到医院看病就诊等，都可以丰富和强化儿童对文明礼貌行为规范和人际交往规范的认知。如在"娃娃家"中，幼儿扮演年龄、身份不同的角色，在有情景的社会性游戏中，模仿生活中人们的语言、行动，体验人们对周围事物的感受，实践着社会所要求的行为规则。幼儿在反复的游戏中了解与人相处的规则、礼仪，并逐渐把社会的规则要求变成自己的主动行为，进而迁移到生活中去。

目前，"体验"被学术界认为是社会规范与道德生成的一种重要方式和途径。"体验"就是让儿童亲身去经历，让儿童在实践的过程中动手动脑，使儿童在对社会活动的直接"体验"中建构道德价值观和社会规范。

（二）幼儿园社会规范教育的组织形式

1. 幼儿园专门组织的综合教育活动

将规则意识的培养渗透于五大领域的教学中。根据不同的教学主题，要精心设计方案，借助多媒体等多种形式为幼儿直观、形象、生动地介绍社会生活中的各种规则，让幼儿明白遵守规则是文明的表现，是受欢迎的，不遵守规则是不文明的表现。如在"车"的主题中，幼儿通过观看视频"公共汽车"，了解文明乘车会得到人们的赞许，不文明乘车会不受欢迎，甚至会影响到乘车的安全而受到谴责。由此将这一经验迁移到幼儿的现实生活中，平时，遵守规则好的幼儿会被大家评为"文明小明星"，从而进一步强化幼儿的规则意识和行为。

以幼儿园组织的主题活动"规则与标志"为例，主题目标有以下几项。

（1）初步做到主动感知周围生活中的标志，并积极了解标志的特征、种类及与人们生活的关系。

（2）初步萌生一定的社会规范意识和主人翁意识，学习根据班级、幼儿园的环境、设施及活动的需要制定规则、设计和创作标志。

（3）感知标志的色彩和图案的特征，尝试用双线条、涂满色等简约化的形式来设计和绘画标志。

（4）学习用多种方法创造性地表现自己对规则和标志的认识。

（5）大胆地学用较准确的语言描述标志的特征，发表自己的见解。同时学会采纳别人的意见，学习以小组为单位分工合作，共同完成一项任务。

2．通过区域活动培养幼儿的行为规范

几乎每个教育活动后面都有区域活动的内容，从目标设定、材料准备、区域规模到指导方法，都给出了较详尽的提示，目的就是要通过创设并有效利用环境，让空间、设施、活动材料和常规要求都有利于引发幼儿的主动探索精神和幼儿间的交往交流。教师可以很好地利用这一教育平台，注重观察了解幼儿的心理及情绪情感变化，捕捉幼儿社会性发展的教育契机，给以适当地引导，帮助幼儿学习交往方法，形成规则意识。

教师的指导契机，如幼儿之间发生冲突，幼儿在操作学习中的持续性、遇到困难时如何反应、材料整理归放的规则等。

3．利用一日生活中随机、灵活、自然的教育元素

幼儿的社会性发展是一个自然的循序渐进的过程，所以离不开生活，就像一张纸的反正面一样不可分割。"生活即教育"，在社会性发展方面体现得最充分。幼儿的大部分时间在幼儿园度过，教师要善于利用生活中的各个环节发展幼儿的社会性。一日生活环节中有这些教育元素：早晚的问候与道别，吃饭喝水如厕的规则，午睡的纪律，与小伙伴的交往，参与活动等。

以"要求幼儿排队喝水"为例，"按秩序排队"是教师常常挂在嘴边的要求，但现实生活中，幼儿因不会排队而和同伴发生冲突的现象屡屡发生：水被撞洒了、湿了衣服了、没有先接到水等。此时，教师可及时引导幼儿思考：大家怎样才能又快又安全地喝到水？在讨论的基础上，教师要在真实的生活场景中让幼儿理解、体验和实践，如何排队及怎样是"有秩序的排队"，教学效果会明显好得多。

活动设计 6.2　不跟陌生人走（小班）

1．活动目标
（1）让幼儿知道不能随意离开老师或家长，不能跟陌生人走。
（2）提高幼儿自我保护的意识和能力。

2．活动准备
（1）请两位幼儿不认识的叔叔或阿姨扮演陌生人，并与之设置好情境。

（2）巧克力、玩具等。

3．活动过程

（1）讲故事《小华和陌生人》。

（2）根据故事内容，组织幼儿进行讨论。

① 小华为什么没有跟着陌生人走？

② 小华是怎么说的？

（3）情境练习。学习对付陌生人的方法，培养幼儿自我保护的意识和能力。

情境一：一个陌生的阿姨敲门进教室，对某幼儿说："我是你妈妈的朋友，她今天没有空来接你了，让我来接你回家，你跟我走吧……"

教师提示：你认不认识她？如果你不认识她，能不能跟她走？小朋友们都来想一想：××应该对这位阿姨说什么？（让幼儿练习：对不起，我不能跟你走，我还是等妈妈来接我。）

情境二：小朋友们正在草地上游戏，一位陌生的叔叔走过来，对一位小朋友说："小朋友真可爱，叔叔给你巧克力吃，我带你去玩吧。"

教师提示1：陌生人给你的东西能不能吃？为什么不能吃？

教师提示2：能不能随便接受陌生人的礼物？为什么不能？

集体练习一些委婉而礼貌的谢绝语。

（4）结束：教育幼儿和陌生人打交道时也应该有礼貌。

4．活动评析

不随意跟陌生人走，是 2～3 岁儿童最基本的认知内容。这个活动不仅是儿童最基本的自我保护意识的培养，也是儿童建立基本规则的基础。对一个 2～3 岁的儿童而言，知道不能随意跟陌生人走，还意味着理解不能随意打人，不能随意把别人的东西拿回家等规则。本活动设计用到了两个基本技巧：一是故事，一是情境练习。故事通俗易懂，通过人物语言和情节，可以把老师想要告诉孩子的道理轻易地展开。情境练习则通过场景的模拟使儿童得到实践练习，这是社会规范教育活动中可以充分运用的方法。

（资料来源：甘建梅．学前儿童社会教育．中国广播电视大学出版社．2007，设计者：吴婷）

活动设计 6.3　我是规则小主人（大班）

1．设计意图

"没有规矩，不成方圆"，规则的培养对于孩子的成长是重要的。平时我们的规则培养都是以说教为主，规则基本都是成人制定好的，孩子来遵守。但是他人制定的规则是强加的，是他律；而自己制定的规则有内省成分，易于自律。有时候成人制定好的规则，孩子会觉得有约束，反而不容易遵守。在活动中，通过自身的感受和体验，认识到规则的重要性，由幼儿自己商量制定出来的规则，孩子遵守起来就自觉得多。因为他们知道了不遵守规则带来的不良后果，也意识到了在集体中建立"规则、制度"的重要性。所以设计了这样一次社会活动。

2．活动目标

（1）通过对游戏从无序到有序的体验，使幼儿意识到规则在集体活动中的重要性。

（2）学会自己制定一些集体规则，培养幼儿遵守规则的好习惯。

3．活动准备

人手一个皮球，一个小投篮架；四组操作材料（一张标记记录纸、几支笔）。

4．活动过程

（1）从投篮游戏中引出规则。

① 进行无要求的投篮游戏。

师：今天老师给你们带来了皮球和一个投篮架，我们来玩投篮游戏吧。

游戏前，教师不做任何要求，幼儿自由拿球投篮。他们全部都拿球往前抢着投，一会就出现了问题，幼儿告状声不断。）

幼1：老师，豆豆的球砸到我的头了。

幼2：老师，轩轩的球砸到我的背了。

幼3：老师，圆圆踩到我的手了。

② 引导幼儿讨论游戏中遇到的问题。

师：你们觉得刚才的游戏玩得怎么样？（乱糟糟）

为什么投篮游戏会出现这么多的问题？（引导幼儿进行讨论）

幼1：我还没有拣好球，豆豆就开始投了。

幼2：我刚去拣球，轩轩的球就砸到我的背了。

幼3：我刚弯下腰去拣球，圆圆就踩到我的手了。

幼4：我们都太挤了。

③ 找出解决问题的办法，引出规则的重要性。

师：看来你们挤到一起投篮很混乱。大家能不能想个办法，让我们既能开心投篮，又不发生这么多问题呢？

幼1：要一个接一个地投。

幼2：我们要排队。

小结：看来，在投篮游戏中，我们要制定一些规则，大家都按规则来游戏。

④ 集体探讨投篮游戏的规则。

师：我们大家一起来想想，进行投篮游戏要制定哪些规则呢？

幼儿先跟同伴讨论，然后集体交流。教师根据幼儿的回答，用简单的图示法记录下来。

a．投篮要排队，一个接着一个地投。

b．投完的人要快速去拣球，然后抱球跑回队伍后面继续排队；后面投篮的人要等前面的人捡完球以后再开始投。

⑤ 再次进行投篮游戏。

幼儿按商量好的规则第二次游戏。

师：在没有规则的情况下，我们刚刚进行的投篮游戏很混乱。现在我们再来玩一次游戏，这次玩的时候，请小朋友们严格遵守我们刚刚制定好的游戏规则。

⑥ 游戏结束后的讨论。

师：这次我们的游戏玩得怎么样？

幼1：我们一个接一个地投，一点也不乱。

幼2：投完的人马上就去队伍后面排队，这样就不挤了。

小结：规则让我们的游戏变得又有序又开心，所以我们的游戏活动需要规则。

评析：教师通过让幼儿玩没有任何规则约束的投篮游戏，使孩子们体验到没有规则约束的游戏活动是混乱的、无序的，让孩子认识到规则的重要性。在一开始的投篮游戏中，由于没有规则，投篮游戏出现了问题。这时教师没有把规则强加于幼儿，而是引导孩子结合自身的体验，总结出应该怎样做，不该怎样做。使他们对自我行为进行不断的修正和强化，并根据自己的反思，讨论设计出投篮游戏的规则，然后在规则的约束下再次进行游戏，从而领悟到了规则带来的有序感、安全感和成功感。

（2）集体生活中的其他规则。

师：除了游戏活动，在我们的幼儿园生活中，还有哪些活动需要规则呢？（幼儿讨论）没有规则，这些活动会怎么样？

幼儿回答后，教师选出四个集体活动——洗手、午睡、上课、午餐，让幼儿先分组进行此活动的规则讨论，用最简单的图标把它记录下来，然后小组再派一人在集体面前交流。

小结：规则让我们的集体生活变得有序、安全。

评析：幼儿通过前面的游戏活动，认识到了规则的重要性。教师在此基础上作了拓展，让幼儿认识到幼儿园其他集体生活中也需要规则，并分小组进行规则的讨论，减少了教师的包办代替，提高了幼儿遵守集体规则中的自主性，让幼儿成为规则的"小主人"。

（3）活动延伸：公共规则。

① 观看PPT：公共场所的规则、上下公共汽车的规则、过马路的规则，幼儿自由讲述。

教师小结：规则对于我们的生活非常重要。不光我们小朋友在集体生活中需要一定的规则，所有人在社会生活中都必须遵守相应的规则，这样我们的生活才会有序、安全。

② 请幼儿继续寻找日常生活中的其他规则。

5. 活动评析

从对幼儿园集体生活规则的探讨，延伸到社会公共规则。通过观看PPT，让孩子知道一些基本的公共规则，更加认识到规则对我们的重要性——让我们的生活变得安全、有序，从而培养孩子从小遵守规则的意识。

（资料来源：www.yejs.com.cn/Jiaoan/article/id/46806.htm）

活动设计 6.4   我们不玩火（中班）

1. 活动背景

现在越来越多的新闻上报道某某地方又着火了，损失惨重，或有人员伤亡。孩子们来到幼儿园也会相互说着他们在电视上的所见所闻。安全教育无所不在，这不正是一个很好的教育契机吗？因此，展开了本次活动。

2．活动目标

（1）通过活动，让幼儿了解几种常见的灭火方法，初步了解简单的消防知识。

（2）教育幼儿不玩火，避免发生火灾。

3．活动准备

（1）蜡烛2根，打火机1个，水、沙子、湿布、扇子等。

（2）有关灭火的录像。

（3）人手一份操作图片(图上画的是在着火的时候，几个小朋友采取不同的灭火方法)。

4．活动过程

（1）游戏：灭蜡烛。

教师出示蜡烛，点燃。

"请小朋友动脑筋想一想，用什么办法能把蜡烛熄灭呢?"

幼儿想出办法后，教师提供备有的材料，请幼儿到前面试一下，教师小结。

（2）讨论，"出现了火情，该怎么办?""现在天气干燥，如果出现火情，我们小朋友该怎么办呢?"

引导幼儿说出各种灭火的办法。

小结：刚才小朋友想出的办法都不错，如果出现了火情，我们可以用水泼灭火、用湿布扑灭火、用沙子灭火、用灭火器灭火……但小朋友要记住，如果出现大火的时候，我们一定要先拨打119电话。

（3）请幼儿看录像。

"前几天,有个地方着火了,我们来看看他们想出的办法和我们想出的办法一样不一样?"

看完录像，提问："他们想到了哪些办法?""哪些办法是我们没想到的?"（开窗，捂着嘴、鼻跑出烟火区）

小结：火小的情况下，我们可以采取开窗，用水、沙子、湿棉被、灭火器等灭火；火很大的时候，我们拨打119电话，消防叔叔还没到，我们小朋友一定要把嘴巴、鼻子捂上，以最快的速度跑出烟火区，学会保护自己。

（4）幼儿操作。

"请小朋友看操作图片，图上画的是几个小朋友在着火的时候采取的不同的办法，每幅图的左下方有一个圆圈，你认为办法好的就在圆圈内打上'√'号。"

讨论：用扇子扇，是不是最好的办法?

"小朋友想一想，爷爷、奶奶生炉子的时候，用扇子轻轻地扇，火就越扇越旺了。如果火很大，用扇子扇来灭火行不行呢? 着火的时候，我们可以想别的办法。

（5）怎样避免火灾?

"一旦发生了火灾，对我们的危害特别大，房子没有了，人也受伤了。那我们平时怎样做才能避免火灾呢?"

幼儿讨论回答。

小结：小朋友说的都很好，但是光我们知道还不行，还要让别人都知道。那我们现在就到外面去，告诉别的小朋友，好吗?

5．活动延伸

户外游戏"勇敢的消防队员"。

目的：训练幼儿在垫上滚动、爬行和往返跑的能力。

准备：体操垫、红布。

玩法：教师发出指令，排头幼儿迅速跑到垫子前，从有红布的地方爬行或滚过去，表示避开烟或滚灭火源，然后爬起来，绕过垫子，跑到队伍前拍一下第二位幼儿的手。被拍的幼儿迅速起跑，重复前一名幼儿的动作。

6．活动评析

本次活动以幼儿实际生活中有过多次体验的事情——着火为主题，对幼儿进行灭火、防火教育，带有普遍性与典型性。让幼儿带着问题"着火了，怎么办"，边思边做，从而引导幼儿进一步认识到"火灾"给人们带来的危害。从教育活动过程来看，教师的目标意识强，在整个教育过程中，教师的每一个提问都紧扣"着火了怎么办"这一中心。一开始，教师在做完"灭蜡烛"游戏后，马上转入引导幼儿讨论"出现了火情怎么办?"充分激发幼儿想出各种灭火的办法。当幼儿看完录像后，发现自己想出的办法还有不足，从而为"怎样避免火灾"问题的深入进行埋下了伏笔，使幼儿知道火灾给国家、集体造成的损失，给人们生活带来的危害，增强幼儿的防火、灭火意识。

（资料来源：www.yejs.com.cn/jiaoan/article/id/48090.htm）

活动设计 6.5　做个讲卫生的好孩子（中班）

1．活动目标

（1）培养幼儿用肥皂洗手的良好卫生习惯。

（2）通过幼儿的自主探索活动，使幼儿知道肥皂的外形特征及用途。

2．活动准备

（1）各式各样的肥皂及肥皂盒若干，各种旧玩具、旧手绢等，吹泡泡玩具瓶（与幼儿人数相等）。

（2）《我爱洗澡》音乐及磁带、录音机。

（3）盛玩具的小筐若干。

（4）干净毛巾（与幼儿人数相等）、盛水的大水盆6个，小方布1块，剪好的小红星若干。

3．活动过程

（1）《我爱洗澡》音乐，老师与幼儿做动作进入活动室。

① 老师吹泡泡引起幼儿兴趣。

② 出示肥皂并请幼儿描述。（请幼儿自由发言）

③ 出示多种多样的肥皂，让幼儿观摩。老师引导幼儿观察并感受肥皂的形状、颜色、气味，并用手摸摸，说出感觉。（幼儿分别发表自己的意见）

（2）幼儿自由玩肥皂、脏玩具等，老师引导幼儿寻找肥皂的小秘密。（幼儿在玩中发现肥皂的小秘密：用手搓能产生泡沫，能溶在水里、能使脏东西变干净……）引导幼儿大胆讲述自己的发现，老师适时奖励。

（3）引导幼儿正确用肥皂洗手，教育幼儿讲卫生。

教师：孩子们，谁来告诉我你平时是怎么样洗手的？幼儿讲述自己洗手的方法。

教师："想想怎么样才能把我们的小手洗得更干净？"（与幼儿边念儿歌边洗手）

（4）幼儿自由吹泡泡，结束活动。

4．活动延伸

把各种玩具用清水冲洗干净。

5．活动评析

此次活动幼儿对"玩肥皂"极感兴趣，通过自主的探索，发现了肥皂好多小秘密，能溶在水里，有的有香味，有的有药味，搓在手上会起很多的小泡沫，能除菌……玩玩乐乐中了解了肥皂的用途，并学会了如何正确地用肥皂洗手。活动过程中发现：个别幼儿只顾玩玩具而忽视了探索肥皂的小秘密，对此，教师应适时引导，用肥皂洗塑料玩具不太合适。另外，活动中要引导幼儿尽量不要把水弄到衣服上，洒到地面上，培养其养成良好的行为习惯。

附：

洗　手　歌

小朋友，来洗手，
卷起袖，淋湿手，
抹上肥皂搓呀搓，
清清水里洗呀洗，
再用毛巾擦一擦，
我的小手真干净。

实践实训

一、校内实训

设计幼儿园社会规范教育活动方案。

二、校外实践

根据设计的教育活动方案到幼儿园组织教学活动。

思考与训练

1．"照相馆"游戏中，孩子们都喜欢当"摄影师"。游戏刚开始，帅宝、青青、华华挤在"照相馆"里，都争着要做"摄影师"，争抢着"摄影师的衣服"和照相机。当看到老师走过去时，他们都抢着说："是我先来的。"老师问他们："照相馆里，有室内的摄影师，有没有外景拍摄的摄影师呢？"他们都说："有。"老师又说："那你们谁愿意当外景拍摄的摄影师呢？"可是他们为了谁先当"摄影师"，又争执起来。

面对这种情况，教师应该怎样做？

评析：教师可以提醒幼儿用猜拳的方法来决定谁先给顾客拍照。一人在室内拍照，其他的人先当摄影助理。过一段时间后，再互相交换角色。游戏结束后，请幼儿把好办法介绍给其他人，让其他幼儿也掌握这种轮换游戏角色的方法，用轮换着"上班"的方法来满足大家的游戏意愿和需求。

2．如何在角色游戏中进行社会规范教育？

3．幼儿园教师资格证考试活动设计题：围绕"爱书、情书、自制图书"的主题，设计一个幼儿园小班活动方案，要求写明活动目标、活动准备、活动过程等。

单元七
学前儿童社会环境教育活动的设计与实施

🎯 **学习目标**

1. 明确影响学前儿童社会性发展的社会环境因素。
2. 理解社会环境诸因素如何作用于学前儿童社会性发展。
3. 明确学前儿童社会环境教育活动的意义。
4. 掌握设计适合不同年龄儿童的不同类型的社会环境教育活动的方法并进行评价。

基础理论

伟大的哲学家、社会学家马克思曾经说过：既然人天生就是社会生物，那他就只有在社会中才能发展自己的真正天性。遗传物质只有在社会环境的激活下，才能决定其表现型。一句话道出了环境对个体社会化发展的重要作用。同样，学前儿童社会性的发展也是在许多因素共同影响下形成的，这些因素既有学前儿童自身的特性，也包括学前儿童自身之外的各层级的物质环境与精神环境，具体包括家庭、幼儿园、社区及多元文化环境等方面。在许多时候，这些来自幼儿周围的外部环境因素对其个体发展的影响巨大。因此，帮助幼儿正确认识并尽快适应影响其成长的外部环境，对学前儿童社会性发展的意义重大。

一、影响儿童社会性发展的社会环境因素

（一）家庭

家庭是幼儿最初的生活场所，也是幼儿最初受教育的场所。幼儿社会性的发展首先是在家庭中开始的。家庭中的成员（主要指父母）对幼儿的抚养和教育，使幼儿逐渐学会了各种知识和技能，了解了一些社会规范和民族文化，这就是儿童社会化的开始。

1. 家庭环境

家庭环境是幼儿社会性发展中起着最直接、最具影响力的因素。父母能否根据幼儿的身心特点，创设与之相适应的家庭环境，直接影响到幼儿的个性和社会性的发展。家庭环境主要包括物质环境和精神环境。

（1）物质环境。物质环境主要由家庭的经济状况决定。首先，家庭的经济状况为家庭教育提供了现实的物质基础。一般而言，经济条件较好的家庭，满足幼儿身心发展的物质需要和精神需要的可能性较经济困难的家庭大些，更有能力为孩子提供较为优越的生活，创设较好的学习条件和机会。其次，家庭经济状况决定了家庭的物质环境的优劣。经济条件较好的家庭，有能力为孩子提供整洁的生活环境、安静舒适的学习环境和较为规律的生活，这些都有利于孩子更好地成长；然而，经济条件较差的家庭则没有能力和精力为孩子安排好的生活和学习环境。研究表明，如果家居条件太差，家庭过于吵闹、狭窄和拥挤，都不利于孩子的成长。

（2）精神环境。家庭的精神环境包括家庭的教育观念、家庭氛围、家庭成员之间的关系等方面。其中，父母的教育观念是家庭精神环境中最核心的要素。父母的教育观念制约着家长的教养方式，是影响儿童社会性发展的重要因素。我们可以把家长的教养方式分为权威型、放任型和专制型三类。其中，权威型的教养方式更能够帮助幼儿形成成熟、独立的性格特征，具备社会责任感和较高的自我效能感。因此，在家庭中，父母应用民主、宽容、平等的态度对待孩子，树立科学的教育理念，建立积极融洽的亲子关系，为孩子创设一个积极向上的家庭精神环境，促进儿童的身心健康发展。

案例

玉玉是一个非常胆小、交往能力较差的女孩子，她喜欢画画，但不爱说话。跟她一起玩的小朋友很少，因为她性格软弱，碰到一点小事儿就会紧张地哭，依赖性非常强，遇事缺乏主见。

每天早上她妈妈都要拉着她的小手护送着她进入自己的班级，帮她放好书包，脱掉衣服，还经常拉着玉玉到老师面前，告诉老师要怎样照顾好她、帮助她，每天都要妈妈亲手把她交到老师手里，然后妈妈再一步一回头地离开。

评析：其实儿童最早接触的社会环境就是家庭。家庭作为一个整体，其突出的特点就是家庭成员之间的彼此影响。有的时候，孩子的行为问题并非单纯是其一个人的行为问题，家庭成员对待孩子的行为方式和情感态度，对孩子个性的导向作用也是十分明显的。孩子的性格形成与家庭教育有着密切的关系。

建议：父母不要过多地包办代替，要给孩子自强自立的机会。例如，让孩子独立上楼进园，自己放书包，主动向老师、同伴问好等，在家要注意让孩子有独立思考、独自处事的空间。有些父母总觉得孩子还小，对孩子的事情总是包办代替，凡事都为孩子打算好，久而久之，孩子的依赖性越来越强，这就不利于孩子独立性格的养成。

有这样一句话："父母们给孩子什么样的磨炼平台，孩子就会成为什么样的人。"作为家长，该放手时就应放手，让孩子大胆独立做事，这样孩子才能尽快自强自立！

案例

　　果果4岁，是独生女，聪明好学，但性格较为孤僻、胆小。由于父母工作很忙，果果的生活几乎全由奶奶照料，奶奶视她为掌上明珠，事事包办，什么都不让果果做。平时在家时，果果喜欢看书、玩玩具、听奶奶讲故事，却很少出门。偶尔家里来客人，无论是大人还是小孩，果果都是不理不睬的，也不与客人同桌吃饭，而是独自到房间里面看故事书。上了幼儿园之后，她经常一个人坐在椅子上，游戏时也总是自己单独玩，从不与同伴一起玩，任凭老师怎样引导都无济于事，老师和小朋友邀请她时，她总是把头摇得像拨浪鼓似的，早上入园时也从不说"老师早"。果果很爱听老师和小朋友讲故事，在上课集体回答问题时表现很积极，思维也很活跃，但老师一提问她却不说话了。

　　评析：从果果的种种表现，不难看出她存在着退缩行为问题。

　　形成原因之一：环境因素。环境因素主要是家长的过度保护，因父母工作忙，果果由奶奶带，老人对其过分地照顾和溺爱，极少外出玩，经常封闭在自家的小天地里和奶奶过着"两人世界"，生活环境中的交往对象非常单一，缺乏与同龄小朋友玩耍的机会，以至于她难以适应幼儿园的集体环境。因此社会性发展就相对延迟了，最终形成退缩行为。

　　形成原因之二：遗传因素。我们知道胆小、退缩的人在面对陌生情景或陌生人的时候其生理表现与那些胆大、善于主动交往的人是不同的，这说明胆小、退缩行为有可能来自于父母的遗传。

　　建议：首先，家长要注意培养孩子的自主能力。家长不要溺爱孩子，应培养孩子独立自主的能力，让孩子学会管理自己，自己的事情自己做。其次，家长要注意多陪陪孩子，每天都抽出时间与孩子一起游戏、做家务，在此过程中多与孩子交流，了解孩子的想法和需求。另外，家长还要注意多带孩子参加社会活动。家长不能把孩子封闭起来，而是应带他们走出去，去游乐场、公园等小朋友多的地方，为孩子的交往创造条件，鼓励孩子主动去与其他小朋友结识、玩耍；另外，也可把小朋友请到家里来做客，为孩子提供多方位的交友机会。当孩子在交往中表现出退缩、胆怯时，家长不应表现出失望，更不应一味地训斥孩子，而是应该鼓励孩子，帮助孩子鼓起勇气，并采用适当奖励的方式，逐步增强孩子与人交往的信心。

2. 家庭结构

　　家庭结构是指一个家庭中的成员构成及数量。目前，我国的家庭结构类型主要有以下几种：一是核心家庭，即父母与未婚的子女在一起居住的家庭（三口之家较为普遍）；二是主干家庭，即由祖辈、父辈、孙辈三代人共同居住在一起构成的家庭；三是不完整家庭，包括单亲家庭或离异家庭，即父母一方离世，或者父母离异而造成结构不完整的家庭类型。

　　不同的家庭结构类型对儿童的社会性发展起着不同的作用。一般而言，由于核心家庭结构相对简单，父母在教养理念等方面较容易达成一致，家庭成员之间交往较多，容易形成亲密的感情，这种亲密感情有助于形成较为稳定的性格特征，但是由于家庭成员较少，孩子的交往对象较为单一，不利于增强孩子的交往能力。在主干家庭中，由于家庭成员数量较多，能够锻炼孩子的交往能力，但是祖辈、父辈在教育孩子的过程中往往因达不成一致意见而引发冲突，这种冲突会影响孩子的成长。调查显示，在不完整的家庭结构中长大的孩子，在同伴关系、自控能力、亲子关系等社会性发展方面往往存在诸多问题。

知识拓展

父母在塑造儿童的态度和行为方面的多种方式

（1）使用权利。使用权利即以惩罚来威胁儿童做出某一行为，这种办法在短期内很有效，特别是当成人在场能实施制裁时。但实验表明，使用权利并不能导致长期、可靠的态度改变。事实上，过分使用权利可能导致出乎意料的反效果。

（2）撤回爱护。撤回爱护是一种更隐蔽、更间接地强迫儿童服从的方法。它常常表现为直接的不赞成的言语，如"你那样我不喜欢"，或间接的冷淡、失望、不感兴趣，如不理睬孩子。在某些方面，撤回爱护比使用权利有着更好的效果，它能使儿童马上服从。但要使儿童将外在的社会规范转化为自己内在的要求，撤回爱护是不够的。

（3）信息内化。信息内化又叫引导，其具体形式多种多样，但其核心是引导儿童注意父母所要传递的行为标准，而不是父母传递这些标准所使用的方法。教育的效果体现为儿童记住了行为准则，使儿童将新的规范内化为自己的准则。

（资料来源：甘剑梅. 学前儿童社会教育. 北京：中央广播电视大学出版社，2007）

知识拓展

母亲态度与孩子性格的形成

母亲态度是支配性的，孩子的性格是服从、无主动性、消极、依赖、温和的；
母亲的态度是照顾过甚的，孩子的性格是幼稚、带有神经质、被动、胆怯的；
母亲的态度是保护型的，孩子的性格是缺乏社会性的、欠深思的，亲切的、非神经质的，情绪是安定的；
母亲的态度是溺爱的，孩子的性格是无责任心、不服从、攻击的；
母亲的态度是忽视的，孩子的性格是社会性的，冷酷、攻击的，情绪不安定，但创造力强；
母亲的态度是拒绝的，孩子的性格是神经质的、反社会的、粗鲁的、冷淡的，企图引起人们的注意；

母亲的态度是残酷的，孩子的性格是执拗的、冷酷的、神经质的、逃避的、独立的；

母亲的态度是民主的，孩子的性格是独立的、直爽的、协作的、亲切的、社会的、创造的；

母亲的态度是专制的，孩子的性格是依赖的、反抗的、情绪不安、以我为中心、大胆的。

（二）幼儿园

幼儿 3 岁以后进入幼儿园，其主要的生活、学习环境就发生了质的变化。幼儿园作为继家庭之后儿童进入的第二个稳定的社会组织，它引导着儿童社会性发展的方向和水平，是儿童社会性发展的重要场所。我们应当充分认识到幼儿园对学前儿童发展的重要作用，为他们营造良好的幼儿园环境，促进学前儿童社会性的发展。

1．幼儿园的物质环境

心理学家已经证实，美观、和谐、设计合理有序的环境有利于陶冶幼儿的性情，培养幼儿形成好的个性品质。现在，一些大型幼儿园的建筑风格就很讲究，色彩清新、建筑美观，有的幼儿园还配有卡通、亮丽的校车接送孩子，这些都能从外观上吸引幼儿。在具体的空间布置和安排上，井井有条地摆放物品能够培养儿童的秩序感，适度的空间布置，既能够避免幼儿产生暴躁情绪和攻击性的行为，又能够促使幼儿积极地与同伴进行交往。因此，幼儿教师就要从外观设置到内在布局，从大的区域环境设置到小物品的摆放，都要考虑到幼儿的年龄特点和身心发展水平，为幼儿营造适应的活动环境，引导幼儿在运用游戏、操作材料的活动过程中，开展交流、合作、模仿、协商、互助等交往，促进儿童社会性的发展。

2．幼儿园的心理环境

幼儿园的心理环境指的是幼儿园的人际关系及精神氛围等，具体体现在师幼关系、同伴关系、精神氛围等方面。这些因素虽是无形的，但却直接影响着学前儿童情感、人际交往和个性的发展。

（1）师幼关系。幼儿园的教师都是受过系统的学习和训练的专业人员，他们了解儿童身心发展的特点，掌握了科学地引导幼儿全面发展的方法，能够在师幼互动中促进幼儿社会性的发展。而建立良好的师幼关系是形成好的师幼互动、促进幼儿健康成长的前提。师幼互动指的是在幼儿园中，贯穿于学前儿童的一日活动中，教师与学前儿童之间相互作用、相互影响的行为过程。《纲要》中第三部分指出："关注幼儿在活动中的表现和反应，敏感地觉察他们的需要，及时以适当的方式应答，形成合作探究式的师生互动。"可见，师幼互动对促进学前儿童健全人格的发展具有十分重要的作用。

首先，良好的师幼关系的建立有利于幼儿安全感和自信心的建立。在幼儿园中，幼儿教师是儿童主要的交往对象，教师对待幼儿的情感态度直接影响着幼儿是否愿意上幼儿园。众多实证研究已证明，教师对幼儿表现出关心、接纳等积极的情感态度，会使幼儿乐于接受老师的教育和建议，更积极地与教师交流互动，有利于促进幼儿社会性的发展。这就要求幼儿教师有一颗爱孩子的心，尊重每个幼儿，发现每个孩子的闪光点，平等、民主地对待幼儿，给每个孩子以安全感和亲近感，这样才能使幼儿喜欢幼儿园，并在师幼互动中增强自信心。

知识拓展

皮格马利翁效应

皮格马利翁是古希腊神话里的塞浦路斯国王，他爱上了自己雕塑的一个少女像，并且真诚地期望自己的爱能被接受。这种真挚的爱情和真切的期望感动了爱神阿弗洛狄忒，就给了雕像以生命。虽然这只是一个神话传说，但是，在现实生活中，由于期望而使"雕像"变成"美女"的例子也不鲜见。

美国心理学家罗森塔尔将皮格马利翁效应引入教学，并做了这样一个实验：研究人员提供给一个学校一些学生名单，并告诉校方，他们通过一项测试发现，该校有几名天才学生，只不过尚未在学习中表现出来。其实，这是从学生名单中随意抽取出来的几个人。

然而，有趣的是，在学年末的测试中，这些学生的学习成绩的确比其他学生高出很多。研究者认为，这就是由于教师期望的影响。由于教师认为这些学生是天才，因而寄予他们更大的期望，在上课时给予他们更多的关注，通过各种方式向他们传达"你很优秀"的信息，学生感受到教师的关注，因而产生一种激励作用，学习时便加倍努力，因而取得了好成绩。

其次，良好的师幼关系的建立能够促进幼儿与同伴交往能力的发展。同伴关系是幼儿社会性发展的重要指标。豪斯与其同事、考察了师幼关系对幼儿同伴交往能力的影响。他们通过一项纵向研究得出结论：与教师有情感安全型关系（emotionally secure relationship）的幼儿对同伴更为友好，交往能力更强，也更容易为同伴所接受，并且与同伴交往时很少发生攻击性行为，而过于依赖（dependence）教师的幼儿则表现出更少的退缩性行为与攻击性行为。还有研究者考察了师幼关系对幼儿自我概念的影响，认为教师的评价对学前儿童的自我意识和同伴关系影响巨大。例如，许多孩子认为自己很笨，是因为老师曾这样说过他；有的孩子缺乏朋友，也是因为教师经常当众批评他是个坏孩子……由此可见，教师的一言一行都会影响到幼儿的同伴关系，积极的师幼关系和师幼互动能够促进幼儿与同伴的交往，培养幼儿分享、合作的交往技能。

最后，良好的师幼关系有利于加快幼儿对新环境的适应能力，对幼儿园产生归属感。国外的相关研究证明，幼儿园中的师幼关系与师幼互动直接影响到幼儿在入小学后前 3 年的适应能力和行为。因此，作为幼儿教师，建立良好的师幼关系，帮助幼儿顺利获得归属感是十分必要的。幼儿的归属需要指的是幼儿对同伴、教师及所在班集体的需要，是幼儿希望自己被同伴、被教师认同和接纳的一种心理需要。在情感上，每个幼儿都希望自己属于某个特定的群体并融洽地成为其中一员。如果幼儿在其所处的群体中，自己的观点、能力、建议等能够得到同伴、教师的认同，能够与同伴、教师互相接纳并互相关心和帮助，那么幼儿的归属需要就会得到满足，幼儿对这个群体就会产生一种归属感。反之，如果幼儿对班集体没有归属感，则会产生压抑、不安、自卑等不良情绪，这样也就无法从幼儿园的集体生活中获得快乐。发展心理学研究表明，学前阶段没有顺利建立归属感的幼儿，长大后往往会出现一些社会心理问题，如不会与别人交往、没有朋友、不被别人爱、也不会爱别人。

知识拓展

马斯洛的需要层次理论

马斯洛需要层次理论，亦称"基本需求层次理论"，是行为科学的理论之一，由美国心理学家亚伯拉罕·马斯洛于 1943 年在《人类激励理论》论文中所提出。该理论将需要分为五个层次，像阶梯一样按层次逐级递升，由低级到高级分别为：生理的需要，安全的需要，爱和归属的需要，尊重的需要，自我实现的需要。另外还有两种需要：求知需要和审美需要。但这两种需要未被列入他的需要层次排列中，他认为这二者应居于尊重需要与自我实现需要之间。

按马斯洛的理论，个体成长发展的内在力量是动机。而动机是由多种不同性质的需要所组成，各种需要之间，有先后顺序与高低层次之分，每一层次的需要与满足，将决定个体人格发展的境界或程度。

第一层次：生理的需要。

生理上的需要是人们最原始、最基本的需求，如空气、水、吃饭、穿衣、性欲、住宅、医疗等。若不满足，则有生命危险。这就是说，它是最强烈的、不可避免的最底层需要，也是推动人们行动的强大动力。

第二层次：安全的需要。

安全的需要要求劳动安全、职业安全、生活稳定、希望免于灾难、希望未来有保障等。安全的需要比生理需要较高一级，当生理需要得到满足以后就要保障这种需要。每一个在现实中生活的人，都会产生安全感的欲望、自由的欲望、防御的欲望。

第三层次：爱和归属的需要。

爱和归属的需要也被称为社交的需要，是指个人渴望得到家庭、团体、朋友、同事的关怀爱护理解，是对友情、信任、温暖、爱情的需要。爱和归属的需要比生理和安全的需要更细微、更难捉摸。它与个人性格、经历、生活区域、民族、生活习惯、宗教信仰等都有关系，这种需要是难以察悟，无法度量的。

第四层次：尊重的需要。

尊重的需要可分为自尊、他尊和权力欲三类，包括自我尊重、自我评价及尊重别人。尊重的需要很少能够得到完全的满足，但基本上的满足就可产生推动力。

第五层次：自我实现的需要。

自我实现的需要是最高等级的需要。满足这种需要就要求完成与自己能力相称的工作，最充分地发挥自己的潜在能力，成为所期望的人物。这是一种创造的需要。有自我实现需要的人，似乎在竭尽所能，使自己趋于完美。自我实现意味着充分、活跃、忘我、集中全力地体验生活。

马斯洛认为，五种需要像阶梯一样从低到高，按层次逐级递升，但这种次序不是完全固定的，可以变化，也有种种例外情况。一般来说，某一层次的需要相对满足了，就会向高一层次发展，追求更高一层次的需要就成为驱使行为的动力。相应地，获得基本满足的需要就不再是一股激励力量。五种需要可以分为两级，其中生理的需要、安全的需要和爱和归属的需要都属于低一级的需要，这些需要通过外部条件就可以满足；而尊重的需要和自我实现的需要是高级需要，他们是通过内部因素才能满足的，而且一个人对尊重和自我实现的需要是无止境的。同一时期，一个人可能有几种需要，但每一时期总有一种需要占支配地位，对行为起决定作用。任何一种需要都不会因为更高层次需要的发展而消失。各层次的需要相互依赖和重叠，高层次的需要发展后，低层次的需要仍然存在，只是对行为影响的程度大大减小。

马斯洛和其他的行为心理学家都认为，一个国家多数人的需要层次结构，是同这个国家的经济发展水平、科技发展水平、文化和人民受教育的程度直接相关的。在不发达国家，生理需要和安全需要占主导的人数比例较大，而高级需要占主导的人数比例较小；在发达国家则刚好相反。

（2）同伴关系。同伴交往是影响儿童社会性发展的重要因素，学前儿童与同伴之间的相互模仿和支持促进了幼儿社会行为的发展，加速了其社会化的进程。虽然幼儿在进入幼儿园之前也有同伴，但这种同伴之间的交往带有很大的随机性。而当幼儿进入幼儿园之后，就生活在一个相对稳定的同伴环境中，共同的生活、学习、游戏使他们之间的交往更具平等性，更容易产生共鸣。皮亚杰认为，正是产生于同伴关系中的合作与情感共鸣促进了幼儿社会认知的发展。譬如，在游戏活动中，幼儿与同伴之间由于争抢同一玩具引发冲突，为了找到最好的解决办法，促使幼儿站在别人的角度上考虑别人的感受，采取适当的解决办法。这就可以促进幼儿在交往中学会更多的交往技能，这都为儿童社会性的发展提供了良好的条件。

（三）社区

社区指的是在一定地域空间里的人群生活共同体。就我国的国情而言，社区可能是一个村庄，一个乡镇，也可能是城市里的某个区域，这样的社区分布无处不在，规模不同，社区文化也存在很大的差异。社区成员由于长期生活在共同的区域，其人口特性及经常性密切的生活联系使社区成为具有共同心理文化及文化特征的综合体，即在一个社区里生活的人们，通常都有较为一致的信仰、价值观念、生活方式及风俗习惯等，而这些因素都在不知不觉中影响着幼儿的社会性发展。

（四）多元文化

在日益全球化的今天，各个国家都不同程度地面临着多元文化的交互作用。国际教育大会通过的第 78 号建议书《教育对文化发展的贡献》中明确指出，对儿童进行多元文化教育的目标应是：从理解自己国家的文化到鉴赏邻国的文化，并最终鉴赏世界性文化。在我国，对儿童进行多元文化教育的主要目的就是引导儿童感受我国和世界的优秀文化，萌发幼儿初步的热爱民族文化的情感。

美国学前教育专家莫里森认为，多元文化教育是帮助儿童理解、欣赏、尊敬其他种族、性别、社会经济、语言和文化背景，使幼儿能够在一个不同文化的世界中生活、学习和交往，获得平等的教育机会，得到充分发展的教育。过去我国的传统文化教育存在一个误区，总是不自觉地在赞扬中华民族精神的同时，贬低其他文化。甚至有幼儿园在进行"筷子"的爱国主义教育活动中，竟把外国人不会用筷子说成是因为他们不如中国人聪明，这就使爱国主义教育变成了狭隘的民族主义教育，其结果是我们的幼儿不是自卑就是自傲。新的时代背景下，我们的学前教育也必须面向世界，使本土化与国际化接轨。

有学者指出，在多元文化教育上，我们的核心理念应是——"文化自尊"教育，即通过民族传统教育和爱国主义教育，让幼儿感受到我国文化的丰富性，培植民族文化尊严。例如，幼儿园可以利用节假日展开一些节日庆典活动，"中秋节"制作月饼，与家长共同品尝，分享劳动成果的同时增进亲子感情；也可让孩子了解"重阳节"的来历，学会尊敬、关爱老人等，这些活动能让幼儿在亲身参与中对我们的优秀文化和传统有所了解，增强他们的民族自豪感。另外，我们还要引导孩子了解人类文化的多样性，学会尊重其他民族的文化，认识到多元文化之间存在的差异，并从中发现文化之间的共同性和相互依存性。

活动设计 7.1 我知道的中国京剧（大班）

1．活动目标
（1）初步了解中国京剧故事和京剧人物。
（2）通过各种活动感受京剧的艺术美，喜爱京剧。
2．活动准备
杨贵妃、穆桂英、文成公主剧照；实物投影仪、人体彩绘笔；京剧图书、京剧 VCD；宣纸、黑色水笔、水彩色；油画棒、水粉；黑色色纸、刮蜡棒、水粉；脸谱形卡纸、银笔、绒球等。
3．活动过程
（1）讨论旦角人物。教师利用实物投影仪与幼儿一起观看杨贵妃、穆桂英、文成公主的剧照。教师与幼儿一起边看剧照边交流讨论，教师随机讲解这些人物故事。

（2）搜集、展览。教师、家长、幼儿共同去图书城等处，搜集购买有关适合幼儿看的京剧照片、画报等。在教室里展览搜集到的照片、画报。

（3）尝试画旦角人物的妆容。

① 教师通过情景化的化装程序，让孩子们了解不同的旦角人物有不同的妆容。

② 鼓励孩子们联系日常经验，运用彩绘笔，为女孩化妆成喜欢的旦角人物。

③ 相互欣赏、观看同伴化妆的特色。

（4）大家来讲京剧故事。多种形式讲故事。教师利用集体活动方式，介绍净角人物故事，如包公审案、桃园三结义、杨家将等。创设环境引发幼儿看京剧图书、看京剧VCD，请家长讲京剧故事等，引发幼儿对京剧故事的兴趣。创设环境鼓励幼儿在角色活动中自发地小组、个别讲故事，如岳飞精忠报国、哪吒闹海、诸葛亮借东风等。

（5）学画净角脸谱。鼓励幼儿为男孩化净角脸谱，在活动中加深对故事人物的了解，如红脸表示勇敢、黑脸表示正直、白脸表示奸诈等。

（6）欣赏京剧表演片段。通过欣赏活动，进一步激发幼儿对京剧人物及故事的兴趣。

（7）感受与表现。

① 学唱京剧、学做京剧台步、做功。教师以各流派（越剧、沪剧）的唱腔为导入点，让幼儿重点欣赏京剧唱腔：老师现场唱→听 VCD 中的唱腔→小朋友学唱京剧等，进一步增加幼儿对京剧的感性认识和兴趣。

请幼儿园舞蹈功底好的老师，表演老生走路的动作、花旦手舞的动作、武生对打等动作，并结合播放 VCD 中相应的片段，让幼儿谈谈、学学京剧人物的动作。

② 搜集布置京剧乐器。将来自幼儿园的、家庭的、社会的各种京剧乐器布置于教室之中，如锣、钹、京鼓、京胡等，营造浓浓的京剧气氛。

③ 观看京剧剧目《空城计》。教师、幼儿共同讲《空城计》的故事；画画我最喜爱扮演的京剧人物；根据不同的材料，教师们事先制作好一些成品，进行环境布置，引导幼儿观赏谈论。提供多种绘画形式，让孩子们进行自由选择，尝试角色创作，创造性地表现人物的服装、动作和道具。

（注：该活动可分数次进行。）

（资料来源：www.qinzibuy.com/daban/2013/daban_7269.htm，有改动）

（五）大众传媒

随着信息技术的发展，大众传播媒介越来越多样（书刊、广播、电视、手机、网络）并普及，使用和享受大众传媒已经成为学前儿童生活和学习的重要内容。尤其是手机、电视和电脑，已经成为幼儿获取外界信息的主要来源，影响着幼儿认知、人格和社会性的发展。幼儿通过这些媒介开阔了视野、认识了相应的社会角色，并从中了解社会的一些行为规范，但同时，电视、电脑、手机的普及也给幼儿的社会性发展带来了一些负面的影响。

第一，电视、电脑和手机的普及限制了孩子的交往机会，影响他们社会交往能力的发展。总是沉迷于手机和电脑游戏，导致幼儿与家长和同伴的接触机会变少，甚至滋生了一大批"电视孤独症"、"手机孤独症"的儿童，整日迷恋手机、电视，对周围事物毫无兴趣，严重时发展到自言自语的反常状态。第二，一些不健康的电视节目和手机游戏对儿童有很大的负面影响。有研究表明，电视暴力增强了儿童对暴力行为的忍受能力，同时也使他们更多地采用暴力的方式解决问题。作为教育者，应趋利避害，利用这些现代化媒体的长处，同时也要注意避免它们可能对幼儿社会性发展产生的负面影响。

知识拓展

动画片对幼儿交往能力的影响

电视节目中最受幼儿欢迎的是动画片。张令振等人在一项对中央电视台的综合性儿童栏目《大风车》的调查结果中发现，在《大风车》的小栏目中，幼儿收看频率最高的节目是"动画片"。动画片从以下几个方面影响着幼儿的发展。

第一，在娱乐需要方面。幼儿通过看动画片，会在动画片的唯美画面、视听兼备中使情绪得到放松，并会感到快乐，达到了娱乐需要的满足。这种放松和快乐的情绪体验能够促进幼儿交往能力的发展。但是，某些动画片由于故事情节过于紧张和带有攻击性的画面等，从而对幼儿的交往产生了不良影响。如热播的《喜洋洋与灰太狼》中，小羊被大灰狼抓走后，孩子们会跟着一起紧张，这种紧张情绪下孩子很难做到放松地与周围的人进行交往。

第二，在信息需要方面。动画片给幼儿打开了一扇多彩的社会之窗，它的内容跨越了传统知识传授的限制，以多种形式给幼儿呈现了他们所需要的各类知识，使幼儿能够有效地了解社会、分享经验、增长知识，促使幼儿接受社会所公认的价值观和行为方式。然而，任何事物都有它的两面性，动画片既向幼儿传播着有利于他们交往的知识，也传播着大量的暴力、打斗、凶杀等不利于他们交往的知识。如果幼儿经常置身于这种暴力环境，无疑将会助长他们的暴力行为，这些可能会为他们长大后的反社会行为埋下种子。

第三，在社会需要方面。幼儿希望被他的同伴喜欢和接受，这就促使他们转向关注特定的同伴群体，寻求信息以了解什么是恰当的态度和正确的行为。所以说，不仅有男孩子喜欢奥特曼，连一些没有看过奥特曼动画片的女孩子也喜欢奥特曼。为什么呢？设想一下，如果孩子周围的同伴都在讲奥特曼，自己却一点也不知道，根本无法融入到他们的交往中去，这是多么伤心的事情啊！所以，幼儿之间有共同喜欢的动画角色，共同崇拜的动画片"英雄"等，有利于幼儿与同伴之间的交往。然而，幼儿因看动画片所产生的攀比心理也会对幼儿的交往发展产生不利的影响。

（资料来源：路晨．2006．动画片对幼儿交往能力影响的研究，西南大学硕士学位论文，有改动）

二、学前儿童社会环境教育活动的价值和意义

现如今，我们生活在一个国际化、信息化的知识经济时代，它以高科技为导向，充满了未知和变数。新时代对人才的要求将不再仅仅局限于技能的熟练和知识的丰富，而是对人的全面发展提出了迫切的要求。新时期社会需要的人才不仅要智慧聪颖、道德高尚，还要身心健康，具备良好的社会适应能力，要学会与人共事，养成与人合作的态度，要具备团队合作意识和较强的心理承受能力，这样才能适应未来瞬息万变的信息社会。

然而，社会经济的飞速发展，生活节奏的加快也带来了诸多问题：封闭式、单元式的高层楼房使人与人之间的交往变少，独门独户的生活限制了儿童之间的交往，也限制了儿童社会性的顺利发展，儿童心理问题和行为问题日益凸显，特别是独生子女问题尤为突出。大多数独生子女自我中心现象严重，不会关心他人，不懂付出，团队意识薄弱，缺乏集体责任感，不会与人合作，社会环境适应能力差，这些都会成为其成长和前进过程中的阻力。要知道，一个人要想取得较高的成就，仅仅有聪明的头脑和丰富的知识是远远不够的，还要具备良好的社会关系和环境适应能力，这样才能在一个团队中站稳脚跟，获得发展。

著名幼教专家陈鹤琴先生特别强调对幼儿进行做人的教育，即社会教育。社会教育的核心就是促进幼儿的社会化，幼儿社会化的过程是其心理发展的重要过程，幼儿作为一个独立的个体，呱呱坠地来到这个世界，在与社会环境相互作用的过程中，逐渐成长为一个能掌握社会规范，正确处理人际关系，顺利适应新环境，形成良好社会适应能力的社会人。

（一）学前儿童社会环境教育能够使幼儿对所处环境产生安全感和归属感

归属感的顺利获得和发展对于个体的成长和发展具有十分重要的意义。幼儿对其所在的环境产生了归属感以后，就能够自觉地以所在集体的规范约束和适当调整自己的行为，在集体中接受信息、获得经验和积极情感，把自己看作是集体中的重要成员。而且，这种对集体的归属感在特定的情境下会表现得更加强烈。譬如，当幼儿所处的班级或幼儿园取得荣誉时，幼儿内心就会因此而感觉到无比自豪，这种自豪感会进一步增强其归属感，而且会使该集体中幼儿之间团结得更加紧密。因此，开展学前儿童社会环境教育，帮助幼儿在学前阶段顺利获得归属感并不断发展幼儿对班级、幼儿园等集体的归属感，是颇具价值和意义的。

知识拓展

学前儿童归属感发展的年龄特征

学前儿童归属感的发展具有层级性的特点，总的来说具有以下 4 个方面的特征。

（1）由近及远，即生活半径从家庭逐步扩展到社区、幼儿园再到家乡、国家乃至世界，越来越远。

（2）由小到大，从最小的单位——家庭，范围慢慢越来越大，扩大到社区、幼儿园，再到家乡和国家。

（3）由个体到群体。从幼儿自己到周围比较亲近的他人、再到所处的群体（主要是家庭、幼儿园和社区）。

（4）由熟悉到陌生，交往的对象从家人到同伴，从亲人到陌生人，对周围社会环境、社会规则等的认知都是从熟悉到陌生。

因此，幼儿教师在幼儿园中为幼儿归属感的发展提供支持性策略，应遵循上述逐级扩展和提升的规律和原则。不仅要注意到各年龄段幼儿归属感的发展特点，也要注意到归属感培养目标自身的层级性特点。

（二）学前儿童社会环境教育能够促使幼儿具备集体责任感

幼儿园是婴幼儿从家庭生活走向集体生活的新起点。他们要离开自己熟悉的环境和家人的亲切呵护，来到一个陌生的环境接受新的生活方式，扮演新的角色，开展新的活动，对于幼儿来说是巨大的挑战。因此，幼儿教师要为刚入园的幼儿营造一种温馨、可信赖的环境和氛围，这样才能帮助他们尽快融入新的生活环境，产生安全感和舒适感。

成人要亲切地对待幼儿，关心幼儿，让他感到长辈是可亲、可近、可信赖的。家庭和幼儿园是温暖的，如多和孩子一起游戏、谈笑，尽量在家庭和班级中营造温馨的氛围。通过和幼儿一起翻阅照片、讲幼儿成长的故事等，让幼儿感受到家庭和幼儿园的温暖，老师的和蔼可亲，对养育自己的人产生感激之情。吸引和鼓励幼儿参加集体活动，萌发集体意识，如幼儿园和班级里的重大事情和计划，让幼儿集体讨论决定。幼儿园应经常组织多种形式的集体活动，萌发幼儿的集体荣誉感和责任感。

（三）学前儿童社会环境教育能够使幼儿萌发爱的情感和爱国情怀

学前儿童社会环境教育是培养幼儿热爱家庭、热爱家乡、热爱集体、热爱民族、热爱祖国等情感的坚实基础。幼儿园可以运用幼儿喜闻乐见和能够理解的方式激发幼儿爱家乡、爱祖国的情感，如和幼儿一起外出游玩，一起看有关的电视节目或画报等；和他们一起收集有关家乡、祖国各地的风景名胜、著名的建筑、独特物产的图片等，在观看和欣赏的过程中激发幼儿的自豪感和热爱之情；利用电视节目或参加升旗等活动，向幼儿介绍国旗、国歌，以及观看升旗、奏国歌的礼仪；向幼儿介绍反映中国人智慧的伟大发明和创造，激发幼儿的民族自豪感。

三、学前儿童对社会环境认知的主要内容

学前儿童对社会环境的认知，主要包括学前儿童对家庭、幼儿园、社区机构、家乡、自己的民族和国家，以及世界其他一些国家的认知。

1. 对家庭的认知

幼儿对家庭的认知是逐步发展的，从对父母及家庭内其他成员的认知到对家中各个

家用物品的认知，从基本的日常生活规范认知到家庭中社会规范的认知。比如，知道家庭主要成员的姓名、性别、属相、生日、职业及与自己的关系等，激发幼儿对家人的关心和爱的情感；知道家庭所在地址、电话号码、家庭中的家具物品，知道家中常见的一些生活用品和家用电器的名称、用途等，培养幼儿的动手能力；知道热爱、尊重和关心家庭中的父母及长辈，学会为他们做一些力所能及的家务劳动等。幼儿园应组织以家庭为认知内容的一些学习和游戏活动，丰富幼儿对家庭的认知，培养幼儿对家庭的责任感，了解对父母应尽的义务。

活动设计 7.2   我爱我家（中班）

1．活动目标

（1）乐于大胆地与同伴说说爱家的理由，分享家庭的快乐。

（2）进一步感受家的温暖，产生爱家的情感。

2．活动准备

诗歌《家是什么》的课件，钢琴曲《我爱我家》，搜集相关资料。

3．活动过程

（1）教师出示"家"，引导幼儿说说自己的家。

教师："每个小朋友都有自己的家，你喜欢自己的家吗？"幼儿回答。"你最喜欢家里的什么"，请幼儿回答，教师注意让幼儿充分地讲述。

教师小结：有的小朋友爱家里的某一个房间，有的爱某一物品，有的爱某一宠物，有的爱某一亲人……"小朋友都爱自己的家"，教师出示字"我爱我家"，领幼儿读一遍。

（2）出示课件，教师配乐读诗歌《家是什么》。

教师边演示课件边朗诵：家是什么——小兔子说家是温暖的地方，小老鼠说家是安全的地方，小鸟说家是幸福的地方，小朋友说家是妈妈温暖的手、是爸爸宽阔的肩膀。

教师提问："你听到了什么？你有问题想问吗？"幼儿回答。

教师讲解为什么说家是妈妈温暖的手、是爸爸宽阔的肩膀。

再次朗诵诗歌。

（3）幼儿根据自己的理解，说说家是什么。

幼儿自由思考，教师请幼儿轮流回答(家是××)，教师用一句话讲解幼儿所说的话的寓意。

教师小结：爸爸妈妈爱宝宝，宝宝也爱爸爸妈妈。

（4）请听一首爸爸、妈妈、宝宝一起唱的特别好听的歌《我爱我家》。

4．活动延伸

对家人说一句话或给家人一个拥抱，让家长感受到孩子对他们的爱。

2．对托儿所、幼儿园的认知

托儿所、幼儿园是学前儿童进入的第一个集体教育机构，也是需要他们充分认知的一个重要社会环境。幼儿对托儿所、幼儿园的认知主要包括知道自己的幼儿园、班级的名称，知道自己所在班级教师的姓名，认识园内其他教师和工作人员，以及他们的姓名及所负责的主要工作，遇到事情知道应该找哪个老师等；知道幼儿园园内、园外周围的主要环境、主要设施和相关的行为规范等。

活动设计 7.3 我爱幼儿园（小班）

1．活动目标
培养幼儿爱幼儿园、爱老师的情感和适应集体生活的能力。

2．活动准备
（1）诗歌《幼儿园像我家》的录音带。
（2）预先定好参观路线，联系好相关部门。

3．活动过程
（1）以诗歌引出主题。幼儿听诗歌录音带，引导幼儿说说诗歌里说了什么。
（2）观察和讨论。让全班幼儿讨论幼儿园哪些方面像家，并且通过观察比一比，幼儿园的哪些地方与家里不一样，鼓励幼儿自由发言。
（3）寻找及参观活动。带领幼儿找一找幼儿园做饭的地方在哪里，找一找睡觉的地方在哪里，跳舞的地方在哪里，做游戏的地方在哪里，等等。

4．活动延伸
请幼儿回家为爸爸妈妈讲一讲幼儿园里的新鲜事。

3．对社会机构的认知

学前儿童的生活离不开一定的社会机构，如医院、商场、超市、餐厅、理发店、银行、消防站、邮局、动物园、公园、影剧院、博物馆等。他们通常会在幼儿园开展的各类游戏活动中再现这些机构的情景和情节。此外，幼儿还应认识飞机、火车、公交车、出租车、地铁、轮船等公共交通工具，认识警车、救护车、清洁车、洒水车、消防车、车站、机场、码头等公用设施；幼儿园还应组织幼儿参观附近的工厂、农村、城市、学校等；此外，还应知道医生、警察、教师、消防员、司机等相关职业的名称，了解各种职业人群的主要工作以及与自己的关系等。

4．对家乡、国家与民族的认知

我们还要从小建立学前儿童对家乡、民族、国家及世界的初步认知，激发儿童热爱自己的家乡和祖国的情感，培养儿童具有一定的民族荣誉感和自豪感。这主要包括知道自己的家乡、民族、祖国的名称，以及它们在地图上的大致位置；知道我们的首都、国旗、国徽、国歌等；知道自己家乡及祖国的风景名胜、著名建筑、风土人情、风俗习惯、主要的生活方式等；了解各个民族和我们国家的重大节日，如春节、清明节、端午节、中秋节、重阳节等；知道与自己关系密切的主要节日，如妇女节、劳动节、儿童节、国庆节、教师节、父亲节、母亲节等。

活动设计 7.4　我是中国人（大班）

1．活动意图

长城、长江、黄河是中国的象征；造纸术、印刷术、指南针、火药是中国人智慧的结晶；京剧、国画是民族的艺术；还有我国多民族的民俗民风，这些都将等待孩子们去探索。他们的发现越来越多，惊奇越来越多，感受也越来越深，他们的内心会逐渐萌发爱国之情。

2．活动目标

（1）知道自己是中国人。

（2）了解中国的历史、名胜、重大事件等。

（3）萌发爱祖国的情感。

3．活动准备

（1）具有标志性的图片，如国旗、天安门、长城等，做成 PPT。

（2）音乐：《义勇军进行曲》；几种少数民族的服装、头饰等。

4．活动过程

（1）网络上面找资料。

看到孩子们对中国的知识很感兴趣，我有了引导他们继续研究、交流的想法。我的建议得到了孩子们的积极响应，于是他们自己选择感兴趣的内容，有"中国的骄傲"、"了不起的中国人"、"中国知多少"等内容。他们的关注点不再满足于杂志、报刊等信息，而是在老师和爸爸妈妈的帮助下，开始学习在网上寻找研究资料。没两天，孩子们就发现了很多的秘密。

诺诺说："'神六'是中国人的骄傲。"

王艺霖说："我找到了关于兵马俑的资料，这也是我们中国人的骄傲。"

东东说："中国最早的四大发明：造纸术、印刷术、指南针，火药，就是中国的骄傲，我能详细地给大家介绍。"

大斐说："三峡建设也是中国的骄傲，我在网上看了图片，妈妈还帮我买了这张碟片呢！"

……

"你们说了这么多，怎么让同学看懂、听懂你？"我说，"我们在和爸爸妈妈、老师一起找资料的同时，想一想如何把这些内容用我们能看懂的方式记录下来，给大家介绍呢？"

几天后，很多孩子都带来了由老师、父母帮助他们一起从网络上获悉的有关"中国的骄傲"的第一手资料。

这些资料经过老师和幼儿的再加工，就成了既可以让幼儿看懂又能帮助他们理解的图文介绍材料了。

（2）资料库里找知识。

这一活动得到家长的大力支持和孩子们的积极响应，大家纷纷行动，有的帮孩子去书店买书，有的带来了视频资料，有的带来了图片资料，还有的带来了爸爸帮着制作的幻灯片。甚至还有明信片和民族服装、民间工艺等资料。一时间，我们有了一个资料库，孩子们有需要就可以随时查找。

"了不起的中国人"小组开始活动了，"谁来说说，你知道的了不起的中国人。"

幼 A 拿出了《名人小时候的故事》图书，介绍起了"铁棒磨成针"的故事……只要功夫下得深，铁棒也会磨成针。

幼 B 拿出了妈妈帮着制作的幻灯片，介绍起了 56 个民族。当屏幕上出现了某个少数民族男子的图片时，他说："你们知道他是什么民族吗？"……孩子们看着这些媒体资料，看到生动的画面，注意力都被吸引住了，都不住地提问"这是什么民族，他们住在哪里？"

（3）画报制作显本领。

几组幼儿分头研究着，手上的资料也越来越厚实，但是如何帮助幼儿归纳梳理、提炼和总结呢？以前的阅读活动都有一本现成的材料供幼儿使用，而这次该怎样让幼儿在收集到繁多的阅读材料后，形成一份核心读本呢？正当大家都在为这一问题发愁时，几位幼儿提议：把我们收集到的资料装订在一起，制作一本书，这样大家就可以了解我们小组的研究内容了。

这一提议得到了很多孩子的支持，我们开始着手制作一本属于自己的"幼儿画报"——阳阳画报。孩子、老师、家长分工合作，在原有的基础上，有人负责筛选，有人负责排版，有人负责文字编辑，有人负责打印……

不一会儿，在家长、孩子的努力下，一幅幅生动的画面经过归纳、整理，阳阳班的首本亲子、师生共同制作的画报呈现在了我们的眼前。

（资料来源：www.haolaoshi.tv/jiaoan/shuoke/2760.html，有改动）

5. 对重大社会事件的认知

学前儿童对重大社会事件的认知是学前儿童了解社会、关心社会的一个重要途径。主要包括了解社区、家乡和国家以及世界近期的一些重大活动，如 2008 年北京奥运会、自己所在社区的"爱鸟周"活动、家乡的环境治理和环境保护活动等；了解国家和世界上发生的一些战争、重大灾难，如"9·11"事件、汶川地震等。

四、学前儿童社会环境教育的活动设计与实施

幼儿在很小就会表现出对周围社会环境的好奇，成人需要做的就是根据幼儿的年龄和身心发展特点引导幼儿不断拓展对环境的认知，进而形成社会规则和行为规范的认知。学前儿童社会环境教育要结合多种方式和途径，专门性的活动与渗透性的活动相结合，让幼儿在积极主动和自主建构的过程中形成社会道德规范。

1. 尊重、接纳儿童

无论是家庭还是幼儿园，能否为孩子营造一个有利于孩子身心健康的气氛，直接关系到儿童社会性的发展。家长应注意唤起幼儿在家庭中的积极体验，可以让幼儿参与制定家庭中的重要决策，让孩子感受到自己是家庭中的一分子，也有发言权；另外家长还可以给孩子讲自己家族的故事，让孩子了解自己与家族的历史渊源和发展过程；父母还

可多带孩子出门看望爷爷奶奶、让幼儿感受到大家庭的温暖。幼儿园教师可以开展相关的主题活动，如以"说说我们的幼儿园"为主题，鼓励孩子把自己看到和感受到的幼儿园用语言表达出来。幼儿教师有必要为幼儿提供一个交流、讨论、对话的平台。正如弗莱雷所言："没有了对话，就没有了交流，也就没有了真正的教育。"

2. 贴近幼儿生活实际，开展各类教育活动

幼儿教师在设计教育活动时，应该尽量使教育内容贴近幼儿的现实生活，给他们提供真实的实践锻炼机会。如可以开展主题活动"爱护我们的地球"、"争做环保小卫士"、"河水变脏了怎么办"等，多带幼儿出去走一走、看一看，增进幼儿对环境保护的认识，萌发爱护家乡环境的情感；在新生入园的时候，可以开展大带小的活动，通过"我喜欢上幼儿园"、"帮助弟弟妹妹穿衣服"等活动，让幼儿在实际锻炼中体验关心、帮助弱小者，也可缓解新进小朋友的入园焦虑。

3. 鼓励幼儿与环境积极交往和互动

社会认知发展理论强调幼儿对环境适应过程中的主动性。马图索夫（Matusov）认为，幼儿园要给幼儿提供充分活动和交往的环境，发挥幼儿学习的自主性，这就要求幼儿教师要精心选择和设计社会活动环境，发挥幼儿对社会环境认知的主动性。良好的同伴关系会让幼儿在集体活动中感受到快乐，同伴之间也会产生彼此关心、互相帮助的积极情感，让孩子感受到班级、幼儿园大家庭的温暖。此外，教师也应多跟幼儿一起参加活动和游戏，尽量在班级中营造温馨的气氛。教师可以与幼儿一起翻阅照片，讲成长故事等。例如，在大班教学活动中，教师和幼儿一起分享绘本故事《猜猜我有多爱你》时，可以跟孩子们一起探讨：谁的爱更多一些呢？引导孩子认识到妈妈对自己的无私的爱。这都可以让幼儿感受到家庭和幼儿园的温暖、老师的和蔼可亲，萌发对周围养育自己的人的感激之情。

4. 家园共育，父母和教师要以身作则、率先垂范

家长和教师是影响儿童社会性发展的重要因素。孩子在人生前 5 年获得的社会交往经验，无论是在家庭中获得的还是在幼儿园群体生活中获得的，都会影响到孩子一生的"情商"。因此，家长和教师要注意自身的言传身教，要以身作则，修炼自己的品行，给孩子树立良好的行为榜样。日常生活中，家长和教师的一言一行、一举一动都在潜移默化地影响着孩子。许多家长和教师说一套，做一套，总是埋怨幼儿"不听话"，却极少反思自己在与孩子交往的过程中起了怎样的作用，"身教重于言教"仅仅停留在口上，并未落到实处。

知识拓展

日本幼儿社会性教育的特点与启示

众所周知，日本经济发达，科技先进。于是，我们便理所当然地认为其幼稚园的硬件也会是最好的。但是，参观了他们的幼儿园之后，我们感到反差极大。其幼稚园的环境和硬件设施极为简朴，看不到一点"豪华"和"现代化"

的影子，幼儿的玩具是各种各样的废旧物和自然物，如绳子、席子、纸盒、瓶子、旧轮胎等应有尽有，只见孩子们乐在其中。户外是一个小院子，院子的地是泥地，种有多种植物。在这样的环境中，没有塑胶地散发的气味，也没有水泥地反射的刺眼的光线，站在树荫下使人感到很平静、很舒适。在幼稚园看不到现代化的设备和琳琅满目的高档玩具，这与日本先进发达的科技社会似乎形成强烈的反差，但这正体现了人与社会、人与自然的和谐发展，以人为本、以孩子为中心的教育理念。在参观的过程中，我们发现在洗手间门口，摆放着一个大塑料箱，用来存放圆筒卫生纸的内芯，供幼儿创造性地玩耍，这些本来是"垃圾"的物品却让孩子们构建了变化多端的玩具饰品。教室里有一排小椅子是纸盒做的，而且很结实，椅子外面套上布套，非常温馨。每个活动室都有一个类似储藏室的空间，专门用来存放废旧物。在这样的环境中成长的孩子，还有什么理由不珍惜资源、不关心环境呢？

在立中之町幼稚园发给我们的简介中，我们看到了日本的幼稚园平日组织的各种社会体验活动，如与中、小学生们一起玩耍、亲子野餐露营、参加社区活动等。在幼稚园组织的欢迎会上，不像我国幼儿园那样精心挑选部分"演员"，经过反复练习，机械化地表演动作，而是面向幼稚园的全体幼儿。三岁组、四岁组的孩子们分别表演儿歌《井、剪子、布》《宇宙船之歌》，五岁组的孩子与参观者一起跳邀请舞，虽然语言不通，但欢乐的音乐早已让大家忘记了国籍。从孩子们稚嫩的脸上表现出大方、友好的表情，气氛异常热烈。对于这样的机会，日本的幼稚园不是把它看成表演节目给客人看，而是充分利用这种"人力资源"，因为难得有这么多的客人，这正是一个培养幼儿与人交往的大好时机。宽松、融洽的互动过程，锻炼了幼儿的胆量，增强了其自信。

作为东方文化的共同产物，在幼儿社会性教育目标上，我们和日本大同小异。如在日本的《幼稚园教育要领》人际目标中提到："主动与周围的人相互交往，培养对他人的友爱之情和信赖感。"我国的《幼儿园教育指导纲要（试行）》中社会领域目标也提到"乐意与人交往，学习互助、合作与分享，有同情心"。但活动的理念及设计、操作却相距甚远。作为幼儿社会性教育，这种临时性的角色体验是浅显、短暂的，孩子们的角色意识随着活动的结束而结束，效果自然很难持久。儿童社会性教育是建立在成人与儿童交往的基础上，而儿童与成人的交往又是建立在成人对儿童的理解的基础上的。

立中之町幼稚园的老师们为我们上了非常生动的一课。在参观的过程中，我们和园长及其他老师一样，穿着袜子走在木地板上，参观一圈回到进口处时，我们发现，进去时随脚脱下的还算摆放整齐的鞋子，一律鞋头朝外整齐地排列在门口，一位老师静静地站在一旁微笑着恭候我们，当时我们心里真有一种说不出的感觉。

日本《幼稚园教育要领》提出"积极和朋友交往，和朋友共同感受快乐和悲伤"，"看到伙伴的优点，感受到一起活动的快乐"。教师向幼儿传授人际关系经验时，首先要求幼儿尊重别人，理解别人，在幼儿期就培养他们彼此之间的信赖关系，在与其他幼儿的共同生活和联系中，学会如何相互合作，如何解决纠纷，让幼儿逐步体验到与人共鸣的愉快感觉。因此，我们要加强对幼儿的社会性教育，就应将与某种生活内容或生活方式相应的社会性教育目标结合进去，挖掘日常生活中不同活动的内容和方式的教育价值，培养幼儿的规则意识。

知识拓展

环境与孩子性格形成的关系

一个孩子在充满批评的环境下成长，他就学会吹毛求疵、谴责他人。

一个孩子在充满敌意的环境下成长，他就学会反抗他人。

一个孩子在充满恐惧的环境下成长，他就学会害怕、担心、忧虑。

一个孩子在充满嫉妒的环境下成长，他就学会贪得无厌。

一个孩子在充满耻辱的环境下成长，他就自觉有罪。

一个孩子在充满怜悯的环境下成长，他就学会自哀自怨。

一个孩子在充满宽容的环境下成长，他就学会耐心。

一个孩子在充满鼓励的环境下成长，他就学会自信。

一个孩子在充满赞美的环境下成长，他就学会赏识他人。

一个孩子在充满认同的环境下成长，他就学会爱惜自己。

一个孩子在充满被接受的环境下成长，他就学会爱这个世界。

一个孩子在充满被肯定的环境下成长，他就学会立定志向。

一个孩子在充满分享的环境下成长，他就学会慷慨。

一个孩子在充满公正诚实的环境下成长，他就学会坚持正义。

一个孩子在充满安全感的环境下成长，他就学会信任他人。

一个孩子在充满友善的环境下成长，他就学会热爱人生。

活动设计 7.5　多彩的少数民族（大班）

1．活动目标

（1）在交流分享中了解蒙古族、藏族、维吾尔族的风俗习惯及特色。

（2）感受少数民族的风情，萌发热爱少数民族的情感。

2．活动准备

幼儿已有经验、多媒体课件、民族服装、民族音乐等。

3．活动过程

（1）说说你知道的少数民族。

① 请用好听的、有节奏的声音说说你知道的少数民族的名字。

②　出示地图（地图上标有代表 56 个民族的标志）：刚才小朋友说了好多少数民族，他们分布在我们伟大祖国的四面八方，除了小朋友说到的，还有一些其他的少数民族。

③　这么多的少数民族，你们知道一共有多少个吗？（用数字表示出来）

总结：哇！祖国真大呀，原来我们一共有 56 个民族，每个民族都有它们不同的风俗习惯和地域特色，藏着好多好多特别有意思的秘密。

（2）认识维吾尔族、蒙古族、藏族的生活习惯和风土人情。

创设情景，请幼儿扮演少数民族娃娃家，邀请小朋友到家里做客。

①　维吾尔族。

a．请幼儿介绍维吾尔族的风俗习惯及地域特色。

b．利用多媒体课件提升认识，梳理幼儿的经验。

服装：式样宽松、洒脱，色彩对比强烈。

小姑娘：维吾尔族姑娘以长发为美，婚前梳十几条细发辫，婚后一般改梳两条长辫。

花帽：花帽是维吾尔族美丽的标志之一，四楞小花帽，冬天是用皮做的，夏天是用绫做的，有的帽子前面插上动物的羽毛，帽子的花纹是四边对称的。

特产：新疆维吾尔自治区还被称为"水果之乡"呢，知道为什么叫它水果之乡吗？（产葡萄）新疆维吾尔自治区是我国面积最大的葡萄生产基地，除了葡萄你们还知道有哪些水果吗？（哈密瓜、无花果、香梨）

舞蹈：维吾尔族是一个能歌善舞的民族，播放音乐，幼儿学一些基本动作，跳一段维吾尔族舞蹈。

②　蒙古族。

a．幼儿介绍蒙古族的风俗习惯及地域特色。

b．播放多媒体课件梳理幼儿的经验。

服装：长袍，腰带，靴子，首饰，男子腰带上多挂刀子、火镰、鼻烟盒等饰物。女子用红、蓝色手帕缠头。（回忆比较一下和维吾尔族的衣服有什么不一样）

蒙古包："包"就是"家"的意思。蒙古包是建在大草原上的，蒙古包最大优点就是拆装容易，搬迁简便，里面的内饰也很多。

摔跤：特色运动项目。（幼儿模仿）

骑马：蒙古族有草原"马背上的民族"的称号。（跟着音乐学骑马的动作）

③　藏族。

a．幼儿介绍藏族的风俗习惯及地域特色。藏族是世界上住得最高的民族，谁知道为什么？（因为有个青藏高原）有"世界屋脊"之称。

b．播放多媒体课件，梳理幼儿的经验。

服装：宽腰，长袖，大襟。冬天长袖长袍，夏天穿无袖长袍，腰前系一块彩色的花纹围裙。（表演藏族舞蹈特点）

酥油茶：特色饮食。

哈达：（学习献哈达的动作）藏族同胞特别喜欢哈达，把哈达看成最珍贵的礼物，每次有喜庆之事、远客来临，或远行送别都要献哈达以表敬意。献哈达也有其礼节，教师演示怎样献哈达。

c．让幼儿体验风俗：把最珍贵的礼物和祝福送给远道而来的客人老师，献哈达的时候送上祝福话。（背景音乐，献哈达）

（3）结束部分。

① 教师：今天我们知道了这 3 个民族的知识，了解了他们的不同的风俗习惯及地域特色，除了这 3 个民族你还了解其他的民族吗？

② 小结：我们国家 56 个民族生活在一起，一起劳动，一起唱歌跳舞，团结友爱，互帮互助，共同建设我们的国家。

教师：让我们邀请客人老师一起来跳我们的民族集体舞吧！

4．活动评析

根据幼儿已有知识经验，创设情景激发幼儿探索民族风情的兴趣。通过相互学习初步了解维吾尔族、蒙古族、藏族 3 个民族的风俗习惯及地域特色。让幼儿在说一说、做一做、认一认的过程中感受少数民族的热情、好客、勤劳、朴实、能歌善舞、多才多艺。幼儿欣赏音乐，鼓励幼儿用动作大胆表达，为幼儿提供自由展现的机会，孩子们按意愿选择自己喜欢的民族，融入到扮演的角色中，从中感受民族的多元文化，使幼儿从小意识到中国是个多民族国家，各民族兄弟姐妹是一家。

（案例选自：周世华，耿志涛．学前儿童社会教育．北京：高等教育出版社，2011，有改动）

活动设计 7.6　我的家乡（中班）

1．活动意图

区域活动时，几个孩子的嘀咕声引起了我的注意。原来它们围绕着一本旧挂历嚷嚷开了，看得出是这本已开始泛黄的旧挂历上秀美的风光吸引了他们。确实，长阳有着悠久的历史，秀美的风光，浓郁的风情，灿烂的文化，绵延八百里清江，形成了一道天然的画廊，有着取之不尽的教育资源。从小对孩子进行一些乡土知识的教育，是教师不可推卸的责任和义务。因此，我们设计了这个主题活动。这是一个已被多次采用的主题，我们此次是希望打破以往单纯的教学模式，通过三个阶段（搜集整理阶段、知识竞赛阶段、知识运用阶段），层层提高难度，环环相扣。不断鼓励幼儿亲自去切实了解认识我们的家乡，充分发挥他们的积极性和合作意识，以新颖的方式与幼儿共同学习，了解清江文化，让孩子们在活动中产生自豪感，真正感受到清江画廊——我的家乡荣耀。

（1）家乡美（搜集整理阶段）。

活动目标：

① 通过让幼儿在家庭、社会生活的各个领域中搜集与长阳有关的图片、照片、书籍、磁带、影碟、事物等使幼儿在亲自参与中更多地了解和感受家乡之美。

② 指导和协助幼儿对所搜集的资料进行分类，让幼儿深刻体验到家乡的美，从而自然而然地产生一种自豪感。

活动重难点：指导和协助幼儿给所有的物品进行分类。

活动的形式：

① 此活动延续的过程为两周。

② 此活动不安排具体的教学活动，要求幼儿在平时的生活中做有心人，去搜集材料，内容可以是挂历、图片、书籍、音像资料、实物等。

③ 在活动室内设置四个展区：秀丽的风光（清江河、隔河岩大坝、天柱山、盐池温泉、武落钟离山、伴峡、鸣凤塔、叹气沟、长阳人化石洞、巴王洞等）；浓郁的风情（美丽的土家服饰、民歌、婚丧风俗等）；悠久的历史（巴人的发祥地——武落钟离山的传说、长阳人化石、土家第一军的故事、七七纪念碑相关的英雄故事等）；灿烂的文化（土家吊脚楼、碰柑、香肠、清江石文化等）。

④ 及时协助幼儿将搜集到的物品进行分类。

⑤ 鼓励幼儿课余多到这四个展区参观，可以对实物进行操作，组织幼儿品尝特色小吃，引导幼儿互相交流，进一步了解展品，并不断鼓励幼儿充实展区的物品。

⑥ 在这个活动中，教师只协助幼儿分类，并请家长予以配合，多鼓励幼儿用自己的眼睛去观察、去寻找、去发现。如果发现展区内的物品不够全面，教师应予以帮助。

（2）"我爱我的家乡"知识竞赛（知识竞赛阶段）。

活动目标：

① 通过竞赛活动，巩固幼儿在第一阶段所了解的知识，培养幼儿热爱家乡的情感。

② 在竞赛中，让幼儿体验与同伴合作的快乐、亲子活动的快乐；培养竞争意识。

③ 促进幼儿思维的灵活性和社会交往能力的提高。

活动准备：记分牌 4 个、人手一套绘画用品、小奖品若干、巴山舞曲、布置竞赛环境、邀请幼儿家长参加。

活动形式：

① 幼儿自由选择代表队（按颜色分类）。

② 围绕展区的内容设置题面。表现形式多样：说、唱、跳、画、写。

活动过程：

① 总结第一阶段的活动。

a．让幼儿分组简要讨论展区中的内容。

b．提出任务。（师：小朋友们都很能干，在这里了解和认识了许多关于清江、长阳的知识，你们看到这些丰富的展品，都有些什么感受？鼓励幼儿说出自己心里的感受）

c．在幼儿表述的基础上教师小结（我们的家乡长阳的确很美，那我们小朋友就更应该关心、爱护自己的家乡）。

② "我爱我的家乡"知识竞赛。

a．师：今天小朋友的爸爸、妈妈来到了我们中间，我们一起来向他们表示欢迎。他们要和老师来一起考考小朋友，看看你们究竟了解家乡有多少。

b．教师提供四个队标，幼儿自由组合，教师提供协助。成立 4 个队（红队、黄队、绿队、橙队）。

c．教师向大家介绍竞赛规则。

　　本次竞赛分三轮。第一轮为必答题，每队有两次答题机会，自己答不上来可以请爸爸、妈妈帮忙，若还答不上来则由其他队答题，答对者得一面小红旗；第二轮是"我说你猜"，我们请家长和小朋友一起玩游戏，家长看到题面后不能说出字面上的任何一个字，只能用语言表达，每组共三道题，每题的答题时间不能超过 1 分钟；第三轮为抢答题，听到"开始"后方可摇铃抢答，自己不会的可以请家长帮助回答，违规的扣除一面红旗，以红旗多的队为获胜队。希望小朋友踊跃答题。

　　d. 宣布"我爱我的家乡"知识竞赛活动开始。

　　e. 统计场上的比分，给获胜的队颁奖。

　　f. 教师小结：你们都是巴人的后代，长阳的主人，从现在开始，你们就要好好学习，长大后建设好我们的家园。

　　(3) 角色游戏：小小旅游团（知识运用阶段）。

　　活动目的：通过旅游观光的游戏形式，帮助幼儿加深对长阳乡土文化知识的了解与记忆，学习灵活运用知识，培养幼儿爱家乡的情感。

　　活动准备：幼儿课前练习过各风景点解说词，4 个风土人情图片、实物展区，小小导游证（编号 1～6），彩色小旗 3 面，巴山舞磁带，录音机。

　　活动过程：

　　① 谈话引出主题，激发兴趣：听说今天会有许多旅游团来我们长阳游玩，现在需要几个能干的小导游，不知道小朋友们愿不愿意帮忙？

　　② 选导游。

　　a. 讨论：怎样才能当好一名导游呢？

　　b. 幼儿自由报名，进行小小竞赛选出 6 名幼儿。要求参选的幼儿必须介绍一个风景点，由大家选出语言表述清晰、大胆的幼儿。

　　c. 按编号给小小导游发小旗、导游证。

　　③ 组成 3 个旅游团，每队由 2 名导游带队。

　　提出游戏要求：导游要负责向游客介绍美丽的风景、有趣的风俗、优美的舞蹈、土特产和特色小吃。

　　④ 幼儿开展游戏，教师客串角色指导，由小导游带领旅游团观看长阳美丽的风景，游玩天柱山、巴山洞，漂流，欣赏土家歌舞、精美的工艺品，品尝特色小吃等。

　　⑤ 集体作画：美丽的长阳。鼓励幼儿把自己最喜欢的或印象最深的景象画出来。

　　⑥ 随着优美的《巴山舞曲》翩翩起舞，结束活动。

　　2. 活动评析

　　通过三个阶段让幼儿感受到家乡之美，对家乡的风景、特产、风土人情有所了解，从而萌发幼儿热爱自己的家乡的感情是很有意义的一次活动。三个阶段层层深入，培养了孩子动手、动脑的能力，又极大地丰富了幼儿对家乡的认知，同时又贯穿了丰富多彩的游戏活动，看得出来这次活动老师花费了很大的心思，能够根据孩子的兴趣点及时设计有意义的活动，让孩子在玩的过程中感受家乡之美，真正做到了寓教于乐。

　　　　　　　　　　（案例选自：2011 年甘肃省幼儿园教师远程进修网页，作者：马爱君）

活动设计 7.7　闹元宵（大班）

1．活动背景

农历正月十五，是我国传统的元宵佳节，每逢这一天，大街上到处都是琳琅满目的花灯，故又名"灯节"。后来，元宵燃灯的习俗，渐渐演变成望月夜游、赏灯观灯。而各种民俗文艺表演，如扭花鼓灯、耍龙灯、狮子滚绣球、高跷、抬阁、花棍、花灯、伞灯、旱船等，把新年的气氛推向高潮，也让孩子们感受到了浓浓的节日气氛。《幼儿园教育指导纲要》中提出："要充分利用社会资源，引导幼儿实际感受祖国文化的丰富与优秀，感受家乡的变化和发展，激发幼儿爱家乡爱祖国的情感。"因此，我设计、开展了大班社会活动——闹元宵。

2．活动目标

（1）情感目标：感受元宵节的喜庆气氛，能与伙伴分享节日的快乐。

（2）能力目标：能够积极主动地参与到活动中。

（3）知识目标：了解元宵节的传统风俗习惯。

3．活动准备

（1）知识准备：幼儿已具备过元宵节的生活经验。

（2）物质准备：实物元宵、关于元宵节的音乐及 PPT——热闹的元宵节、花灯、花鼓、彩绸、锣鼓等表演材料。

4．活动过程

（1）出示实物，激发兴趣。

① 播放喜庆民乐《万事如意》，出示灯笼、锣鼓、花鼓……提问：这些是什么？你在哪见过它？什么时候见过它？

② 让幼儿通过多种感官的参与和结合自己的生活经验回忆节日的喜庆氛围，并通过讨论讲述激发幼儿自主地投入到活动中。

（2）大胆表述，提高主动性。

幼儿观看 PPT 后自由讨论，说一说元宵节里有哪些开心的事？（如和小朋友一起放鞭炮、挑选花灯……）

① 在教师的问题引领下请幼儿相互交流：自己是和谁一起过的？在哪里过的？怎样过节的？说一说全家人吃元宵的情景。

② 教师参与到幼儿的谈话中去，注意小结并讲解一些元宵节时的风俗习惯。同时要提醒幼儿注意放鞭炮时的安全。

③ 要帮助幼儿正确使用节日祝福语，并请幼儿试着相互说一说，也可以请个别语言表达能力强的幼儿展示一下。

《纲要》指出：幼儿的语言是通过在生活中积极主动地运用而发展起来的，单靠教师直接"教"是难以掌握的，教师应充分利用各种机会，引导幼儿积极运用语言交往。在本次活动中，通过教师引导幼儿观看 PPT 内容，鼓励幼儿结合自己的实际经验当众表达，在讲述中发展幼儿的语言表达能力。幼儿看到有趣的画面后，产生了浓厚的兴趣，观察画面很认真也很细致，并能够积极主动地把自己看到的、想到的讲出来。

这一环节为幼儿提供了自由表达的机会，不管孩子们说得怎样，教师都给予鼓励、表扬，为幼儿更主动地参与下一环节作铺垫。

（3）猜灯谜，积极探索。

首先，教师出示附有灯谜的灯笼："这是什么？（教师向幼儿介绍猜灯谜游戏）上面写了些什么？"并引导幼儿猜一猜谜底是什么。

在猜灯谜这一环节中，"猜"不是最主要的，重要的是教师让幼儿在快乐的"猜一猜"中积极参与、主动思考，而且让幼儿有主动表达的意愿。在猜的过程中孩子们兴趣高涨，面对幼儿的积极响应，教师首先肯定幼儿表现自我的勇气。在教师的鼓励下，他们都积极主动地参与猜灯谜游戏，此时，幼儿对元宵节有了更进一步的认识和理解，并保持了浓厚的持续探究的愿望，学习的主动性、积极性也被充分调动起来。

（4）活动延伸。

通过以上环节幼儿已经感受到元宵节的热闹，教师又请幼儿与家长回家一起制作元宵，感受劳动的快乐，体会与家人一起制作食物的温馨和快乐，并让家长通过聊家常的形式让幼儿进一步了解元宵节，感知元宵节庆团圆的寓意！

5．教学反思

《纲要》指出：教育活动的组织形式应根据需要合理安排，因时、因地、因内容、因材料灵活地运用。于是教师采用了以下几种形式进行教学，让幼儿感受元宵节的喜庆，让积极参与的快乐撒满每个幼儿的心中。

（1）课件辅助，感受节日氛围。

多媒体的利用能增强教与学的互动性，帮助教师与幼儿进行交流，并激发了孩子的学习兴趣，从而提高了幼儿学习的主动性。播放 PPT 制造了这种氛围，充分调动了幼儿的思维活动和情感体验，引起了幼儿的共鸣。

（2）灯谜游戏，体会民俗文化。

《纲要》指出：教育内容的选择"既贴近幼儿的生活来选择幼儿感兴趣的事物和问题，又有助于拓展幼儿的经验和视野"。幼儿对元宵节已有一定的了解，而由于大班幼儿具有强烈的好奇心和探索欲望，想进一步了解更多关于元宵节的事情。所以，根据幼儿的认知水平，年龄特征及教材特点，设置了"猜灯谜"环节，让幼儿在说说、玩玩中加深对元宵节的认识，真正做到了寓教于乐。

（3）家园合作，分享节日快乐。

家庭是幼儿园重要的合作伙伴，在活动的延伸部分，教师鼓励家长主动为幼儿参与传统节日教育活动中，同时也让家长知道每一种教育资源都是幼儿开阔视野、领略传统文化的课堂。在教师的号召下，家长主动配合，有的家长甚至还把家里做元宵的场面用数码相机拍了下来，让幼儿带来园里与同伴共享自己在家过元宵节的感受。这些活动拓展了幼儿学习的空间，丰富了幼儿的生活经验，激发了幼儿对传统节日的兴趣，也让家与园的合作关系更加紧密。

6．活动评析

总体而言这次活动是很成功的，教师能以新《纲要》为指导，从"认知—情感—行为"三方面让幼儿对"元宵节"有了较为全面的了解。整个活动过程由浅入深，从初步感知到亲身体验，让幼儿在互动式、开放式、探究式的教育活动中，自主、能动、创造性地学习。幼儿教师应该从教学的点点滴滴去关注幼儿，用"心"去体会他们的感受，当我们给予孩子们多一些耐心和关爱时，我们就向幼儿学习活动中的参与者、合作者、引导者这些角色又迈进一步！

（资料来源：www.fyxyey.com/jiaoyuziyuan/dianxingkeli/2011-04-02/4211.html，有改动）

活动设计 7.8 地球妈妈生病了（中班）

1．活动目的

（1）通过故事让幼儿了解地球生病的原因，知道环境破坏是很多原因造成的。

（2）使幼儿初步了解防治环境污染的方法，积极参与环境保护活动。

2．活动准备

有关地球的录像资料，电子课件，操作纸，水彩笔等。

3．活动过程

（1）地球是我们共同的家。

今天老师带来了一段小视频，请小朋友一起来看看，地球上有什么？

教师小结：我们都居住在地球上，地球上有人类、高楼、大树，还有草地、湖泊、蝴蝶、鸟、植物和空气等，美丽的地球是我们共同的家园。

（2）地球妈妈生病了。

① 师：小朋友，你们听，是谁在哭泣呀？（播放地球妈妈哭的音乐）哦，原来是地球妈妈在哭呢！教师提问：地球妈妈怎么了？幼儿尝试回答：地球妈妈伤心了/地球妈妈生病了……

② 师：小朋友们说对了，地球妈妈真的生病了，现在让我们一起来听故事《地球妈妈生病了》。边看图边给幼儿讲述故事。

③ 提问：地球妈妈为什么会生病？

幼儿：原来是因为地球上的人们砍掉了树木，建起了高楼大厦，挖出了很深的地基，地球妈妈的身上被挖出了一个个大坑，所以地球妈妈她头也痛，胃也痛，所以生病了。

④ 提问：医生诊断出地球妈妈有什么疾病？

幼儿 A：地球妈妈严重缺少水资源，缺水会让她干裂。

幼儿 B：地球妈妈表皮缺少绿色，缺少绿色会让她的生态不平衡，内脏受到损害。

幼儿 C：空气污染严重，地球妈妈病得很厉害。

（3）师幼共同讨论地球妈妈生病的原因。

提问：你还知道有哪些不好的现象会使地球妈妈生病？

幼儿：建筑工地的机器轰鸣声会使地球妈妈生病/汽车排出的尾气会使地球妈妈生病/

乱扔垃圾会使地球妈妈生病······

教师小结：污水、废气都有毒，会严重影响动物、植物的生长，如果我们吸入被污染的空气，就容易患上感冒、气管炎、哮喘病等，严重的还会导致肺癌。

（4）争做地球妈妈的小卫士。

师：那地球上出现了这么多问题，看来地球生的病是很严重的。

那小朋友们有什么办法让地球妈妈的病尽快好起来，变成原来美丽的地球呢？

幼儿回答：

① 不乱抛纸屑、瓜皮果壳，不随地吐痰······

② 减少环境污染，爱护周围环境······

③ 多种树种草，不摘花草树叶，不乱踏草坪······

④ 净化空气，防止沙尘，为动物营造家园······

⑤ 节约用电，节约用水······

刚才小朋友们说得真棒，讲了这么多为地球妈妈治病的方法，现在老师就请小朋友做小医生，为地球妈妈治病。

讲解操作要求：

出示材料1：土地干裂，应该怎么做？多浇水。

出示材料2：地球表面缺少绿色，应该怎么做？种小草、大树。

出示材料3：废气污染，应该怎么做？种大树。

（5）儿歌：我们大家都爱你——地球妈妈。

教师：今天徐老师也带来了一首环保小儿歌，我们一起来听听。

儿歌如下：

地球妈妈本领大，世界万物都装下。

有山有水又有花，风景优美是我家。

爱护草木尊敬她，勤俭节约好方法。

浪费资源要惩罚，保护地球人人夸。

教师：你听到了什么？从现在开始你们要按照儿歌里面说的去做，你们能做到吗？

附：

地球妈妈生病了

一天早上，地球妈妈的脸色发黄，难过极了，她发现自己身上又少了一块绿色。她吓了一跳，她自言自语道："肯定是自己的身体出问题了，我的外表都成黄色了。"

她定睛一看，长长叹了一口气，原来是地球上的人们砍掉了树木，造起了高楼大厦，挖出了很深的地基。地球妈妈的身上被挖出了一个个大坑，怪不得她头也痛，胃也痛，她只好来到宇宙诊所治病。

医生听地球诉说完病况后，拿起放大镜，仔细地查看了每个角落，突然医生大叫一声，一下子坐到椅子上，他颤抖地说："你······有三个绝症，一是你严重缺少水资源，缺水会让你干裂；二是你······表皮缺少绿色，缺少绿色会让你的生态不平衡，内脏受损；三是空气严重污染······你病得很厉害，再不医治你会······，恐怕······"

地球吓了一跳，但她还是问："恐怕什么？"医生说："说了，你会吓一跳的。"地球反问："哪有医生不告诉真相的？"医生说："恐怕你的生命会有危险。"

地球一听就哭了，她吱吱呜呜地说："这些人们，我平常对他们那么好，给他们制造充足的氧气，给他们布置美丽的环境，保护他们，他们竟然……呜……呜……"地球妈妈伤心极了。

活动设计 7.9　树木是我们的好朋友（中班）

1．活动目标

（1）幼儿在听听、想想、议议、做做的过程中，感受树木与动物、人类的密切关系。

（2）能较清晰地表达自己的想法，初步建立关心、爱护树木和环境的意识。

2．活动准备

观察画面：茂盛的森林、被砍伐的树；各种树的功用的照片；小纸片；记号笔等。

3．活动过程

（1）情境导入。

① 观察画面一：这是一片怎样的树林，谁生活在这里？

听散文《树林和动物》，说说散文的内容。

可是随着时间的流逝，不应该发生的事情还是发生了。一天，小鹿、小猴、小鸟及其他的动物都要搬迁到其他的森林去生活了。这是为什么呢？

② 引导幼儿联想、思考，联系已有的生活经验相互讨论。

③ 讨论树木与动物及人类生存的相互关系。

（2）观察画面二：树木都被人类砍掉了，动物们离开了森林。

师幼讨论：

① 人们为什么要砍掉树木呢？

② 为什么人类砍掉树木以后，动物们就要离开森林呢？

（3）幼儿分小组讨论：树木可以帮助我们些什么？并用简单的图画表示。

（4）小组用自己的画交流介绍。

教师出示各种树的功能的照片给幼儿观赏，明确哪些是我们已经知道的，哪些是我们现在发现的。

（5）延伸：思考怎样保护树木让小动物重新回到森林，设计《树木是我们的好朋友》宣传画。

4．活动评析

以上是两个环保主题的活动设计。首先，两个活动名称都非常亲切、生动，能够引发幼儿的兴趣。通过拟人化的故事让幼儿了解地球与自己的生活息息相关，整个活动过程中，教师特别注意启发幼儿积极主动动脑思考，发现问题，想办法解决问题。教师注意循循善诱，相机而发，抓住了教育的最佳时机。这两个活动的开展能使幼儿认识到了保护环境人人有责，并能够从身边的事情做起，这就使环保不再仅仅停留在口号上，而是落到实处。

活动设计 7.10　地震来了（大班）

1．活动来源

大班下主题四"我就是我"的次主题三"勇敢的我"。

2．活动目标

（1）了解地震的有关常识，掌握正确的自救方法。

（2）能沉着、冷静地面对危险情景，积极想办法解决问题。

（3）激发幼儿观察周围环境的兴趣。

3．活动准备

（1）课件、泡沫板。

（2）急救箱及物品：手电筒、饼干、水、跳绳、书、玩具、收音机、手套、口罩、哨子。

4．活动过程

（1）地震的危害。

① 孩子们，老师搜集到一段录像，让我们一起看看发生了什么事情。（播放视频）

提问：录像里面发生了什么事情？你看到了什么？（幼儿发言）

小结：是啊！刚才录像里的大楼在摇晃，地面发出了剧烈的声响，这就是地震。

② 地震对我们来说是一个很大的灾难，到底给我们带来了什么危害？让我们来看看。小朋友可以把你看到的和旁边的小伙伴说说。（教师走下去，听一听，问一问）再请个别幼儿来说一说。

小结：地震发生后，出现房屋倒塌、大桥断裂、山体滑坡，给我们的生命、生活带来了很大的危害。地震实在是太可怕了。

（2）地震来了怎么办。

① 如果地震就发生在我们的身边，怎么办？

② 地面出现剧烈的震动，我们躲在哪里安全些？请个别幼儿说。教师出示图片，请幼儿判断谁做得对，教师用泡沫板演示形成的三角区，让幼儿明白什么地方安全。

③ 如果在这个教室里发生地震，该怎么办？请小朋友找个地方躲起来，看看谁找的地方最安全，保持的姿势最正确。教师一边指导一边给做对的小朋友贴上一个小标志。小结幼儿躲的情况。

什么时候往外跑？逃跑时应该注意什么？（有秩序，沿墙角跑，保护头部）可以用什么来护住我们的头？

小朋友，听！是谁的声音？（放图片）他没有跑出去，被困在了里面，他用什么办法让别人知道被困在里面？什么时候喊？（有人时喊）为什么没人时不要喊？（保持体力）没有劲喊了怎么办？（哨子、敲击、寻找食物、想办法自救）

小结：如果地震发生在我们身边，我们要先躲后跑，如果被困住好几天了，都没有人来救你，不要灰心，相信肯定会有人来救我们。

（3）地震的预防。

① 日本是一个多震的国家，他们的家里准备了一个地震急救箱，以备急用。里面

有许多物品，你可以和小朋友商量应该选什么物品，用它来干什么，然后放到你们组的急救箱里。选好了吗？请把你们组的急救箱送到老师这里，然后回到座位上。我们一起来看一看急救箱都有些什么？（提问：水和饼干我们需要它吗？手电筒能派上什么用场？收音机也能帮助到我们吗？小小的哨子有什么用？手套能有什么用处？）

小结：有了急救箱里的这些东西，我们就可以利用它来帮我们渡过难关了。

② 地震很可怕，如果我们能提前知道地震何时发生该有多好。但现在我们还无法预测地震的发生。如果我们仔细观察，会发现在地震发生的前一两天或几个小时内经常会发生一些反常的现象，让我们看一看（请幼儿看课件）。

小结：这些现象都是通过仔细观察才能发现的，小朋友发现后可以告诉周围的人。

（4）地震演习。

今天，小朋友知道了这么多关于地震的知识，让我们来进行一次地震演习，看看小朋友会不会保护自己。

5．教学反思

汶川大地震就像发生在昨天一样令我们记忆深刻。这让我们意识到对幼儿进行地震教育的重要性。

幼儿只有通过各种感官才能印象深刻地了解地震的有关常识，懂得自救的方法。

在本节课中，通过视频、图片的观看极大地调动了幼儿的经验，讨论和演习活动幼儿能积极地参与，获得了真实的体验，急救箱的小游戏又让幼儿懂得在生活当中应提前预备好急救物品，达到了很好的效果。

不足：在不同的场地如何灵活自救，对于幼儿来说是一个难点，也是今后工作中的重点。

6．活动评析

对幼儿进行安全教育，保证幼儿的安全，这应该是幼儿园最重要的工作任务，因为生命是第一位的。地震破坏性最大，汶川地震的伤痛是无法忘记的，通过"地震来了"的活动设计，不仅让幼儿从小就懂得生存要历经磨难，要坦然面对，不要怕，而且要掌握一定的知识，学会抵抗，学会抗争，要战胜困难。活动设计的几个环节很细腻，由浅入深，符合幼儿的认知特点，达到了预防地震灾害、进行安全教育的目的。当然，除了能学到一些了解地震灾害，进行自救的知识外，还要注意突出助人、合作等良好品质的引导和培养。

（资料来源：www.doc88.com/p-2952074895459.html）

实践实训

一、校内实训

1．能根据所学理论完成一份学前儿童社会环境教育活动教学设计。

2．依据设计，结合自制教具和多媒体，采用恰当的教学方法开展模拟教学。

3．全面、准确地进行教学评价，并客观、全面地写出教学反思或评课单。

二、校外实践

1．深入幼儿园观摩学前儿童社会环境教育活动，重点关注以下几个方面：一是教学环节的设计；二是重点的突出、难点的突破；三是教师教的方法与幼儿学的方法；四是辅助手段的应用。

2．根据教学观摩填写听课记录表。

思考与训练

1．"孟母三迁"的故事说明了什么因素对幼儿社会性发展会有怎样的影响？

2．"电视保姆"的现实问题反映了什么因素对幼儿社会性发展会有怎样的影响？

3．经常感受到被父母关爱、鼓励的儿童与经常受到父母拒绝、训斥的儿童，在社会性发展方面一样吗？会有哪些表现？

4．东东其实很喜欢和别的小朋友一起玩耍，可是却从来不敢主动去邀请别人，他常常一个人静静地坐在角落里，眼巴巴地看着小朋友们开心地做游戏，既羡慕又期待，希望有热心的小朋友能够发现他，邀请他参加游戏。假如你是东东的老师，你会怎样做？

5．48 岁的美国耶鲁大学法学院教授、美籍华裔移民蔡美儿，以其新著《虎妈战歌》一举成名，书中所述对两个女儿严厉的教育，在美国社会掀起对东西方教育思维差异、对自身基础教育存在问题的大讨论。"虎妈"在书中介绍了她如何以中国式教育方法管教出了两个功成名就的女儿：不允许在外面过夜、任何一门功课的学习成绩不允许低于"A"，不允许在某一天没有练习钢琴或小提琴等。对于"虎妈"引发的对中西方教育理念和方式方法的争议，请谈谈你的看法。

6．幼儿园教师资格证考试活动设计题。

（1）围绕"清明节"的主题，设计一个幼儿园小班活动方案，要求写明活动目标、活动准备、活动过程等。

（2）围绕"我快要上小学了"这一主题，设计一个幼儿园大班活动方案，要求写明活动目标、活动准备、活动过程等。

（3）请以"我爱家乡"为内容写一个 300 字左右的教学活动设计。

（4）围绕"保护环境"这一主题，设计一个幼儿园大班活动方案。

参 考 文 献

陈帼眉. 2003. 学前心理学. 北京：人民教育出版社.

但菲. 2008. 幼儿社会发展与教育活动设计. 北京：高等教育出版社.

甘建梅. 2007. 学前儿童社会教育. 北京：中央广播电视大学出版社.

教育部. 2001. 幼儿园教育指导纲要（试行）. 北京：北京师范大学出版社.

李季湄，冯晓霞. 2013. 《3～6 岁儿童学习与发展指南》解读. 北京：人民教育出版社.

李幼穗. 2004. 儿童社会性发展及其培养. 上海：华东师范大学出版社.

徐明. 1999. 幼儿社会教育. 北京：中国劳动社会保障出版社.

杨丽珠，吴文菊. 2000. 幼儿社会性发展与教育. 大连：辽宁师范大学出版社.

虞永平. 1997. 幼儿园课程指导丛书·社会. 南京：南京师范大学出版社.

张明红. 2008. 学前儿童社会教育. 上海：华东师范大学出版社.

张文新. 1999. 儿童社会性发展. 北京：北京师范大学出版社.

张岩莉. 2012. 学前儿童社会教育. 上海：复旦大学出版社.

周梅林. 2007. 学前儿童社会教育活动指导. 上海：复旦大学出版社.

周世华，耿志涛. 2011. 学前儿童社会教育. 北京：高等教育出版社.

朱家雄. 2008. 幼儿教育活动设计与实施. 北京：高等教育出版社.

附 录

3～6岁儿童学习与发展指南（社会部分）

教育部
2012 年 9 月

说 明

一、为深入贯彻《国家中长期教育改革和发展规划纲要（2010—2020 年）》和《国务院关于当前发展学前教育的若干意见》（国发〔2010〕41 号），指导幼儿园和家庭实施科学的保育和教育，促进幼儿身心全面和谐发展，制定《3～6 岁儿童学习与发展指南》（以下简称《指南》）。

二、《指南》以为幼儿后继学习和终身发展奠定良好素质基础为目标，以促进幼儿体、智、德、美各方面的协调发展为核心，通过提出 3～6 岁各年龄段儿童学习与发展目标和相应的教育建议，帮助幼儿园教师和家长了解 3～6 岁幼儿学习与发展的基本规律和特点，建立对幼儿发展的合理期望，实施科学的保育和教育，让幼儿度过快乐而有意义的童年。

三、《指南》从健康、语言、社会、科学、艺术五个领域描述幼儿的学习与发展。每个领域按照幼儿学习与发展最基本、最重要的内容划分为若干方面。每个方面由学习与发展目标和教育建议两部分组成。

目标部分分别对 3～4 岁、4～5 岁、5～6 岁三个年龄段末期幼儿应该知道什么、能做什么，大致可以达到什么发展水平提出了合理期望，指明了幼儿学习与发展的具体方向；教育建议部分列举了一些能够有效帮助和促进幼儿学习与发展的教育途径与方法。

四、实施《指南》应把握以下几个方面：

1. 关注幼儿学习与发展的整体性。儿童的发展是一个整体，要注重领域之间、目标之间的相互渗透和整合，促进幼儿身心全面协调发展，而不应片面追求某一方面或几方面的发展。

2. 尊重幼儿发展的个体差异。幼儿的发展是一个持续、渐进的过程，同时也表现出一定的阶段性特征。每个幼儿在沿着相似进程发展的过程中，各自的发展速度和到达某一水平的时间不完全相同。要充分理解和尊重幼儿发展进程中的个别差异，支持和引导他们从原有水平向更高水平发展，按照自身的速度和方式到达《指南》所呈现的发展"阶梯"，切忌用一把"尺子"衡量所有幼儿。

3．理解幼儿的学习方式和特点。幼儿的学习是以直接经验为基础，在游戏和日常生活中进行的。要珍视游戏和生活的独特价值，创设丰富的教育环境，合理安排一日生活，最大限度地支持和满足幼儿通过直接感知、实际操作和亲身体验获取经验的需要，严禁"拔苗助长"式的超前教育和强化训练。

4．重视幼儿的学习品质。幼儿在活动过程中表现出的积极态度和良好行为倾向是终身学习与发展所必需的宝贵品质。要充分尊重和保护幼儿的好奇心和学习兴趣，帮助幼儿逐步养成积极主动、认真专注、不怕困难、敢于探究和尝试、乐于想象和创造等良好学习品质。忽视幼儿学习品质培养，单纯追求知识技能学习的做法是短视而有害的。

社　　会

幼儿社会领域的学习与发展过程是其社会性不断完善并奠定健全人格基础的过程。人际交往和社会适应是幼儿社会学习的主要内容，也是其社会性发展的基本途径。幼儿在与成人和同伴交往的过程中，不仅学习如何与人友好相处，也在学习如何看待自己、对待他人，不断发展适应社会生活的能力。良好的社会性发展对幼儿身心健康和其它各方面的发展都具有重要影响。

家庭、幼儿园和社会应共同努力，为幼儿创设温暖、关爱、平等的家庭和集体生活氛围，建立良好的亲子关系、师生关系和同伴关系，让幼儿在积极健康的人际关系中获得安全感和信任感，发展自信和自尊，在良好的社会环境及文化的熏陶中学会遵守规则，形成基本的认同感和归属感。

幼儿的社会性主要是在日常生活和游戏中通过观察和模仿潜移默化地发展起来的。成人应注重自己言行的榜样作用，避免简单生硬的说教。

（一）人际交往

目标 1　愿意与人交往

3～4 岁	4～5 岁	5～6 岁
1．愿意和小朋友一起游戏	1．喜欢和小朋友一起游戏，有经常一起玩的小伙伴	1．有自己的好朋友，也喜欢结交新朋友
2．愿意与熟悉的长辈一起活动	2．喜欢和长辈交谈，有事愿意告诉长辈	2．有问题愿意向别人请教
		3．有高兴的或有趣的事愿意与大家分享

教育建议：

1．主动亲近和关心幼儿，经常和他一起游戏或活动，让幼儿感受到与成人交往的快乐，建立亲密的亲子关系和师生关系。

2．创造交往的机会，让幼儿体会交往的乐趣。如：

利用走亲戚、到朋友家做客或有客人来访的时机，鼓励幼儿与他人接触和交谈。

鼓励幼儿参加小朋友的游戏，邀请小朋友到家里玩，感受有朋友一起玩的快乐。

幼儿园应多为幼儿提供自由交往和游戏的机会，鼓励他们自主选择、自由结伴开展活动。

目标 2　能与同伴友好相处

3～4 岁	4～5 岁	5～6 岁
1．想加入同伴的游戏时，能友好地提出请求 2．在成人指导下，不争抢、不独霸玩具 3．与同伴发生冲突时，能听从成人的劝解	1．会运用介绍自己、交换玩具等简单技巧加入同伴游戏 2．对大家都喜欢的东西能轮流、分享 3．与同伴发生冲突时，能在他人帮助下和平解决 4．活动时愿意接受同伴的意见和建议。不欺负弱小	1．能想办法吸引同伴和自己一起游戏 2．活动时能与同伴分工合作，遇到困难能一起克服 3．与同伴发生冲突时能自己协商解决 4．知道别人的想法有时和自己不一样，能倾听和接受别人的意见，不能接受时会说明理由 5．不欺负别人，也不允许别人欺负自己

教育建议：

1．结合具体情境，指导幼儿学习交往的基本规则和技能。如：

当幼儿不知怎样加入同伴游戏，或提出请求不被接受时，建议他拿出玩具邀请大家一起玩；或者扮成某个角色加入同伴的游戏。

对幼儿与别人分享玩具、图书等行为给予肯定，让他对自己的表现感到高兴和满足。

当幼儿与同伴发生矛盾或冲突时，指导他尝试用协商、交换、轮流玩、合作等方式解决冲突。

利用相关的图书、故事，结合幼儿的交往经验，和他讨论什么样的行为受大家欢迎，想要得到别人的接纳应该怎样做。

幼儿园应多为幼儿提供需要大家齐心协力才能完成的活动，让幼儿在具体活动中体会合作的重要性，学习分工合作。

2．结合具体情境，引导幼儿换位思考，学习理解别人。如：

幼儿有争抢玩具等不友好行为时，引导他们想想"假如你是那个小朋友，你有什么感受？"让幼儿学习理解别人的想法和感受。

3．和幼儿一起谈谈他的好朋友，说说喜欢这个朋友的原因，引导他多发现同伴的优点、长处。

目标 3　具有自尊、自信、自主的表现

3～4 岁	4～5 岁	5～6 岁
1．能根据自己的兴趣选择游戏或其他活动 2．为自己的好行为或活动成果感到高兴 3．自己能做的事情愿意自己做	1．能按自己的想法进行游戏或其他活动 2．知道自己的一些优点和长处，并对此感到满意 3．自己的事情尽量自己做，不愿意依赖别人	1．能主动发起活动或在活动中出主意、想办法 2．做了好事或取得了成功后还想做得更好 3．自己的事情自己做，不会的愿意学

3～4岁	4～5岁	5～6岁
4. 喜欢承担一些小任务	4. 敢于尝试有一定难度的活动和任务	4. 主动承担任务，遇到困难能够坚持而不轻易求助 5. 与别人的看法不同时，敢于坚持自己的意见并说出理由

教育建议：

1. 关注幼儿的感受，保护其自尊心和自信心。如：

能以平等的态度对待幼儿，使幼儿切实感受到自己被尊重。

对幼儿好的行为表现多给予具体、有针对性的肯定和表扬，让他对自己优点和长处有所认识并感到满足和自豪。

不要拿幼儿的不足与其他幼儿的优点作比较。

2. 鼓励幼儿自主决定，独立做事，增强其自尊心和自信心。如：

与幼儿有关的事情要征求他的意见，即使他的意见与成人不同，也要认真倾听，接受他的合理要求。

在保证安全的情况下，支持幼儿按自己的想法做事；或提供必要的条件，帮助他实现自己的想法。

幼儿自己的事情尽量放手让他自己做，即使做得不够好，也应鼓励并给予一定的指导，让他在做事中树立自尊和自信。

鼓励幼儿尝试有一定难度的任务，并注意调整难度，让他感受经过努力获得的成就感。

目标4　关心尊重他人

3～4岁	4～5岁	5～6岁
1. 长辈讲话时能认真听，并能听从长辈的要求 2. 身边的人生病或不开心时表示同情 3. 在提醒下能做到不打扰别人	1. 会用礼貌的方式向长辈表达自己的要求和想法 2. 能注意到别人的情绪，并有关心、体贴的表现 3. 知道父母的职业，能体会到父母为养育自己所付出的辛劳	1. 能有礼貌地与人交往 2. 能关注别人的情绪和需要，并能给予力所能及的帮助 3. 尊重为大家提供服务的人，珍惜他们的劳动成果 4. 接纳、尊重与自己的生活方式或习惯不同的人

教育建议：

1. 成人以身作则，以尊重、关心的态度对待自己的父母、长辈和其他人。如：

经常问候父母，主动做家务。

礼貌地对待老年人，如坐车时主动为老人让座。

看到别人有困难能主动关心并给予一定的帮助。

2. 引导幼儿尊重、关心长辈和身边的人，尊重他人劳动及成果。如：

提醒幼儿关心身边的人，如妈妈累了，知道让她安静休息一会儿。

借助故事、图书等给幼儿讲讲父母抚育孩子成长的经历，让幼儿理解和体会父爱与母爱。

结合实际情境，提醒幼儿注意别人的情绪，了解他们的需要，给予适当的关心和帮助。

利用生活机会和角色游戏，帮助幼儿了解与自己关系密切的社会服务机构及其工作，如商场、邮局、医院等，体会这些机构给大家提供的便利和服务，懂得尊重工作人员的劳动，珍惜劳动成果。

3. 引导幼儿学习用平等、接纳和尊重的态度对待差异。如：

了解每个人都有自己的兴趣、爱好和特长，可以相互学习。

利用民间游戏、传统节日等，适当向幼儿介绍我国主要民族和世界其它国家和民族的文化，帮助幼儿感知文化的多样性和差异性，理解人们之间是平等的，应该互相尊重，友好相处。

（二）社会适应

目标 1 喜欢并适应群体生活

3～4 岁	4～5 岁	5～6 岁
1. 对群体活动有兴趣 2. 对幼儿园的生活好奇，喜欢上幼儿园	1. 愿意并主动参加群体活动 2. 愿意与家长一起参加社区的一些群体活动	1. 在群体活动中积极、快乐 2. 对小学生活有好奇和向往

教育建议：

1. 经常和幼儿一起参加一些群体性的活动，让幼儿体会群体活动的乐趣。如：参加亲戚、朋友和同事间的聚会以及适合幼儿参加的社区活动等，支持幼儿和不同群体的同伴一起游戏，丰富其群体活动的经验。

2. 幼儿园组织活动时，可以经常打破班级的界限，让幼儿有更多机会参加不同群体的活动。

3. 带领大班幼儿参观小学，讲讲小学有趣的活动，唤起他们对小学生活的好奇和向往，为入学做好心理准备。

目标 2 遵守基本的行为规范

3～4 岁	4～5 岁	5～6 岁
1. 在提醒下，能遵守游戏和公共场所的规则 2. 知道不经允许不能拿别人的东西，借别人的东西要归还 3. 在成人提醒下，爱护玩具和其他物品	1. 感受规则的意义，并能基本遵守规则 2. 不私自拿不属于自己的东西 3. 知道说谎是不对的 4. 知道接受了的任务要努力完成 5. 在提醒下，能节约粮食、水电等	1. 理解规则的意义，能与同伴协商制定游戏和活动规则 2. 爱惜物品，用别人的东西时也知道爱护 3. 做了错事敢于承认，不说谎 4. 能认真负责地完成自己所接受的任务 5. 爱护身边的环境，注意节约资源

教育建议：

1. 成人要遵守社会行为规则，为幼儿树立良好的榜样。如：答应幼儿的事一定要做到、尊老爱幼、爱护公共环境，节约水电等。

2. 结合社会生活实际，帮助幼儿了解基本行为规则或其它游戏规则，体会规则的重要性，学习自觉遵守规则。如：

经常和幼儿玩带有规则的游戏，遵守共同约定的游戏规则。

利用实际生活情境和图书故事，向幼儿介绍一些必要的社会行为规则，以及为什么要遵守这些规则。

在幼儿园的区域活动中，创设情境，让幼儿体会没有规则的不方便，鼓励他们讨论制定规则并自觉遵守。

对幼儿表现出的遵守规则的行为要及时肯定，对违规行为给予纠正。如：幼儿主动为老人让座时要表扬；幼儿损害别人的物品或公共物品时要及时制止并主动赔偿。

3. 教育幼儿要诚实守信。如：

对幼儿诚实守信的行为要及时肯定。

允许幼儿犯错误，告诉他改了就好。不要打骂幼儿，以免他因害怕惩罚而说谎。

小年龄幼儿经常分不清想象和现实，成人不要误认为他是在说谎。

发现幼儿说谎时，要反思是否是因自己对幼儿的要求过高过严造成的。如果是，要及时调整自己的行为，同时要严肃地告诉幼儿说谎是不对的。

经常给幼儿分配一些力所能及的任务，要求他完成并及时给予表扬，培养他的责任感和认真负责的态度。

目标3 具有初步的归属感

3～4岁	4～5岁	5～6岁
1. 知道和自己一起生活的家庭成员及与自己的关系，体会到自己是家庭的一员 2. 能感受到家庭生活的温暖，爱父母，亲近与信赖长辈 3. 能说出自己家所在街道、小区（乡镇、村）的名称 4. 认识国旗，知道国歌	1. 喜欢自己所在的幼儿园和班级，积极参加集体活动 2. 能说出自己家所在地的省、市、县（区）名称，知道当地有代表性的物产或景观 3. 知道自己是中国人 4. 奏国歌、升国旗时能自动站好	1. 愿意为集体做事，为集体的成绩感到高兴 2. 能感受到家乡的发展变化并为此感到高兴 3. 知道自己的民族，知道中国是一个多民族的大家庭，各民族之间要互相尊重，团结友爱 4. 知道国家一些重大成就，爱祖国，为自己是中国人感到自豪

教育建议：

1. 亲切地对待幼儿，关心幼儿，让他感到长辈是可亲、可近、可信赖的，家庭和幼儿园是温暖的。如：

多和孩子一起游戏、谈笑，尽量在家庭和班级中营造温馨的氛围。

通过和幼儿一起翻阅照片、讲幼儿成长的故事等，让幼儿感受到家庭和幼儿园的温暖，老师的和蔼可亲，对养育自己的人产生感激之情。

2. 吸引和鼓励幼儿参加集体活动，萌发集体意识。如：

幼儿园和班级里的重大事情和计划，请幼儿集体讨论决定。

幼儿园应经常组织多种形式的集体活动，萌发幼儿的集体荣誉感。

3. 运用幼儿喜闻乐见和能够理解的方式激发幼儿爱家乡、爱祖国的情感。如：

和幼儿说一说或在地图上找一找自己家所在的省、市、县（区）名称。

　　和幼儿一起外出游玩,一起看有关的电视节目或画报等;和他们一起收集有关家乡、祖国各地的风景名胜、著名的建筑、独特物产的图片等,在观看和欣赏的过程中激发幼儿的自豪感和热爱之情。

　　利用电视节目或参加升旗等活动,向幼儿介绍国旗、国歌以及观看升旗、奏国歌的礼仪。

　　向幼儿介绍反映中国人聪明才智的发明和创造,激发幼儿的民族自豪感。